ものと人間の文化史 152

温室

平野 恵

法政大学出版局

4　『蓬莱園記』上巻表紙
（台東区立中央図書館蔵）

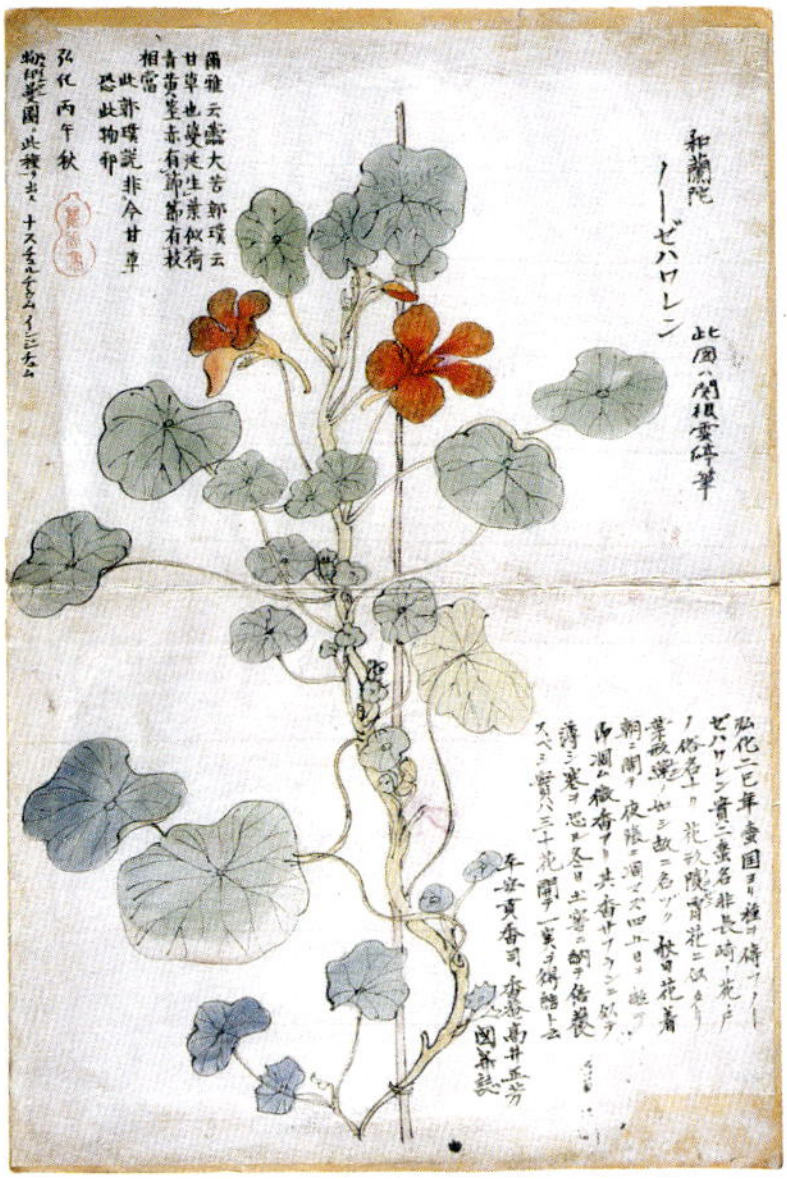

1　ノーゼハワレン（ノーゼンハレン）
（高知県立牧野植物園蔵）

2　「赤坂御庭図」（和歌山市立博物館蔵）

3 「千秋館の景」『浴恩園真景図巻・上巻』
（天理大学附属天理図書館蔵）

5 『東京市史稿遊園編　第三』蓬莱園の図面（台東区立中央図書館蔵）．左側，北西部にナデシコ花壇がある

6 関根雲停筆「竜眼図」（『奇品写生』武田科学振興財団杏雨書屋蔵）

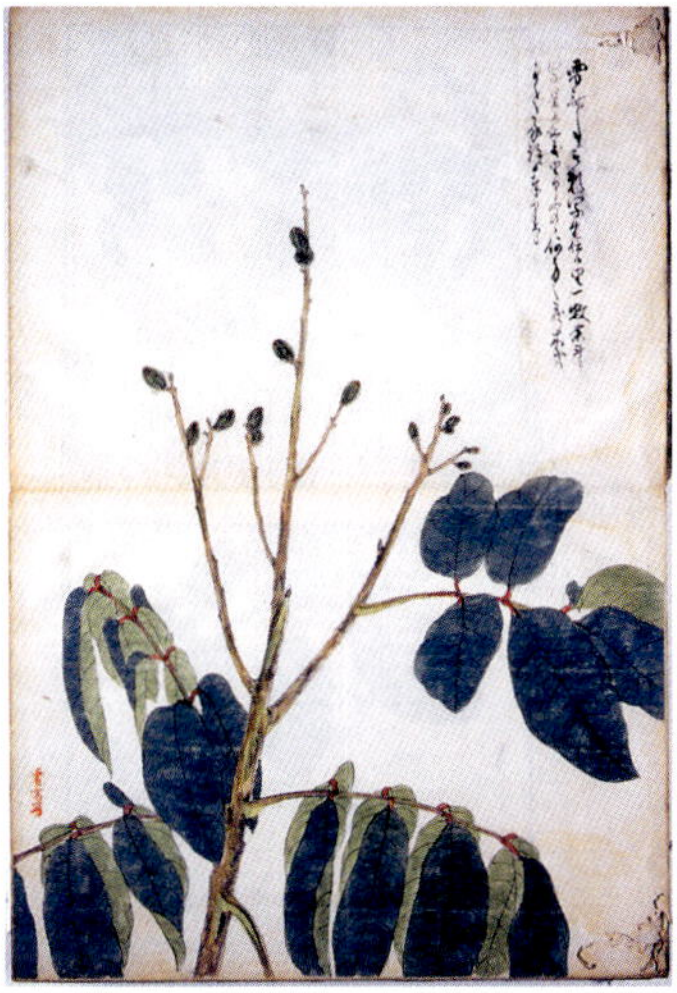

7　服部雪斎筆「竜眼図」(『奇品写生』武田科学振興財団杏雨書屋蔵)

8　服部雪斎筆「竜眼図」(武田科学振興財団杏雨書屋蔵)

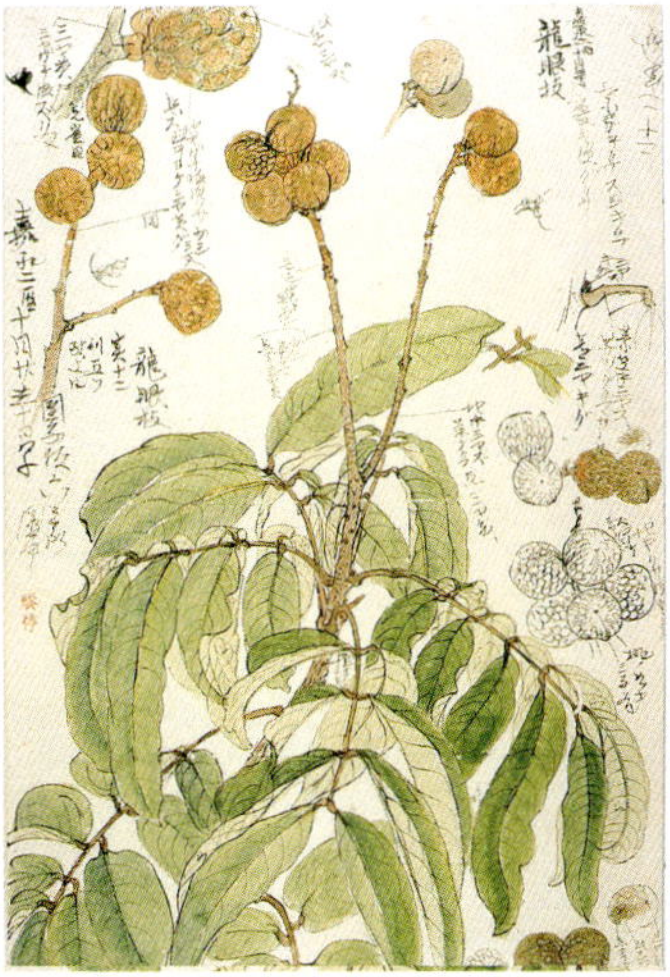

9　関根雲停筆「龍眼枝」(高知県立牧野植物園蔵)

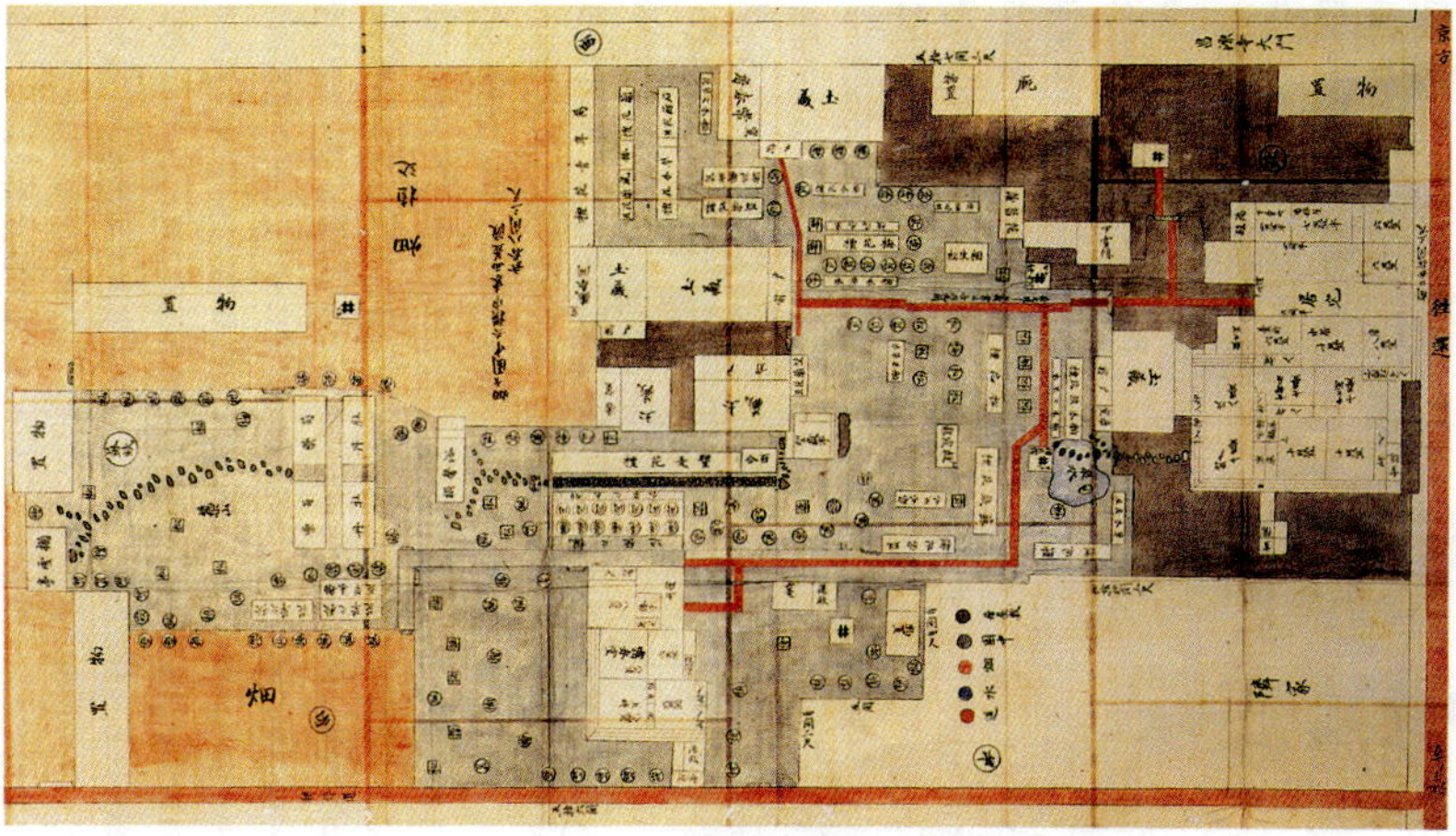

10　「帯笑園之図」（植松靖博氏蔵）

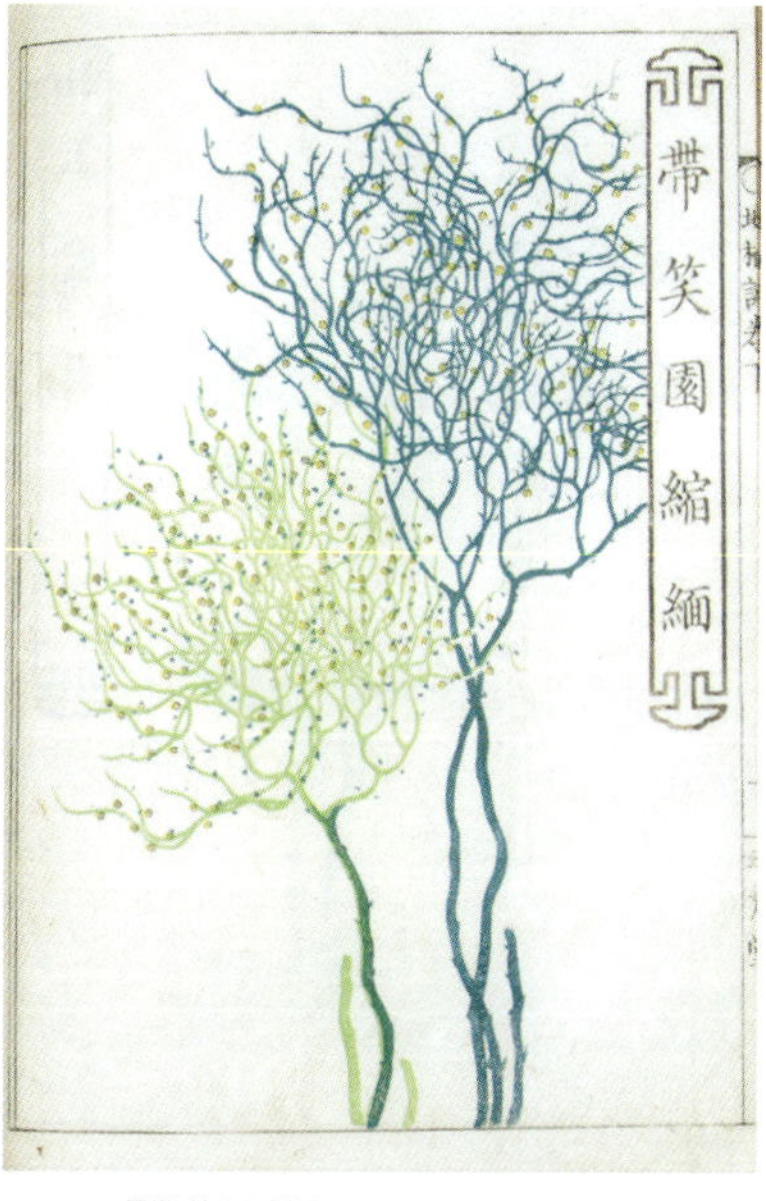

11　「帯笑園縮緬」
（『松蘭譜』雑花園文庫蔵）

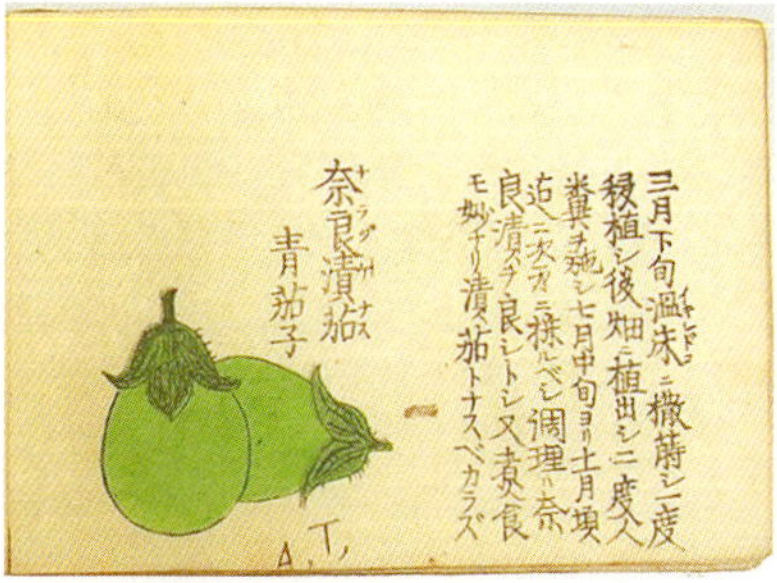

14　温床《いきれどこ》の記事
（『植物図譜』岡山大学資源植物科学研究所分館蔵）

12　むろの障子
（『竺蘭伝来富貴草』）

13　むろのよしず
（『竺蘭伝来富貴草』）

15　大隈伯邸花壇室内食卓真景
（『食道楽　冬の巻』文京ふるさと歴史館蔵）

16　第一温室（『伯爵大隈家写真帳』早稲田大学図書館蔵）

17　「東海唯一の清遊地　蒲郡常磐館御案内」（個人蔵）

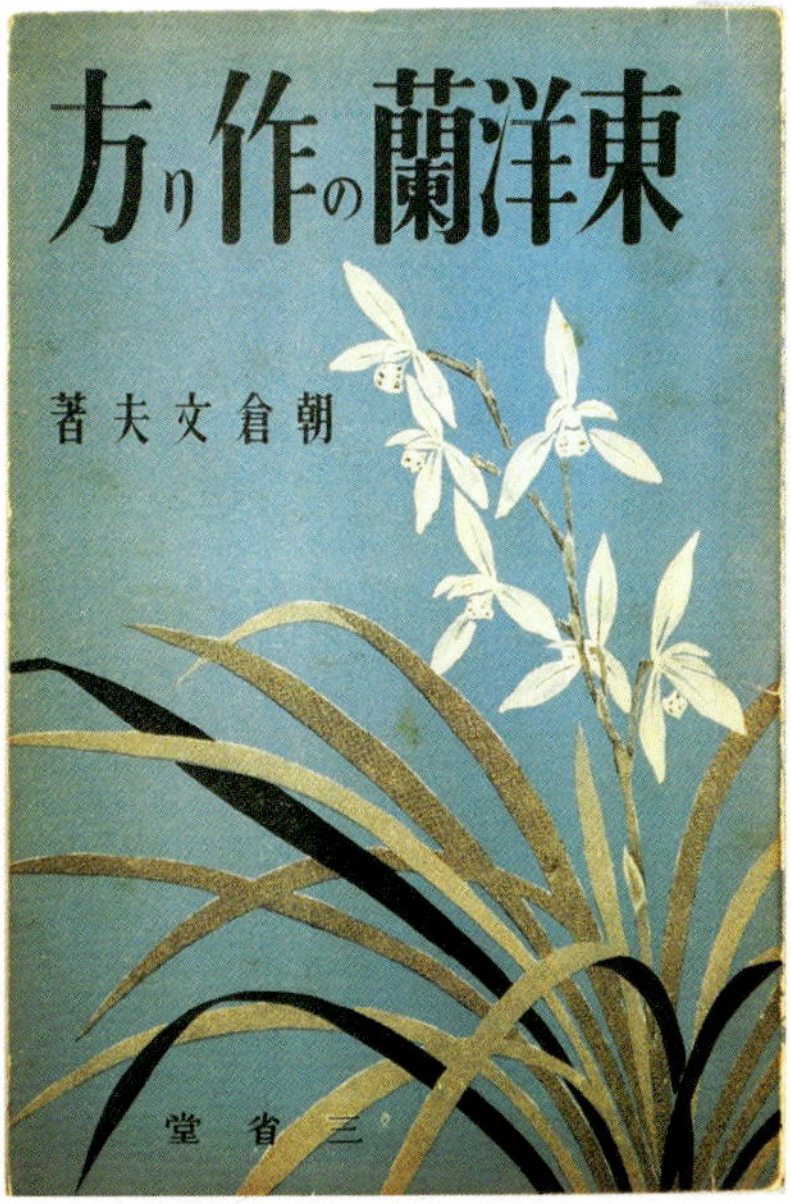

19　『東洋蘭の作り方』表紙
（台東区立中央図書館蔵）

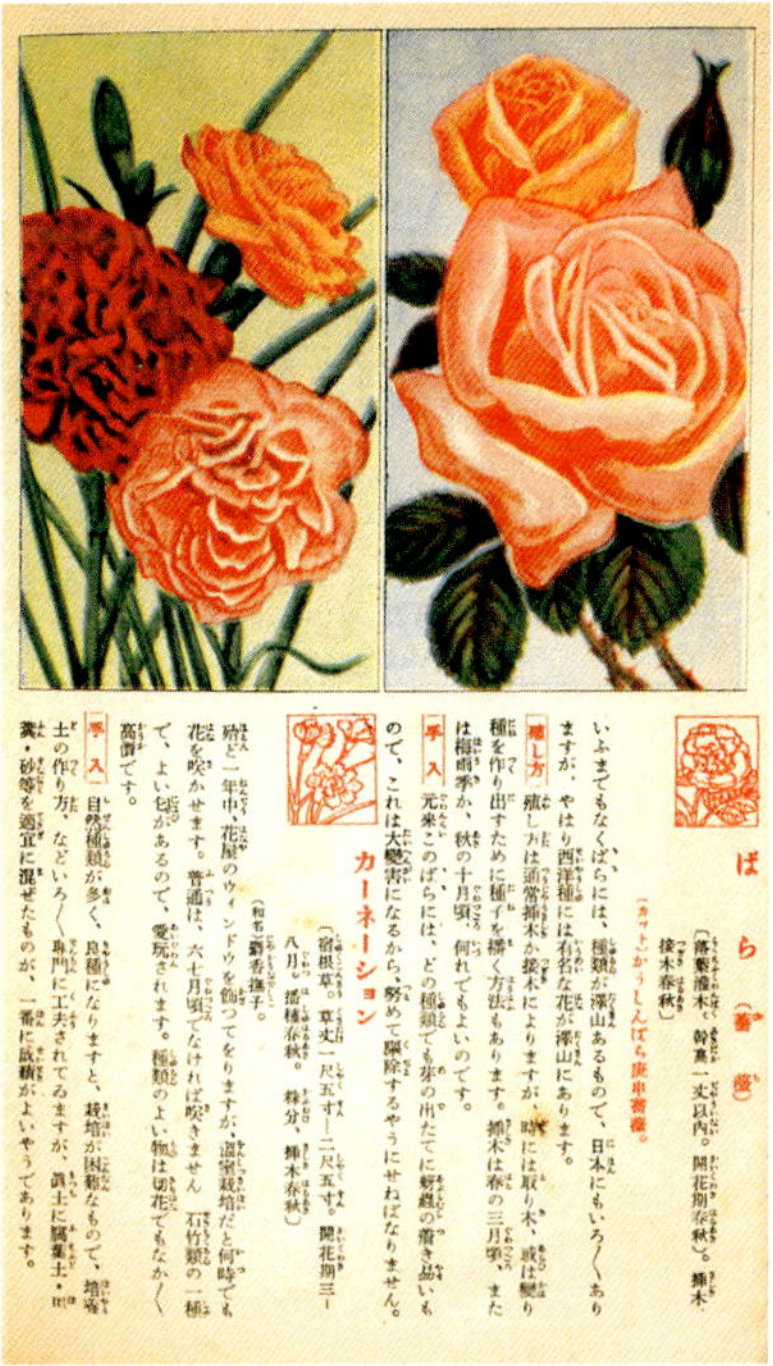

ばら（薔薇）

〔落葉灌木。幹高一丈以内。開花期春秋〕。挿木・接木春秋〕

（カット）かうしんばら庚申薔薇。

いふまでもなくばらには、種類が澤山あるもので、日本にもいろ〳〵ありますが、やはり西洋種には有名な花が澤山にあります。

殖し方　殖し方は通常挿木か接木によりますが、時には取り木、或は變り種を作り出すために種子を播く方法もあります。挿木は春の三月頃、または梅雨季か、秋の十月頃、何れでもよいのです。

手入　元來このばらには、どの種類でも芽の出たてに蚜蟲の附き易いもので、これは大變害になるから、努めて驅除するやうにせねばなりません。

カーネーション

〔宿根草。草丈一尺五寸―二尺五寸。開花期三―八月。播種春秋。株分、挿木春秋〕

（和名）麝香撫子。

殆ど一年中、花屋のウィンドウを飾つてをりますが、温室栽培だと何時でも花を咲かせます。普通は、六七月頃でなければ咲きません　石竹類の一種で、よい匂があるので、愛玩されます。種類のよい物は切花でもなか〳〵高價です。

手入　自然種類が多く、良種になりますと、栽培が困難なもので、培養土の作り方、などいろ〳〵專門に工夫されてゐますが、眞土に腐葉土・川糞・砂等を適宜に混ぜたものが、一番に成績がよいやうであります。

18　カーネーション
（『家庭園芸草花と野菜の作り方』）

20　朝倉彫塑館展示室

21　朝倉彫塑館屋上

(観光名古屋)
東山公園 市立植物園――
科學の粋を集めて
百花繚亂の常春の園

22 絵葉書「東山公園 市立植物園」

23 現在の名古屋市東山植物園温室

24　復元した唐むろ（新潟県立植物園提供）

25　提藍（新潟県立植物園提供）

26　復元した岡むろの外観（伊勢市「伊勢路栽苑」）

27　復元した岡むろの内部

29・30　奇跡の星の植物館の昼間と夜間

28 チューリップ・フレーム（足立区郷土博物館）

31 ウォードの箱

33　「台東の園芸文化200年」展チラシ

32　「八犬伝で発見！」展チラシ

35　「本草から植物学へ」展看板

34　「移りゆくまちの風景」展チラシ

はじめに

本書は、「温室」と人間のかかわりの歴史を概観する目的で執筆した。中心となる年代は、近世では江戸時代後期、十八世紀から十九世紀なかば、近代では明治・大正・昭和戦前の二十世紀前半までである。

江戸時代の文献は、現代の分類で「園芸書」と呼んでいる書物のほか、前近代の学問「本草学」を専門とする学者が執筆した「本草書」も頻繁に使用した。「本草」あるいは「本草学」という概念を、近年では「博物学」と置き換えて解説する書物が多く、「本草」といえば、「薬草学」が中心と考える方が多いようである。しかしながら、「博物学」が西洋の言葉の翻訳である点から、また十九世紀になって本草学自体に博物学的な側面が強くなりつつも、自ら「本草」と呼んでいる以上、その時代に使われた言葉を歴史用語として使用する立場に立ち、本書では「博物学」という言葉を用いず、「本草学」と呼ぶことをここで断っておく。

温室を使用する立場の人間は、植木屋か本草学者、一部の愛好家に限られ、この三者のなかでは、圧倒的な量で文字資料を記したのが本草学者であるため、必然的に本草書を主に扱うことになる。現在、本草学の歴史を研究しようとする人がきわめて少ないため、広く一般に知られていない文献を扱うことが多い。近代の文献は多岐にわたって用いたが、近世の文献は、以上のような理由で翻刻されていない文献も多く使用したため、難解と思われる史料でも原文のまま引用したものも含まれる。この点をご了承いただきたい。

目次

口絵
はじめに　i

第Ⅰ部　江戸時代のむろ

第一章　温室登場以前の防寒施設――むろの登場以前……3
『花壇地錦抄』　4
『花譜』・『菜譜』　10
むろの語の登場　17

第二章　唐むろの登場――十八世紀後半～十九世紀前半……25
『草木育種』　25
『草木育種』の唐むろ　30
行灯むろ　36

ガラス障子　40

第三章　むろを使う人たち……51
本草学者による和風温室「むろ」の記録　51
本草学者の興味を惹いた植物　62
大名庭園のむろ　69

第II部　進化するむろ

第四章　穴蔵と洞窟型むろ……85
洞窟型の温室　85
発掘された植木屋のむろ　92
むろで栽培した植物——竜眼と茘枝　99

第五章　岡むろの普及……115
『金生樹譜別録』　115
『安政年代駒込富士神社周辺之図』　126

『南総里見八犬伝』に見る岡むろ　133

第六章　帯笑園のむろ……151
沼津原宿「帯笑園」　151
帯笑園の植木むろ　155
客をもてなす空間としての温室　160
学者間の情報　164

第III部　身近な温室へ

第七章　近代温室への模索……173
岡むろのガラス　173
文部省博覧会事務局の温室「煦塘」　178
小石川植物園の温室　186
温　床　192

第八章　二十世紀の幕開け……203

博覧会と温室　204
華族と温室　208
大隈重信邸の温室　220
啓蒙小説『食道楽』　229

第九章　文学に見る温室……235
観光地と温室　235
文学作品に見る温室　241

第十章　より身近な温室へ……251
関東大震災後の復興　251
誰にでもできる温室　261
現代の温室の復元　268

参考文献　275
おわりに　281

第Ⅰ部

江戸時代のむろ

行灯《あんどん》むろ『草木育種』

第一章　温室登場以前の防寒施設——むろの登場以前

日本において、植物の防寒または加温施設を意味する「温室」という言葉は、園芸技術が最も進歩したといわれる江戸時代の文献では、一般的ではなかった。「温室」という名は、明治時代以降、欧米から知識とともに輸入された時点でようやく定着するのである。しかしながら、江戸時代に温室設備がないというわけではなく、いわば和風温室というべき施設は、すでに江戸時代なかば、十七世紀から使用されていた。和風温室に相当する語には、「むろ」という語が最もよく使われる。漢字表記はまちまちで、「室」「窖」「塘」「窩」などがある。表記として一般的なのは、「窖」であり、これは本来、穴蔵の意味に用いられる語である。

こうした語は、江戸時代の園芸書における栽培法の段で説明されることが多い。その構造は、現代の私たちがイメージするガラス温室とは異なる形態をしており、一口に和風温室といってもさまざまな形式がある。さらには、和風温室と呼べる形態に定着する以前は、冬の防寒のためにもっと手間のかかる作業を行っていた。まずは、和風温室たる施設が登場する以前に、どのような方法を用いていたかについて、実際の資料から読み解くことから始めたい。

『花壇地錦抄』

日本で最古の園芸書は、延宝九年（天和元年・一六八一）刊『花壇綱目《かだんこうもく》』であるが、ここには温室を意味する語は登場しない。次いで総合園芸書として評価が高いのが、元禄八年（一六九五）刊行の園芸書『花壇地錦抄《かだんじきんしょう》』である。本史料は、江戸近郊の染井村（現、豊島区染井）の植木屋・伊藤伊兵衛が記した園芸書である。植木屋自らが書いているだけあって、その記述は、実体験にもとづいた具体的なものが多く、当時の状況をつぶさに想像することができる。以下では、ここから、冬の防寒のための措置を見ていくことにする。

たとえば「浜おもと」では、「冬は打わらをもって包むとよい」と、冬の間は打藁の束に包んで保存することをすすめる。打藁とは、打って柔らかくした藁のこと。「芭蕉」の場合でも同様に、「冬中は藁・薦にて包んで置くとよい。寒湿にあたればくさる」と、冬の寒い時期にのみ藁や薦《こも》（まこもを粗く織って作ったむしろ）で包む程度で冬越しができると説明する。

少し長い記事になると、唐桐《とうぎり》では、

特に冬越ししにくい植物である。まず石台《せきだい》（長方形の四隅に突起が付いた植木鉢。図2）に植え、九月になって葉が落ちた頃、打藁で木の幹を巻くとよい。これは防寒と防湿のためである。このよ

1 『花壇地錦抄』扉
（国立国会図書館蔵）

2 石台（『金生樹譜別録』より）

うにした上にさらに、その外側を紙の袋で包み、土蔵や穴蔵に入れておくとよい。また、俵の間に土をこめて、その中へ唐桐を入れ、土ごと一緒にくるんで、俵の上部をしっかりと締めて置くのもよい。ただし、土に湿り気があると傷むので、ほどよく乾いた土がよい。

ここで、はじめて防寒のための施設の名称が登場した。土蔵と穴蔵である。土蔵は、文字どおり、土壁でできた保管庫で、現代でも見かけられるのでイメージしやすいであろう。農村であれば、農具や食料などさまざまな物の保管庫であるので、植物の保温のためにだけに作った施設とは異なり、既存の施設を転用したのに過ぎない。

もう一つの語、穴蔵とは、文字どおりに解釈すれば地下室である。大都市江戸の痕跡をのこす東京二十三区の発掘現場では、十八世紀以降の穴蔵の痕跡が出土している。ただし、これもやはり土蔵と同じく、たとえば商店の帳場の地下に金銭を収納するなど貴重なものの保管庫として作られた性格を持つものであり、もともとは植物専用ではない。

穴蔵は大きさに大小があり、形もさまざまであるのは、古泉弘『江戸の穴』など埋蔵文化財分野から報告されているが、十八世紀における穴蔵の具体例を物語る史料が、司馬江漢『江漢西遊日記』巻三にあったので紹介したい。江漢は、天明八年（一七八八）九月八日、岡山の伊部《いんべ》という土地で、四間四方が一枚岩でできている「石の宝殿」を見て、次のような感想をもらしている。

両方に大きな山、その山の腰に石を積んである。石積みの上には草木が生じて、出入り口が一方にある。穴蔵の如し。

まるで穴蔵のようだとしたのが、図3である。土地の木こりに「これは何だ」と尋ねたが、誰が作ったものかわからないという。あたかも奈良の石舞台古墳のような巨岩であるが、手前の溝が入口で、階段状に地下につながるタイプの穴蔵を連想したのであろう。この形を穴蔵と呼んだ司馬江漢は江戸の人である。十八世紀後半には、こうしたタイプの穴蔵を江戸市中において日常的に目にすることができたことが、この史料より判明する。

さて、『花壇地錦抄』の記述に戻ると、穴蔵にしまってはいけない植物があることを述べた箇所がある。それは、唐橘《からたちばな》で、

十月頃、鉢植に植わっている唐橘を、加減がよい程度に水をかけて土蔵へ入れるとよい。あるいは、紙の箱に空気が通るように穴を開けて覆うのもよい。何より寒さを防がなくてはいけない。ただし、穴蔵はいけない。湿度が高いために、春になったときに傷んでしまうからである。

3 『江漢西遊日記』(東京国立博物館蔵．Image: TNM Image Archives Source: http://TnmArchives.Jp/)

このように、穴蔵に入れてよいものと悪いものの区別や、その理由までが記される、懇切丁寧な記述である。

蘇鉄《そてつ》では、俵をかぶせること、または土蔵に入れるほうがよいと述べたあと、

又寒い国では、冬に掘り起こし、俵で包んで土蔵に収納し、あるいは二階などに置き、春になって寒さが薄らいできた頃に地面に植える。

と、俵に入れ、さらに土蔵か二階に貯蔵する、と二重の予防線を張って寒さに耐えるための努力を怠ってはならない旨を、おそらく他国の人から伝え聞いたことを記している。

蘭——ここでは東洋蘭である——では、十月の初旬に土蔵に入れ、土に湿り気を帯びさせるも、冬から春までは水をかけないと記す。唐橘で述べたのと同じく、紙袋や箱に穴をあけてかぶせるのもよいという。さらに、

暖かい日には、土蔵から出して、直射日光ではなく、障子を隔てて日光に当てるとよい。おおむね冬の間は、特に問題なく持ちこたえるのであるが、一月末から二月にかけて余寒がうすらぎ、徐々に暖かくなって南風が吹いたときは、土蔵から直ちに出して、涼しい場所に移動しなければならない。そうしないと、べたべたと腐り始め、せっかくの青葉が根元から抜け落ちてしまうことも多いので注意したほうがよい。

ここで注意を喚起しているのは、冬から春へかけての湿度差であり、土蔵という空気のこもった室内にいつまでも入れておくと、「べたべたと腐り」つまり、湿度が増すことにより腐りやすくなるの

で、風通しのよい場所へ移動すべきだと説く。
また、室内と屋外では、温度差も生じる。その主たる要因は、日照の有無であるが、『花壇地錦抄』では、植物を扱ううえで最も大事なのは、日なたから日かげへの移動の頃合いを見計らうことなのだと説明されている。

その年の気温によって、日向《ひむき》に出したり、かげへ移したりする頃合いは、第一の見計らいである。この頃合いは、秘伝には存在しない事項であり、数年間、蘭を栽培して、自ずから知ることとなるだろう。ある人が、この頃合いを私に尋ねたことがあるが、私はただ笑って「以心伝心」とのみ答えてその場を去ったことがある。

「日向」とは日なたのこと、「かげ」は日かげのことである。ここでは寒さを凌ぐために土蔵を用い、あるいは暖かい日には障子越しに日光を当てることを説き、日なたと日かげの按配は、師から受け継がれる「秘伝」にもない事柄で、「自ずから知る」すなわち経験上体得するものなのだという。「以心伝心」というとらえどころのない言葉は、長年栽培に従事してある境地に到達した人だからいえる語であり、経験的に会得する江戸の園芸技術を象徴した言葉である。かなりの手間をかけて丹精しなければ、蘭のような繊細な植物の栽培は不可能であったことがわかる。

そのほか福寿草は、十二月ごろに芽が出てきたときに、「雪や霜のあたらぬ様に覆いをしなさい」とあり、芙蓉は、冬のうちは枯れてしまうものなので、十月ごろに地植えしたものを掘り上げて、土蔵や穴蔵に入れるとよく、あるいは、冬でもあたたかい所へ植え替えるのもいいだろうともいう。棕《しゅ》櫨竹《ろちく》は、冬傷むものなので、「寒湿にあたらぬ様に十月末より蔵の内へ入れるとよい」とし、千両《せんりょう》は、「十月頃より土蔵に入て寒気から保護するとよい。土に加減よく湿り気を帯びさせて、冬の間は水をかけてはいけない。二月頃より土蔵から出して、朝日が当たる場所に置くとよい」という。石菖《せきしょう》などは、もっと細かい記述になり、

冬は土蔵に入れて、時々朝日の当たる場所へ出すとよい。また、朝日の当たる場所の上面と側面を寒気が来ないように、囲いを設けるのもよい。雪や霜に当たると、葉先が枯れてしまうからである。

このように『花壇地錦抄』は、微に入り細に入り、栽培する読者を意識した丁寧な記述で占められているが、施設としての温室情報は甚だ少ない。十七世紀末の段階では、まだ植物専用の温室は存在せず、土蔵や穴蔵といった他の目的の施設と兼用していたことがわかる。

『花譜』・『菜譜』

次に、ほぼ同時代の園芸書、貝原益軒《かいばらえきけん》の『花譜《かふ》』から、温室の記事を探してみる。貝原益軒は、『養生訓《ようじょうくん》』などでもおなじみの九州の儒学者であるが、本草学でも多大な業績をのこした。宝永六年(一七〇九)刊『大和本草《やまとほんぞう》』は、中国の李時珍《りじちん》の『本草綱目《ほんぞうこうもく》』では日本固有の自然物を表現しきれていないとしてその分類に批判を加え、実際にフィールドに出て観察した結果を反映した、日本の本草研

究の一つの転機となった書物である。薬効・植物の特徴のほか、方言をも書き留め、そこに記されている内容は民俗学的にも貴重な資料となっている。

こうした益軒の特徴である、実際のフィールドワークに即して書物を記すという姿勢がよく現れているのが、これから紹介する、元禄十一年（一六九八）に出版された『花譜』である。百九十七種の植物の形状と栽培法を記した書物で、具体的な記述では以後に出版された書物にひけをとらない特徴を備えている。そこで、保温・防寒という視点から、本書の記事を見ていくと、植物の特質によってその記述を書き分けていることがわかった。

4　『花譜』表紙

最も多いのが「霜を恐れる植物」という説明から始まり、霜から守るために、何かで植物を覆うことを勧める記述である。「挟《サス》レ枝ヲ」つまり挿し木の項でも、

冬は霜覆《おほひ》をすべし。

とあり、また「護養《まもりやしなうこと》」の項では、

雨初てはれ（晴）て、北風ふく（吹）夜は必霜あり。かねて糞草を集て、風上に焚《やき》てふせぐべし。あるひは此時おほひ（覆）をすべし。

と挿し木・護養（養生）など、手引書の冒頭に書かれた総論からして、霜覆いがきわめて重要な栽培技術であると主張する。具体的に何を以て覆いをするかについては、各論でそれぞれの植物ごとに記され、糞草・ぬか（福寿草・牡丹）・薦《こも》（牡丹）、かまどの前土（鬱金《うこん》）などさまざまである。

また、花鬘《けまん》の項に、「盆にうへて、寒月は屋下におくによろし」とあるとおり、盆《はち》、つまり植木鉢に植え替えて、寒いときに軒下に置くのがよい、または風雪に当たらないようにとする注意書きも多い（桜草・檀特花《だんどく》・茶蘭・蘭・珊瑚《せんりょう》）。

頳桐《ひぎり》《とうぎり》では、鉢植にまで仕立てないが、植え替えのことを含めて数説を披露する。冬、園地に植えておくと必ず枯れる。ある説に、冬から春の間、雨や風の当たらない建物の蔭に、横に立て掛けて物にもたれるように、幹の末端が少々出る程度に地中に深く埋め、春暖かくなったときに掘り出して植えるとよい。何十本でも、一ケ所に重ねて埋めてもよい。また園地にそのまま置いて、冬は覆いを厚くして根元に馬糞を厚く覆うとよい。また別の説に、冬は軒下の暖かい所に移し、栽培するとよい。（中略）西北の方、風が当たらない暖かい場所に植えるとよい。馬糞を根元に埋めれば、寒さにいたまず、かつ生育がよろしい。

と、建物の蔭や軒下などに覆いをかけて西北の方角に置き、風が当たらぬように、地中に埋めるとよいとある。このように方角に言及した記事は多く、橘などは、北風から守るために北方を塞ぐという知恵を授けてくれる。

橘柑の類は、すべて非常に寒気を嫌う。これゆえ北国や山中の雪深い場所には生育しないので植えてはいけない。園中であっても、北が塞がり、南に向かう暖所が適している。

とあり、同様の記述は、福寿草・ソテツ・棕櫚竹《しゅろちく》にもあった。

水仙の場合では、

日なたの南に向かった場所に植えれば、花が早く開く。すゝがや、焼土、かまどの土などをもって覆えば、十月には早くも花が咲くものである。

と、暖かい場所に植え、また煤《すす》がついた茅、焼土を上にかぶせることによって、十月頃に花を咲かせる早咲きに言及する。さらに、続けて、

霜が降りた後、棚をしつらえて雪や霜を覆い、南に口を開け日にあてるとよい。

と、棚を作り、風、雪、霜から防護し、南側に開口部を設けて日光に当てる施設に触れている。これを温室とは言っていないが、この棚に障子をつければ「唐むろ」と呼ばれたフレーム型温室（後述）になり、唐むろ開発以前の施設に言及した興味深い部分である。

植物を直接覆う素材には、薦や藁などが一般的であったが、このほかに、茶蘭のように特別なしつらえもある。

籠を渋紙にて張り、風や寒さに当たらないように覆った方がよい。春も早く出して寒気に触れないようにしなさい。

と、薦などの覆うための材料が植物に直接当たらないように、渋紙と籠で保護した場合もあった。あるいは、鳳尾蕉《そてつ》のように、覆う材の重量によって形状が崩れたら困る場合は、

非常に寒い年は、葉をすべて切り落として、薦で覆うのがよい。風の激しい所には植えてはいけ

ない。上に雪が積もれば、次の年に傷んでしまう。上に「わら円座」または「ふご」を作ってかぶせておいて、春になって暖かくなったときにこれらを取り去るとよい。これをしないで、寒風に当てると腐って枯れてしまう場合がある。

とあり、「わら円座」（藁で作った円状の敷物）や「ふご」（竹や藁で編んだ籠）などの特殊な品を用意する例も見られた。寒風に当てない目的はもちろんであるが、雪の重みに耐えられるよう、緩衝材として大型のものを特別に作ったのである。

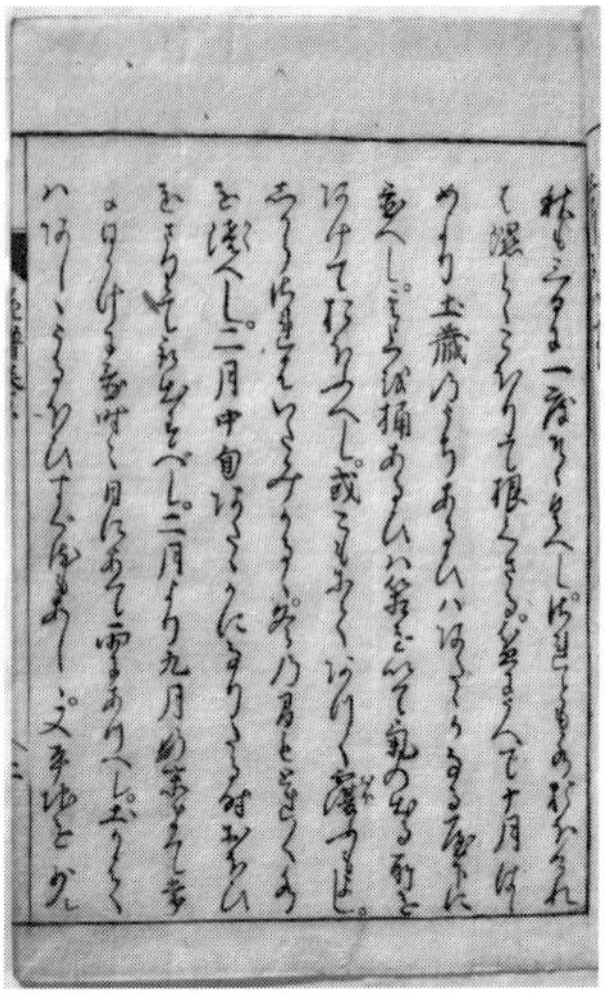
5　『花譜』蘭

同じように、蘭についても養生のための措置に詳しく触れている。

蘭類はすべて寒さ暑さに弱い。厳しい風のとき、雪や霜が強いときに直接当ててはいけない。寒風や雪、霜に当たるとたちまち傷んでしまう。暑いときには涼しい所に置き、（中略）鉢に植え替えて、十月の初旬から土蔵の中へ、あるいは暖かい建物の下へ置くと良い。この上に空気穴を開けた桶や箱をかぶせる。あるいは、薦《こも》で厚く覆うのもよい。これをしなければ傷んで枯れてしまう。（中略）二月中旬、暖かくなった時、はじめて覆いを取り去って鉢植を取り出すのがよい。

これは、今まで述べてきたなかで最も手間のかかる防護の方法である。鉢植に植え替えて土蔵や軒

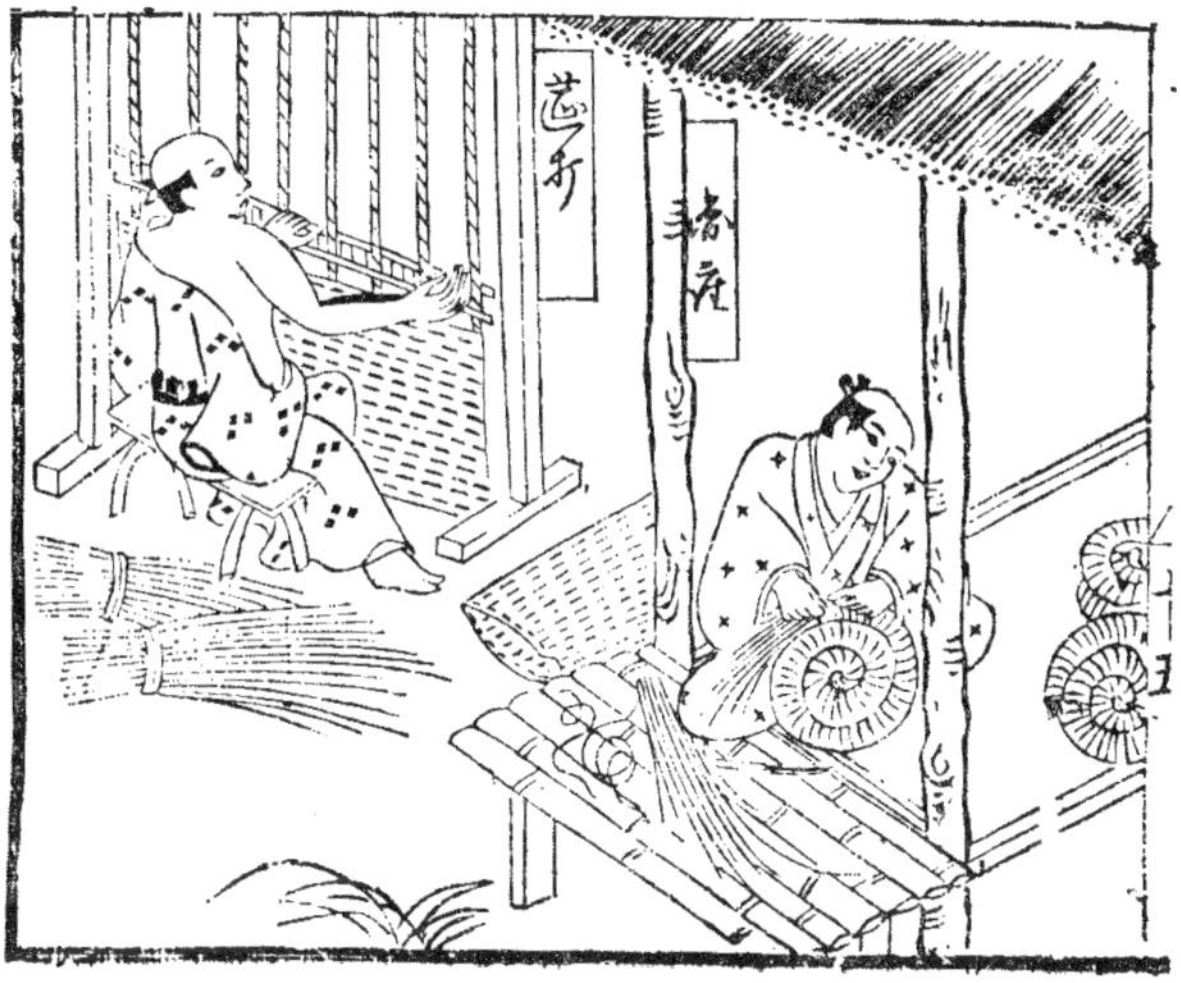

6　わら円座（『人倫訓蒙図彙』）

下に置き、さらにこれを桶や箱で囲い、または薦で厚く覆いをするのもよいという。温室という植物専門の施設がないときは、おそらく居住空間である室内、あるいは収納空間である土蔵が兼用されたと考えられ、『花壇地錦抄』にも土蔵がよく登場した。しかし、益軒の『花譜』に土蔵が登場するのは、この蘭の項のみである。

　なお、『花譜』では、次のとおり菊の項においてはじめて「室《むろ》」の語が登場する。しかし、これは実は一六三九年に中国の徐光啓《じょこうけい》が著した『農政全書《のうせいぜんしょ》』からの引用であり、日本で用いられたという証拠にはならない。

　『農政全書』にいう。菊を植えるのに六つの大事な点がある。一つには土を培養することで、肥えた土を選び、冬至の後に糞をかけ、凍って乾燥するのを待って、その土のうち、やわらかい部分を取り出して圃場に置き、再び糞をかけ

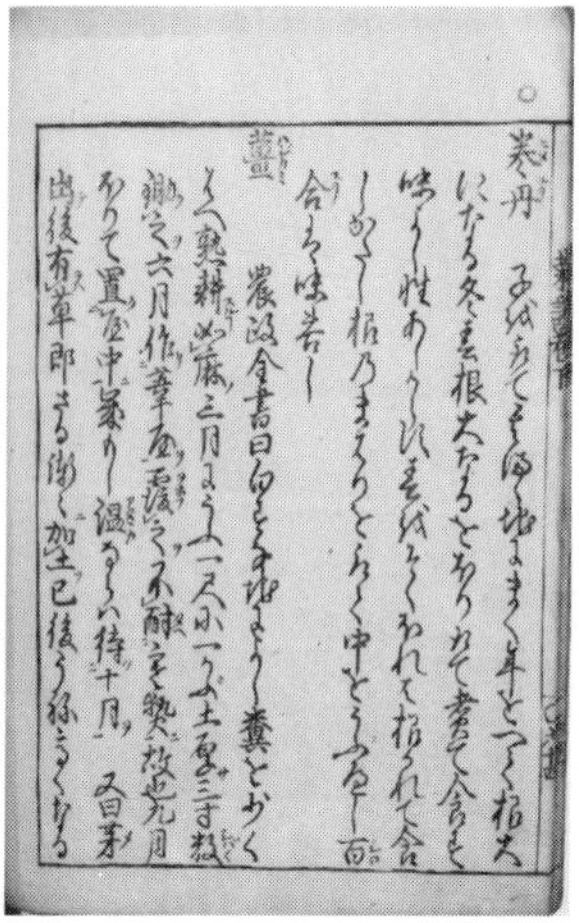

7　『菜譜』本文

て乾いた後に「室中」へ収納する。

というのが室の記事である。おそらく「室中」というのは温室のような施設ではなく、単に「室内」の意で用いられたのではないかと思われる。

貝原益軒は、『花譜』刊行から十六年後の正徳四年（一七一四）に、『菜譜』という書物も著した。これは、百三十九品の野菜類の栽培法および調理法を載せたものだが、『花譜』によく似て、風や雪から守るため冬に覆いをするとよいとする記述が多い。

根菜類は、食物として供するため、貯蔵のために穴を掘って埋めて糠《ぬか》を敷き、藁で覆いなさい。霜の時はゴミで覆ったり（芋、藕《はす》など）、かまどの近くに埋めたり（番薯《あかいも》）、冬季は暖所に収蔵しなさい（甘藷）という記事もあった。

薑《はじかみ》（ショウガ）の項では、再び『農政全書』を引用し、

> 六月、葦屋を作り、これを覆う。寒さや暑さに耐えられないからである。九月、地中を掘って室内に置く。年によってあたたかい日が続いたら、十月を待ってから行うとよい。

と、「葦屋」という簡易施設の名称が初めて登場する。これも一種の温室であるが、『農政全書』の引用だというのが残念である。薑の項には、同じ『農政全書』から、薦で覆うこと、穴を掘って藁を交

ぜたり、糠に交ぜたりして埋めれば凍らないと述べる。『菜譜』には、『本草綱目』や『月令広義《げつりょうこうぎ》』など他の中国書からも引用があり、書物上の知識が文章の大部分を占める。益軒のように、フィールドワークを重視する人物でも、先行する中国の書物の内容は重要であった。しかしながら、「葦屋」という施設名はあっても、図や細かい仕様が提示されていないので、実際に製作して使用されたかはわからない。書物の上だけの知識である可能性もかなり高いといえよう。概して益軒の記述は、懇切丁寧な伊藤伊兵衛の『花壇地錦抄』とは異なり、さまざまな意見を披露して、是非の判断は読者にまかせるという傾向にある。同じ十七世紀末から十八世紀初頭に書かれた書物であるが、記録者によって傾向が異なっていた。いずれにしてもこの時代には、まだ植物専用の和風温室は登場していないように思われる。

むろの語の登場

あらためていうまでもないが、江戸時代の学問は中国の文化圏に属し、多くの著作物は漢文で記され、数多くの日本人が漢籍を勉強した。江戸時代は、学問と技芸（技術・芸術）の区別が現在のように厳密に分かれてなく同格に扱われていたので、日本人は園芸の技術もまず中国の文献を学んでいった。これは貝原益軒の例で見たとおりである。本書で問題とする温室も、日本の文献における登場より、中国の園芸書の方が早い。

8
『秘伝花鏡』見返し（文政12年板）

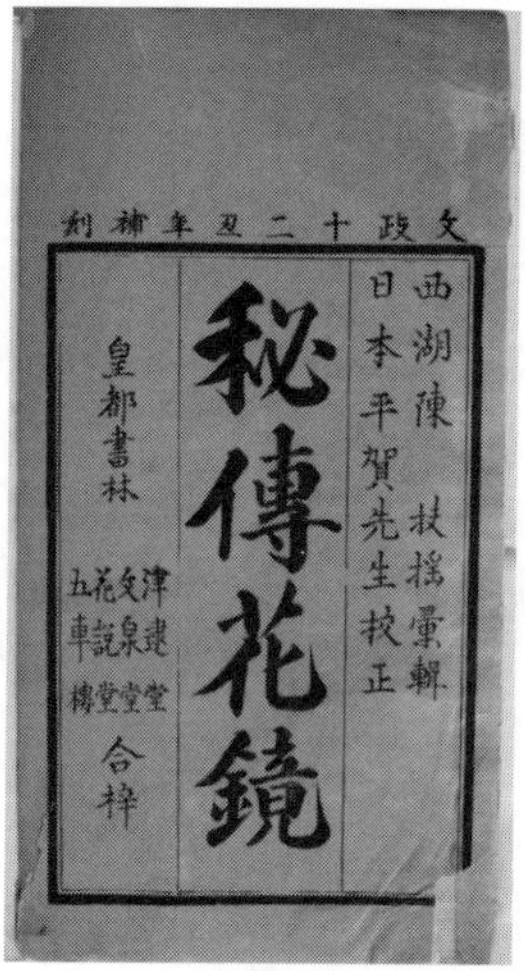

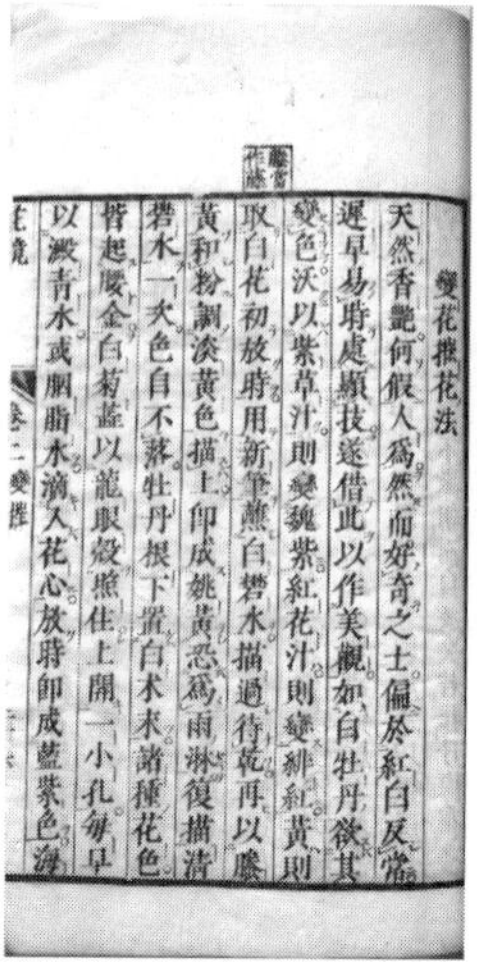

9
『秘伝花鏡』変化催花の法（文政12年板）

延宝九年（天和元年・一六八一）刊の日本最初の総合園芸書『花壇綱目』には温室や防寒・保温の情報はないが、一六八八年（日本での暦は元禄元年）、中国において陳扶揺《ちんふよう》が著した『秘伝花鏡』には温室の記事が登場するのである。『秘伝花鏡』は、わが国の多くの園芸家・学者たちに参考書として読まれ、安永二年（一七七三）春には、中国の書物を日本で出版した「和刻本」としての体裁の『秘伝花鏡』が出版された。同書の見返し（図8）には、「西湖陳扶揺彙輯／日本平賀先生校正」とある。校正をした「平賀先生」とは、エレキテルや火浣布《かかんぷ》で有名なマルチ人間、平賀源内（一七二八〜七九）のことである。初版発行後も、同書は文政元年（一八一八）と、さらには同十二年にも繰り返し刊行されたほどの、需要が高いベストセラーであった。

この『秘伝花鏡』において、温室の記事は、次のとおり巻二「変花催花《へんくわさいくわ》の法」に登場する。

槖駝《たくだ》の技で、世に有名なものがある。往々よく行われる「非時の花」の技術である。（中略）この花を早く咲かせる方法を「堂花」という。その方法は、紙をもって密閉した室内に穴を掘り、編んだ竹の棚の上に花を置く。栽培土には牛馬の糞尿を発酵させたものを用いた後、沸騰した湯を穴の中に置く。湯気の蒸気をさらに扇などで風を起こして植物にあてることによって、花はわずかの日数で開花する。

「非時《ひじ》の花」とは、自然の状態なら花が咲かない時期に、手を加えることによって花を咲かせる技術のことである。この技術の目的は花を早く咲かせることであり、それが室内で行われるため「堂」の語を用いたのであろう。この「堂花」はまさしく温室そのものである。「槖駝《たくだ》」（あるいは「槖駝師」とも記すことがある）とは漢語で「植木屋」を指す言葉であり、植木屋の間にこうした先進的な技術がまず現れたのである。

私は、ここに紹介される「堂花」の技術は、わが国において「窖」と呼ばれた施設に最も近いと考えている。後述するが、『秘伝花鏡』の引用は十九世紀になってもたびたび行われ、十七世紀末に成立した中国園芸書の技術が、その後の日本に長く影響を与え続けていた。しかしながら、中国の書物のとおり作るのではなく、その時代時代で、試行錯誤を繰り返しながら活用されていたので、史料に登場する温室は、一つとしてまったく同じ構造のものはない。次にはこうした例を見ていきたい。

宝暦十三年（一七六三）に成立した植物図譜『花彙《かい》』の著者は、草之一・二が島田充房《みつふさ》、草之三・四、木之一～四が小野蘭山《らんざん》である（出版はもっと遅く、明和二年・一七六五である）。小野蘭山（一七二

10　小野蘭山肖像画（国立国会図書館蔵）
11　『花彙』表紙（早稲田大学図書館蔵）

九～一八一〇）は、江戸時代後期を代表する本草学者で、『花彙』をはじめ『本草綱目啓蒙』や日本各地を採集調査した記録である各種「採薬記」など多数の著書をのこし、千人の門人を育成した教育者としても優れ、後の時代の学芸に果たした役割ははかりしれない。『花彙』は、植物図鑑に分類されているが、現代の園芸学でも充分通じる内容が多い。近世後期の本草学という学問が、薬草を調べるための薬学に限定されず、園芸分野にも及んだことを知るためには好適な史料であろう。こうした園芸技術に詳しい『花彙』の特徴のひとつに、和風温室を示す「窖」の語が初めて日本人によって使われた点が挙げられる。

「窖」の語は二か所に登場し、一つは、トウギリで、

> 植物の性質上、最も寒さを恐れるものである。早く窖《アナグラ》に入れて霜や雪を防ぐのがよい。春に、古い幹を細かく切って植えるとみな根付く。

とある。この記事を見てわかるとおり、窖という語を用

いてはいるが、これに「アナグラ」という振り仮名を振っているので、実は、植物専門の温室の初出とは断定できない。『花壇地錦抄』『花譜』『菜譜』と同じく、兼用倉庫であった可能性はある。

もう一つは、「瑶池絳節《ヨウチコウセツ》」（サトウキビ）で、

今、種子を異国から伝えられて、往々植えることがよく行われている。春になっておだやかな気候になったとき、「窖蔵」の古い幹の節々を切って、これを暖かい場所に植えれば、節ごとにみな芽を生じる。（中略）植物の特性として寒さを恐れるので、霜がおりる前に、根と梢を切って窖蔵するとよい。

とある。「窖蔵」とは「こうぞう」とでも読ませるのであろうか、窖に収納するという意味で、名詞と動詞の両方で使用している。この記事でも、倉庫と兼用した可能性はあるが、私は、『花彙』に登場する窖は、植物専門の穴蔵であった可能性が高いのではないかと考える。著者・小野蘭山が、本草学者という、薬草のほか珍しい植物——当然この中には熱帯性の植物も含まれる——を専門に調べる職業であること、『本草綱目啓蒙』という著作には、植木屋から聞いた情報をかなり採り入れていること、蘭山の門人に『草木育種』という和風温室をもっとも詳しく説明している岩崎灌園がいることなどが、その根拠である。詳しい構造は記されていないが、以後の本草学者の和風温室の表記には「窖」とのみ表記する場合が多く、『花彙』がその先例になっているのも特筆すべきである。草之四の巻末に当たるから、宝暦十三年（一七六三）の時点での情報であり、中国の書物『秘伝花鏡』にも「窖」の語はあったが、日本人の著書における「窖」の初の使用例として、また、「窖蔵」という語も

12 瑶池絳節（『花彙』草之四）

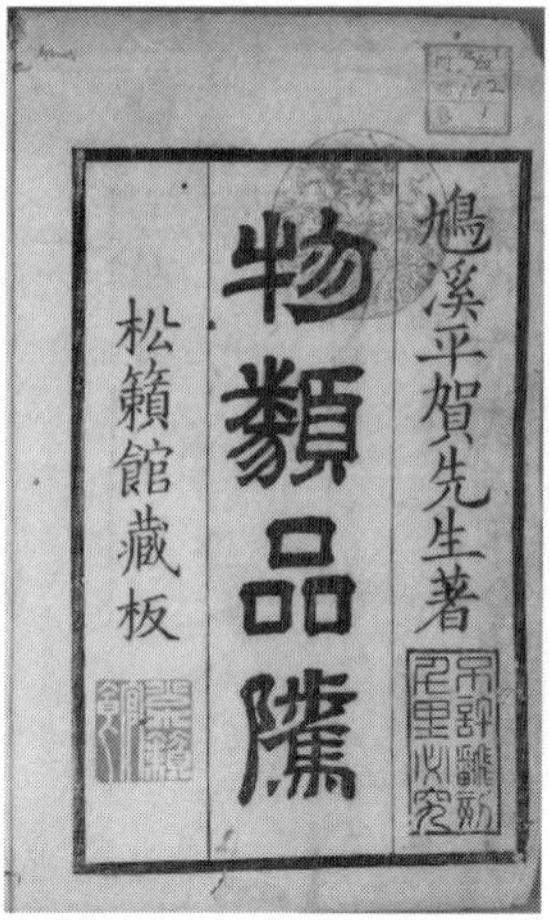

13 『物類品隲』表紙

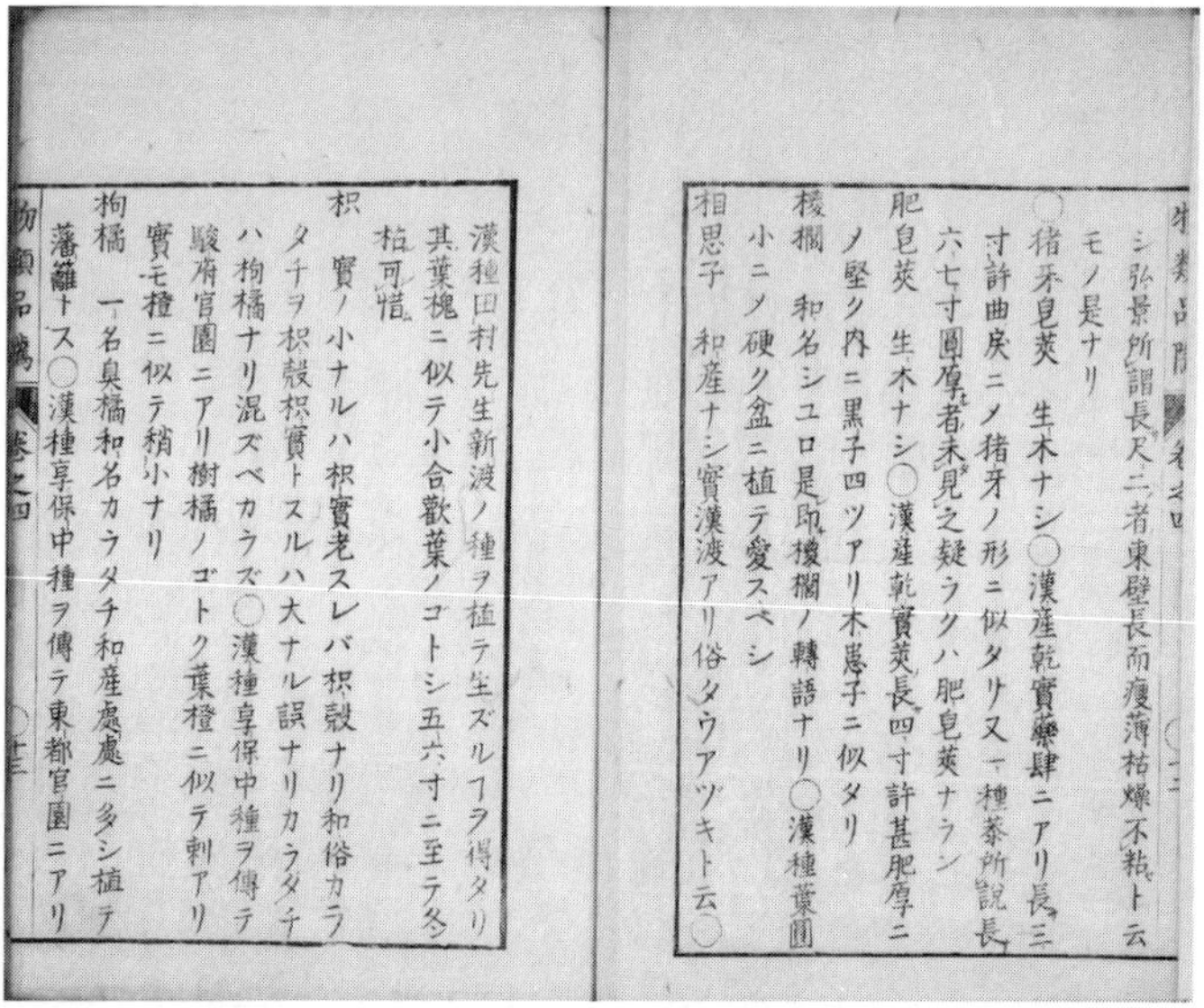

シ弘景所謂長尺二者東壁長而瘦薄枯燥不粘ト云
モノ是ナリ
○猪牙皀莢　生木ナシ○漢産乾實藥肆ニアリ長三
寸許曲戻ニノ猪牙ノ形ニ似タリ又一種蒸所說長
六七寸圓厚者未見之疑ラクハ肥皀莢ナラン
肥皀莢　生木ナシ○漢産乾實莢長四寸許甚肥厚ニ
ノ堅ク内ニ黒子四ツアリ木患子ニ似タリ
椶櫚　和名シユロ是即椶櫚ノ轉語ナリ○漢種葉圓
小ニノ硬ク盆ニ植テ愛スベシ
相思子　和産ナシ實漢渡アリ俗タウアヅキト云○
漢種田村先生新渡ノ種ヲ植テ生ズルヿヲ得タリ
其葉槐ニ似テ小合歡葉ノコトシ五六寸ニ至テ冬
枯可惜
枳　實ノ小ナルハ枳實老スレバ枳殼ナリ和俗カラ
タチヲ枳殼枳實トスルハ大ナル誤ナリカラタチ
ハ枸橘ナリ混ズベカラズ○漢種享保中種ヲ傳テ
駿府官園ニアリ樹橘ノゴトク葉橙ニ似テ刺アリ
實モ橙ニ似テ稍小ナリ
枸橘　一名臭橘和名カラタチ和産處處ニ多シ植テ
藩籬トス○漢種享保中種ヲ傳テ東都官園ニアリ

14 『物類品隲』相思子（12, 13とも早稲田大学図書館蔵）

植物関係では初の使用例であり、注目すべき情報と思われる。

なお、『花彙』の成立年と同じ宝暦十三年刊、平賀源内著『物類品隲《ぶつるいひんしつ》』には、「窖」の名称は出てこない。しかしながら、後の時代にむろで栽培されることになる二つの植物を、この『物類品隲』の記事から採り上げ、技術の進み具合の差を見ていきたい。

一つは、相思子という植物である。

国産はない。実として中国から渡来したものが存在する。俗にトウアヅキという。中国の品種を、田村先生が新渡の種子を植えて芽生えを得たことがある。その葉は、エンジュに似て、小さいネムの木の葉のようである。五六寸になったが、冬を迎えて枯れてしまった。残念である。

文中、田村先生とは、源内の師・田村藍水《らんすい》（一七一八〜七六）である。この相思子に関しては、温室や防寒の措置をしなかったと見え、冬を迎えて枯れてしまったという。

もう一つ紹介したいのが、扶桑、つまりハイビスカスの記事である。

国産はない。琉球産が近年多く渡来している。葉は木槿《むくげ》に似て、深緑色でつややかかつなめらかな葉である。花の形も木槿のように大きいものである。また、芙蓉の花にも似ている。深い紅色で、非常に愛すべき姿をしている。朝に開いて夕方にしぼむ。実を結び、これを植えても芽生えはしやすい。花は単弁と重弁の二種類がある。『秘伝花鏡』という書物などには、このほか粉紅や黄色、白色、青色の数種類があるという。そうではあるけれども、私は未だ見たことがない。

この植物は、非常に寒さを恐れるものである。秋の末に四五尺ほど地面を掘り下げ、籾糠《もみぬか》をもってこれを埋め、三月になってあたたかくなったら、外に出す。このようにしなければ寒い冬は越えがたいものである。

この記事の後半では、地面を掘って、籾糠で包んで埋めるとある。施設としての温室は登場しておらず、こうした原始的な防寒手段によって越冬させた例がいまだ続いていたことがわかる。『物類品隲』は、宝暦七年（一七五七）から同十二年までに開催された東都薬品会の五回分の成果をまとめた書物である。源内自身が植物の栽培を試みたというわけではなく、全国の植物に関心が深い人々、もっといえば植木屋に彼らが実際に栽培した植物を薬品会に出品するのを促した事実があるので、こうした植木屋から情報を得て記事を執筆したと考えられる。

平賀源内が得たのは当時の最先端の情報のはずであったにもかかわらず、むろについての記事がなく、防寒の方法は十七世紀末から十八世紀初頭の『花壇地錦抄』『花譜』『菜譜』と何ら変わることがない。これと比較すると、同時代でありながら、小野蘭山の『花彙』のほうが詳細な記事が多く、おそらく源内より高度な園芸技術を有していたと思われる。小野蘭山という人物が他と比較して卓越している点に情報量の多さがよく挙げられるが、それは『秘伝花鏡』などの万巻の書物と、千人にも上る各地の門人から集めたものであり、そしてまた、こうした情報を集積して書物にまとめあげる能力もきわめて高かったことによっている。

第二章　唐むろの登場——十八世紀後半〜十九世紀前半

『草木育種』

これまで見てきた十七世紀・十八世紀における園芸書の記述と、十九世紀における園芸書の記述には、大きな違いがある。その一つの転機となるのが、「唐むろ」と呼ばれる、フレーム型温室の登場である。十八世紀前半までは、土蔵や室内、洞窟や地下室といった施設はあるものの、これこそが「温室」というには抵抗があったが、十八世紀半ばに登場した「唐むろ」によって植物の栽培環境の劇変をもたらした。「唐むろ」とは、木や土で枠組みをしたいわゆるフレーム型温室で、斜度四十五度程度に障子を設置し、日光をよく受ける簡易温室である。

加えて十九世紀以降は、印刷技術の発展にともなって園芸書の出版が飛躍的に増大する。こうした園芸書に、図とともに記され、あるいは図はなくとも、大きさや建築部材などの情報を含んだ詳細な記述によって、和風温室の実態がわかるようになった。

「唐むろ」の図の初出は、文化十五年(一八一八)刊、岩崎灌園《かんえん》の著書『草木育種《そうもくそだてぐさ》』という栽培手引書である。本史料は、近世の温室「唐むろ」や接木を図解し、江戸園芸の実態を知る上で好都合である。当時園芸は、朝顔・桜草・撫子《なでしこ》・菊・万年青《おもと》など一品種に熱をあげるサークル「連」が活動し、「連」の活動が文人・学者の働きかけによって、美麗な図譜として刊行され始めていた(平野恵『十九世紀日本の園芸文化』)。このようななかで『草木育種』の刊行がうながされたのであろう。これ以前の園芸書、染井の植木屋・伊藤伊兵衛の『花壇地錦抄』、貝原益軒『花譜』は、刊行当時の書物のなかではわかりやすい部類に入るが、『草木育種』との大きな違いは、その精密な挿図の有無である。十九世紀には朝顔や桜草など植物ごとの園芸書も増加したが、こうした一種類の植物を対象とする園芸書の内容を凝縮した短い文章でまとめ、内容が園芸全般にわたっているという意味でも『草木育種』は優れた園芸書である。

『草木育種』が優れている点を証明するのに、興味深い具体例を挙げよう。弘化三年(一八四六)刊、菅井菊叟《すげいきくそう》の菊専門の栽培書『菊花檀養種《きくかだんやしないぐさ》』には、『草木育種』の菊の記事すべてを用い、文章の順序を入れ替え、平仮名を漢字に変えるなどして、巧みに盗作している箇所がある。『草木育種』には、培養土、雨覆い、肥やし、根分け、花壇植え、殺虫、帚造りと扇造り、挿し芽が記される。たとえば、根分けの項を比べてみると、

『草木育種』――根分は九十月比《ごろ》、根もとより出たる芽を分とりて別に植て、蘆簾《よしず》を低かけ霜を

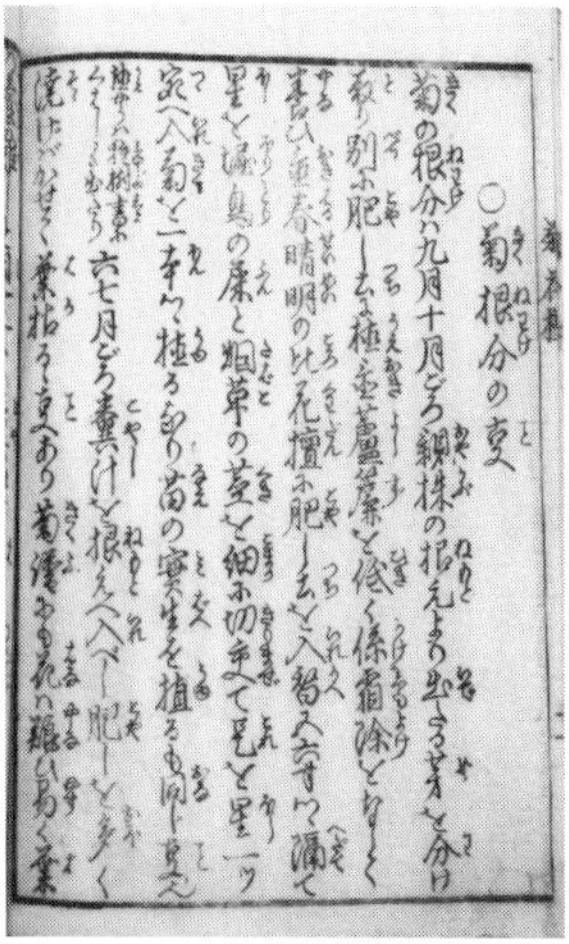

15 『菊花檀養種』

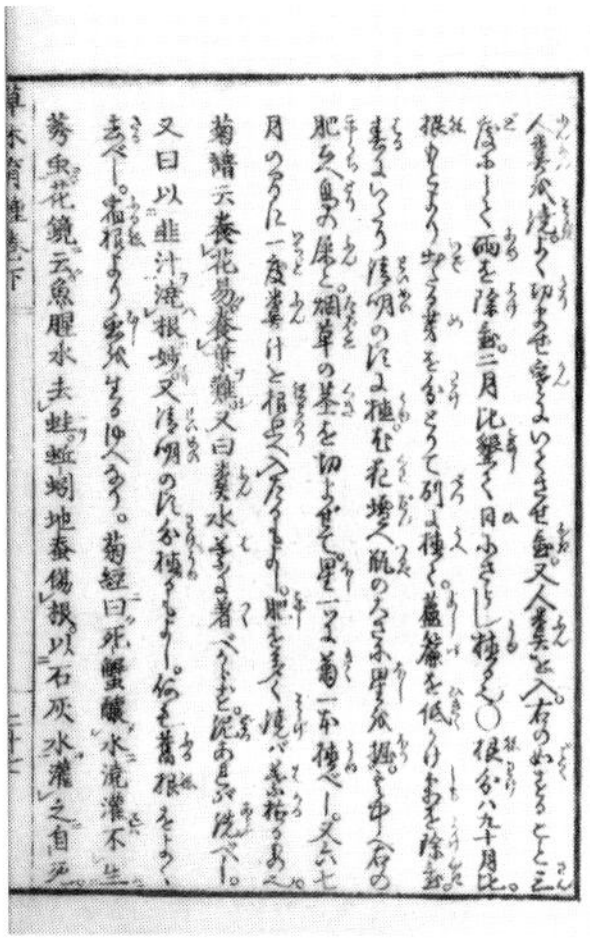

16 『草木育種』菊

除置、春にいたり晴明の比に植ゆ。花壇へ瓶《つるべ》の大さに星を堀、其中へ右の肥土へ鳥の屎《ふん》と、烟草《たばこ》の茎を切まぜて、星一つに菊一本植べし。

『菊花檀養種』――菊の根分は九月十月ごろ親株の根元より出たる芽を分け取り、別に肥し土に植置、蘆簾を低く係霜除をなして養ひ置、春晴明の比、花檀に肥し土を入替五六寸つゝ隔て星を堀、鳥の屎と烟草の茎を細に切交て是を星一つ宛《つゝ》へ入菊を一本つゝ植るなり。

といった具合である。内容は同じであるのに、『菊花檀養種』のほうの文章が長くなっている。片方を読んでいるだけではわからなかったが、双方を比べてみると、こうした巧妙な盗作が『草木育種』中の菊の記事の全文に対してなされていた。『菊花檀養種』は、『菊経』『花壇地錦抄』など古典の引用には書名を典拠として逐一挙げているのに対し、同世代の岩崎灌園の『草木育種』の書名

17　岩崎灌園（明治17年『本草図譜』より。国立国会図書館蔵）

を挙げることは少なく、意図的に盗用したふしがある。多くの出版物があふれた時代には、『草木育種』のように質の高い書物が印刷物として板行され、誰もが手に取ることができるようになったが、時には盗作をされてしまうというリスクが生じることにもなった。

『草木育種』が園芸書の歴史の中で、一つのターニングポイントである点は、十九世紀になってから初めて刊行された園芸全般にわたる手引書である点にも求められる。十八世紀までは、手で書き写した写本であり、多くは「〇〇の伝」などと、植木屋の個々の秘伝を紹介する性格を持ち、体系的な園芸手引書の執筆ではなかったのである。

一種類の植物だけを対象とした園芸書には、年不明『菊作り方其外秘伝』、万延元年（一八六〇）『養菊去虫口訣』、明治十八年（一八八六）『万年青培養秘録』などがあり、一見してわかるとおり、秘伝・秘録・口訣《こうけつ》という語が書名に頻繁に使用されている。このことから、そもそも園芸の技術は、秘伝や口伝という形で伝えられることが多かったと改めて理解できる。

安永二年（一七七三）頃に成立した『草木養秘伝書』、文政二年（一八一九）成立『草木養活秘録』、天保〜弘化年間の成立『草木培養伝書』など、園芸全般や生け花でも同様の傾向であった。しかし園芸全般では、元禄年間（一六八八～一七〇三）の二種の書物、『花壇地錦抄』と『花譜』が刊行されてから約百年を経てようやく『草木育種』が刊行されたのである。『草木育種』以降は、文政二年（一八一九）『草木養活秘録』、文政十二年『草木錦葉集《そうもくきんようしゅう》』、文政十三年『金生樹譜別録《きんせいじゅふべつろく》』、天保八年（一八三七）『草木育種後編』など、『草木育種』と同じように図を多用した、わかりやすい書物が板本として続々と出版された。このように十九世紀の園芸分野における刊本の中興的存在になったという意味でも、『草木育種』は画期的な書物であった。

『草木育種』の著者・岩崎灌園は、名を常正、通称源蔵といい、灌園はその号である。灌園の「灌」は「そそぐ」という意があり、花園に水を注ぐという意味の号からして、園芸に相当の思い入れがあったことがうかがえる。文化六年（一八〇九）十月、小野蘭山に入門、門人期間は蘭山が没するまでのわずか三か月であったが、蘭山亡き後の江戸本草学界の中心人物である。天明六年（一七八六）下谷三枚橋辺の徒士《かち》屋敷（現、台東区上野六丁目）で生まれ、文化十一年（一八一四）『古今要覧稿《ここんようらんこう》』の編集および図画作製手伝を命ぜられ、植物部門を担当して才能を発揮した。代表作である日本初の彩色植物図鑑『本草図譜《ほんぞうずふ》』のほか、江戸の植生を記した『武江産物志《ぶこうさんぶつし》』や、本史料『草木育種』も評価が高い書物である。

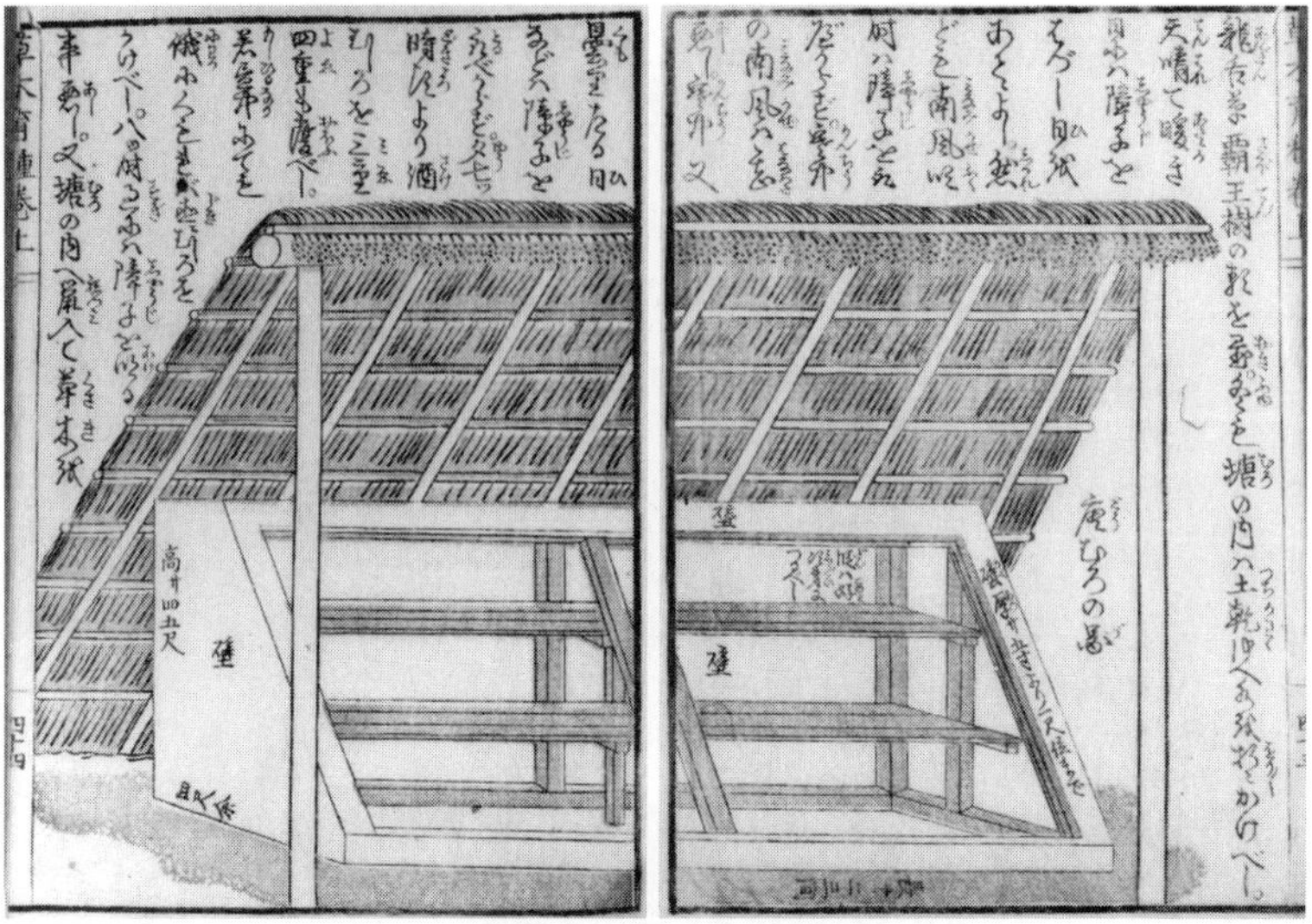

18　唐むろ（『草木育種』）

『草木育種』の唐むろ

さて、こうした高度な園芸技術と卓越した表現力を備える『草木育種』に初めてフレーム型温室「唐むろ」の図が登場するのは、本史料の特徴から考えると、きわめて当然の結果であろう。細目名「塘窖《むろあなぐら》ぬりだれの事并図」に引き続き、唐むろの設置理由、製作や使用の方法が記されている。本史料の文章の特質を理解するため、少々長いが以下に現代語訳して引用する。

　わが国の北方など寒い地へ、インド・ベトナムなどの暖かい国の植物を植えるには、冬の養生が最も肝要である。冬はすべて「唐むろ」に入れた方がよい。「唐むろ」を建てるのは、北が塞がって、南が開いている場所がよい。南側に日蔭がなく朝から夕方まで日がよく当たるところが望ましい。形は図のように蔵を建てるときと同じである。土は厚い方がよく、南側には全面に障子を取り付ける。

九月頃に寒風が吹くようになったら扶桑花（ハイビスカス）・山丹花（サンタンカ）・使君子（シクンシ）は早いうちにむろの中へ入れ、障子を掛けた方がよい。立冬の頃、十月中旬からは嶺南《れいなん》（中国の広東省と広西荘族自治区）や琉球（沖縄）から来た草木をすべて入れた方がよい。このうち、日蔭を好む植物は奥へ入れ、手前にアダン・サボテンの類を置くようにする。冬の間もむろの内部は土が乾いてしまうので、折々水やりをした方がよい。しかし、南風が吹いたときは、障子を外してはいけない。寒中、曇りの日も絶対障子を外してはいけない。夕方七つ頃（午後四時）からむしろを三重四重にくるんだ方がよい。もし日中でも急に曇ったら、すぐむしろをかけた方がよい。八つ時（午後二時）を過ぎたら、障子は開けてはいけない。

また、むろの中へネズミが入って草木を食べる被害がある。このときは、針金に小さな鈴をつけておけばネズミが入ることはないという。むろの屋根は茅葺きでも杉皮葺きでもどちらでもよい。春の彼岸頃より丈夫なものから取り出し、追々取り出すがよい。唐物（船来物）は、清明（陰暦三月、今の四月上旬）の頃にすべて取り出した方がよい。

このように、近世後期に温室として用いられた「唐むろ」の解説では、最もわかりやすくかつ具体的な記述である。はじめに設置理由を述べ、次に「建様」（建て方）を図示して紹介し、最後の使用法に関しては何とおりかの場合を想定して筆が及び、使用経験の裏付けがなければ到底書けない文章である。

唐むろの語は、はじめ「むろ」という温室を指す言葉があって、暖かい国からの舶来植物が多いために「唐」の文字を当てるようになったのであろう。「唐物《からもの》」という語を中国から輸入した物品だけでなく、ヨーロッパも含めた舶来品全体に適用したのと同じ使用法である。

では、唐むろの発明はいつのことであろうか。これは、灌園門人、阿部櫟斎喜任《あべれきさいよしとう》による『草木育種続編』（稿本）に記載があった。櫟斎が、『草木育種後編』を出板したことは前述したとおりであるが、さらにその続編の出板を企図したことはあまり知られていない。ここには、「土宇《おかむろ》・煖窖《とうむろ》の始りを記す」として、十五世紀の朝鮮の用例を示した後、わが国においては、

暖かい地の植物を養うのに「唐むろ」というものがある。これは中国で「煖窖」と呼ばれるものである。天明の頃（一七八一～八九）四谷の住人、朝比奈《あさひな》氏が工夫したもので、はじめは床下（地下）に作っていたが、後に現在のように地上に作られるようになった。当時は、むろの中を深く掘り込んで寒さに弱い植物はみな底の方に置き、棚上には、さほど寒さに傷まない品を置いていた。しかし、ある年、ハイビスカスを置くときに間違えて上段の棚の上に置いてしまい、春になって見たらこの一鉢だけが無事で、ほかの植物はみな枯れてしまった。このことにより、上段の棚は下段の棚より温度が高いことが判明し、後にはむろの内部も（地下に掘り下げることなく）高いままにして、現在の建築方法とあいなったのである。

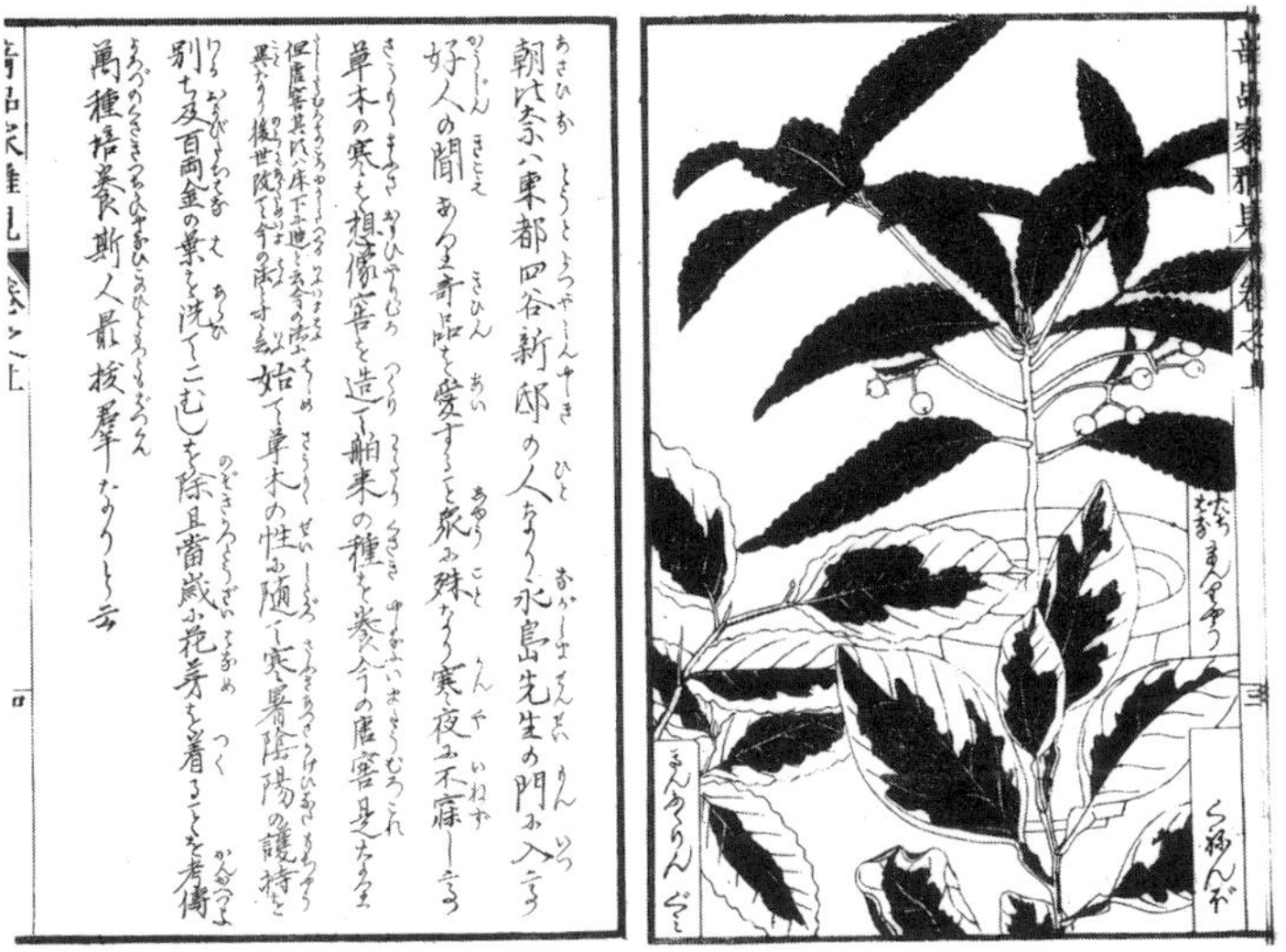

19　『草木奇品かがみ』（国立国会図書館蔵）

と説明する。はじめ床下に作ったとは、穴蔵のことであろう。ここでは穴蔵の温度のみに焦点を当てているが、湿度が高くなりすぎるのも枯れる要因として大きかったはずである。

ここに登場する、天明年間に唐むろを考案した四谷の朝比奈氏は、文政十年（一八二七）刊『草木奇品かがみ』「天之巻」の奇品愛好家を紹介する段で、第二番目に登場する人物でもある。ここにも、唐むろの考案者として、朝比奈の名が挙げられている。

朝比奈は、東都四谷新屋敷の人である。永島先生の門下に入って好事家として名が聞こえ、「奇品《きひん》」を愛する点ではほかの追随を許さないほどの人物である。ある寒い夜に、眠らずに草木の寒さを想像して憂い、むろを作って舶来種の植物を栽培した。今の「唐むろ」はこれである。

当時の唐むろは、今と違って床下（地下）に作っていた。後に改めて、今の方法にしたという。はじめて植物の性質によって暑さ寒さ、日蔭に置くか日向に置くかの植物の保護法を区分した人で、また橘の葉を洗うことで小さな虫を除去する方法や、その年のうちに花芽を付ける方法を考案した。このように、あらゆる方面で栽培に精通した人物であったという。

と紹介される。朝比奈の師である永島先生とは、享保（一七一六〜三六）頃の人と紹介され、『草木奇品かがみ』の冒頭に愛好家として登場する人物である。この永島氏の門下に入ったとあるので、天明年間に唐むろを制作したとしても時期的におかしくはない。

こうして偶然から改良された唐むろは、しかしながら、愛好家周辺には知識が行きわたっていたかもしれないが、広く一般的に知られた兆候はまったくなく、史料上の初出は天明以降の園芸書で初めて刊本として登場する『草木育種』であった。

さて、『草木育種』には、唐むろだけでなく、そのほかの和風温室についての記述もある。唐むろほど詳しくはないが、以下に紹介したい。

まず、以前からある形態の穴蔵である。

穴蔵は、南向きに入口を開けて、障子を掛けて置くとよい。深さは五尺から一丈程度に掘り、下の地面を平坦にし、四方に棚をしつらえて、植木を収納する。しかし、穴蔵は湿気が多いので、扶桑花、山丹花、使君子、サボテンなどの暖かい陽気を好む類は寒さでいたんでしまうので、入れてはいけない。必ず腐ってしまう。割合と寒さに強く、太陽をそれほど欲さない植物を入れるとよい。

このように、地下室だということはわかるが、具体的な構造には触れられていない。おそらく、以前からある形態なので、省略したのであろう。

次に、「はきかけむろ」というものもある。

これは、まず空堀を細長く掘って、左右に植木を置き、段状にして、真中を人が通行するものである。その上に橋のように板をわたし、簀《すのこ》を編んで掛け、さらにその上に土をかける。土は厚いほどよい。堀の両側を出入り口にして採光の目的にもして、夜は口をむしろで覆う。ここに収納するのは、万年青、石菖など、または冬木類、葉物類である。

これも、一種の穴蔵の一つである。細長く廊下状に作り、そこを人が通行できるようにしたものである。

最後に、土蔵についての説明もある。

土蔵は、ぬりだれともいう。東西へ長く建て、四方を壁にし、入口も窓もすべて南向きに開け、昼は障子を掛け、夜は戸を閉める。ここに収納する植物は、それほど寒さに弱くない、百両金《からたちばな》、珠砂根《まんりょう》、蘭の類、そのほか斑入り葉のものや、冬木類を入れるとよい。また、台地上の土地の場合は、土蔵の縁の下を掘り、穴蔵にして植木を入れるとよい。土蔵の屋根は、茅葺でも瓦葺でもどちらでもよい。

これは、土蔵といっているが、植物専用なので、岡むろと考えてもよい。岡むろについては、後述する。

『草木育種』以前の園芸書には、唐むろを使う熱帯性植物は現れない。また園芸全般を扱う書物では、『草木育種』以前はほとんどが写本であり、筆写年代も不明なものも多い。たとえば、年代不明の写本、国立国会図書館蔵『植木仕養集《うえきしようしゅう》』の蘇鉄《そてつ》の項には、

冬は俵をかぶせて寒気を除く。または、土蔵に収納するのもよい。冬に葉を切っておけば、翌年の葉が早く生じやすい。また寒い国では、冬に掘り起こして俵に包んだり、蔵に入れたり、二階などに置いたりして、春の余寒が去るのを待って、地植えをするとよいという。

というように、土蔵の中かあるいは建物の二階に入れ置くべしとあるのみで、元禄の『花壇地錦抄』と技術的にはまったく変わりがない。本書は、ほかにも土蔵や穴蔵について触れている箇所がありながら、唐むろの記述がないので、唐むろ開発以前に記されたものと考えられる。

このように唐むろの記述があるかどうかで、その書物の年代をある程度まで推定できるという副次的効果も得られた。

行灯《あんどん》むろ

こうした優れた園芸手引書である『草木育種』刊行を契機にして、これ以降の園芸書には、「唐むろ」の言葉やその使用例が多くなる。天保七年（一八三六）刊『ちとせの友』は、

冬は唐むろ吉。但行灯むろに入て囲ふへし。水は過さる程に時々見合そ、くへし。

とあるように、「唐むろ」のみならず、さらにこれを発展させた「行灯むろ」まで記されており、これらの用語そのものが定着したとわかる。実はこの行灯むろも『草木育種』に図入りで紹介されるもので（第I部扉図参照）、以下のとおり、土蔵や穴蔵よりも詳しく述べられている。

南向きに、茅でも藁でもよいが雨覆いをこしらえて、庇は地面まで葺き下ろすように作る。その形は高く、唐むろに雨覆いをしたような形で、内部へ図のように背面を壁面にしたのもある。また障子でもよく、四方をすべて障子にして、植木を入れて合わせ目に目張りをする。

このむろへ入れるべき植物は、梅・桃・桜・海棠《かいどう》・藤の類である。そのほか、早咲きをさせたい植物なら大抵この中に入れるとよい。

内部の様子を見るために小さな窓を開けておくとよい。外側からむろの下方の地面を掘り下げ、炭火を埋めた火鉢を置き、火が消えないように入れるとよい。もっとも寒い日は、昼も火を絶やしてはいけない。むろの中で火がある場所の上部には竹の簀子《すのこ》をわたして、上へ濡れたむしろを敷くとよい。

このむろへ入れてから大体三十日程度でほとんどの花が開く。しかしながら、桜は白く咲き、紅梅の色は薄くなる。このようなときは、暖かい日にむろから出して、日光に当てると色付きがよくなる。また、夕方になったらむろの中へ入れて置くとよい。

この行灯むろは、唐むろの進化した形といってもよく、しかも主たる目的は、花を早く咲かせるこ

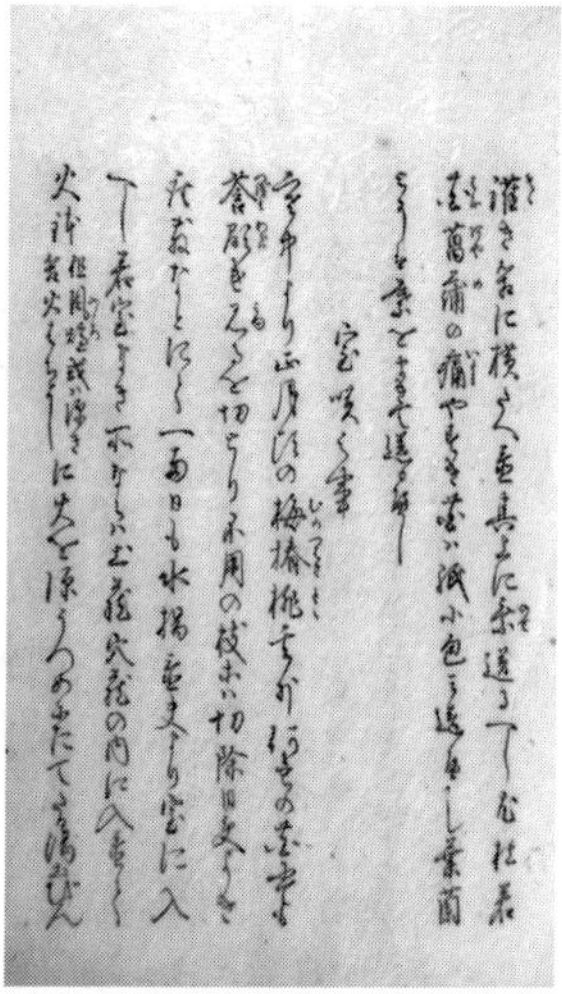

20 『草木養活秘録』

とであった。「行灯むろ」という名は、中に火種を入れることが、行灯と共通するので名付けたのであろう。『草木育種』において、これほど詳しく述べられているのは、おそらくこの技術が新しいものであって、初めて紹介したためと考えられる。

『草木育種』刊行より後には、単に「室」とのみ記した省略語が、生け花の書物に多く現れるようになる。文政二年（一八一九）刊の『草木養活秘録』には、「室咲《むろざき》の事」という細目があり、

　寒中より正月頃の梅・椿・桃、そのほか、いずれの花にてもつぼみが付いたら切り取って、不用の枝木は切り除く。日あたりがよい座敷などに一両日も水揚げさせて置く。それから「室」に入れるとよい。もし室がない所ならば、土蔵・穴蔵の中に入れ置いて、火鉢――但風爐《ふろ》あるいは深き箱火鉢がよい――に火を深く埋め煮立った湯を、土瓶・釜などに入れ、湯気が室の中にこもるようにするとよい。右のようにすれば、三四日のうちに花が咲くであろう。しかし、いつ入れたらよいかなど見計らいがあるので、よくよく工夫するとよい。

これは、別に土蔵と穴蔵が出てくるので、唐むろの記述と考えて間違いないであろう。ただし、火鉢を中に入れる点から、行灯むろに近い。唐むろを応用した技術が、早咲きに用いられているのであ

る。

弘化四年（一八四七）刊、切り花の水揚げや保たせ方を記録した『剪花翁伝《せんかおうでん》』の凡例には、「温室」の語が登場する。

○温暖の頃開花の速なるを冷窖《ひやし》にて保たせる等は素《もとより》の業なり。然るに冷寒の頃未開の花を急ぎ温室《むろ》に開かせる業などは人作にして天時《てん》に順《したが》はざるに似たれども、さにあらず、椿・梅の類は秋より萌《きざ》して冷寒の至る迄《まで》に漸々咲出しぬれど寒風霜雪行れては窮《きゅう》し凋《しぼ》みて暫く開《ひらく》こと能《あた》はず。されど春に至て悉《ことごと》く開花せり。是既に自ら萌し発《ひら》ける蕾《つぼみ》なるが故に、温室に助る時は忽《たちま》ち開花するもの也。寒風霜雪の候、軽淡《けいだん》なる風土は秋より冬に続て漸々咲出べし。かゝればいまだ萌さざる花を温室にして開かせるにはあらじ。

ここでは、「温室」と書いて「むろ」と読ませている。これも早咲きの用例である。人工的に早く咲かせる技は、天に反する事柄と思われるが、そうではなく、すでに咲くきざしがあるものを、温室という装置が助けて開花させるものなのだと説く。

また、年代は不明であるが、おそらく明治初期刊行と考えられる『草木養之巻《そうもくやしないのまき》』では、冬から初夏の花で、梅・椿・水仙はもちろん、そのほかの植物は、日当たりがよい窓の下や、陽気が近いあたたかな場所へ囲うとよい。水が凍るにしたがって、花・枝・茎も凍ってしまい、水分が通らなくなってしまうために、いたんで枯れやすくなってしまう。特に枝や葉も硬くなってしまい、揉んだりしたら折れ易いことこの上ない。「室咲物《むろざきもの》」と水仙などは、特にこの傾向にある。

と、冬場の花は寒所へ置くと水分が凍って茎が折れやすいと述べた後、「室咲物」つまり、むろで咲くものや水仙などは、とくに寒さに弱いとして暖かい窓の下などへ置くことを勧めている。以上の三点の生け花の書物からは、「室」、あるいは「温室《むろ》」という言葉が、単に穴蔵や土蔵ではなく唐むろ、またはこれから派生した、火鉢を中に入れる「行灯むろ」を指す言葉として一般化した様子がよくわかる。さらに、唐むろの普及によって花卉園芸植物が量産化され、生け花の材料として流通するようになったとも推定できる。

灌園は『草木育種』の別の箇所では、接木についてやはり詳細に図を用いて解説している。接木はいわばクローン技術であり、この接木も唐むろも、ともに従来からある栽培技術に改良を加えた形をはじめて図化して紹介している。こうした改良技術を世に送りだすことによって、『草木育種』を目にした人々がまたこれを真似て、飛躍的に花卉園芸産業が発展したことは、想像に難くない。

ガラス障子

唐むろは油障子を張り、太陽光を受けるように工夫するのが常である。しかしながら、『草木育種』に描かれるような、フレーム型の唐むろに用いられた障子に落ち着くまでは、種々の試みが行われていた。以下では、時代が前後するが、さまざまな障子の形態を検証し、試行錯誤の歴史をひもといていくことにする。

これまで、防寒という視点から温室の要素を含む記事を探してきた。しかし、貝原益軒の『花譜』『菜譜』には、防寒用に使用した薦《こも》などを用いて、「日覆い」を施しなさいとの記事がまま見受けられる。日覆いは、直射日光や乾き過ぎるのを防ぐためであり、現代において寒冷紗《かんれいしゃ》という目の荒い薄い綿織物をかぶせるのと同じである。寒冷紗や板ガラスが開発されていない時代では、障子の開発が、後に定型化する和風温室には欠かせない要素であった。

『菜譜』の記事では、直射日光を遮断するために薦で覆ったり（茄《なすび》）、棚を作って日覆いをする（葱《ひともじ》）といった記述が多く見られた。日覆いは、冬の寒さを防ぐための温室とは目的が正反対になるが、実は施設の作り方としてはよく似たものになるのである。罌粟《けし》では、
初めて種子を播いた後に、時々水を注いで、上に棚を作り、薦を広げて日覆いをするとよい。

とあり、これも、フレーム型温室「唐むろ」の前身ともいうべき形態をなしている。

こうした日覆いは、『花譜』の菊の項にも見られ、
植えてから後、薦を使って日覆いをした方がよい。日に当ててはいけない。小石や草の根などを取り去って、雨が降れば一か所に集めて覆った方がよい。三月になって菊の苗を分け植える予定の場所の古い土を四、五寸取り除いて、正月から乾かし置いた新しい土を、古い土より少し高い位置に置いて、苗を植えて日覆いをする。

このように、『花譜』の記事の日覆いは、むろに設置する障子ほど透明度は求められていないよう

であるが、むろ同様に強靭さを必要とした。菊苗の花壇を作った後は、上家《うわや》をかけるのが普通であった。この上家の天井部分に張る障子も、もともとはこうした日覆いの目的で作られたのであろう。菊花壇は、現在の西洋風花壇のイメージではなく、新宿御苑で毎年開催される菊花展のように、簡易な小屋形式に飾り立てるのが通例であった。図21に掲げたような菊花壇を内にしつらえ、天部を藍色と白の市松の障子で覆った小屋である。これは、菊の育苗や観賞のための採光、日覆い、雨除《よ》けの複数の役割を担っていた。次に、この雨除障子の製法について、二つの菊の園芸書を紹介する。

一つは、国立国会図書館蔵『菊作方仕法《きくづくりほうしほう》』という史料で、印刷された刊本ではなく、写本の形態で伝えられたもので、年代は不明である。本史料の「花檀寸法之事」と題する文章の後半部分には、

> ただし、障子へドウサ引きするときは、水一升に□《明》はん十九匁、膠《にかわ》十七匁を入れ、よく煮てから（障子紙に）引いた方がよい。もっとも紙は、上等な西の内紙を張るとよい。紙に「鋤切」があると、表面が悪くなってしまうものである。

とある。ドウサとは、明礬《みょうばん》を溶かした水に膠を混ぜたものをいい、「鋤切」は、おそらく「漉切《すきぎれ》」の当て字で、紙を漉きそこなって穴になった箇所のことである。本史料の作者は不明だが、文中「旭昴館伝」や「政兵衛伝」という記事が散見し、これらの人物から聞き取りした口伝を文字化したものと考えられる。

もう一つは、文政二年（一八一九）、播州《ばんしゅう》嶋上郡《しまがみぐん》鵜殿村《うどのむら》の油屋治郎左衛門が写した、名古屋市東山植物園蔵『大菊育艸《おおきくそだてぐさ》』という写本で、

雨障子は泉貨紙《せんかし》の水分がない面を湿らし、糊《のり》で張り、さらし、蠟《ろう》を引く。障子一枚に蠟は半斤ぐらいを用いる。裏から薄い宇多紙《うだがみ》などの白い紙に替えて張る。この紙は霧が集まって露状の一滴になった程度でも表面を通してしまうので、このように仕立てるのである。

という記述がある。「泉貨紙」とは、楮《こうぞ》を原料とした厚紙のことである。紙自体の透過性を高め耐久性を持たせるため、厚紙と薄い紙を合わせるという、手間がかかった面倒な二重構造の製法を選ばざるを得なかったのである。

21　『菊花壇の上家（『菊花檀養種』より）』

　右の二種の園芸書はともに写本であるが、このほか弘化三年（一八四六）板行、菅井菊叟《すがいきくそう》著『菊花檀《きくかだん》養種《やしないぐさ》』にも雨除障子のことが書かれている。

　日覆い、雨除ともに障子は、油を引くのはよくないものである。潢漿《どうさ》引きにした方がよい。潢漿は、水一升に阿膠《にかは》五匁、明礬《みやうばん》四匁の割合にしてよい。およそ障子一本に潢漿一升五合ほどの割合にして一度引き、乾かしてからまた二度三度と引けば、油を引いた程度は保持できるものである。

と、障子の仕立て方法に触れている。記事によると、日覆いと雨除の二つの種類がある点がわかる。油を引くのを禁止しドウサ引きを勧めている理由は、おそらく油の価格が高いためだと考えられる。二度三度引かなければならないが、強度という点では、油と同じくらいだという。

『菊花檀養種』における別の記事、「布袋《ほてい》造《づく》り菊《きく》の養方《やしなひかた》」では、苗を植えるときの花壇の仕立て方についての注意書がある。

花壇に予定している地面を決め、深さ一尺五寸余を掘って、培養土と入れ替え、四方に板を打ちつけミミズやモグラなどを防ぐ対策が必要である。入れ替えた土に肥やしを入れるなどして、根分けした菊苗を植えるのである。

前の記事とこの記事により、最初から障子で覆うのではなく、育成時には覆いがなく、後にドウサ引きをする「雨除障子」が必要になることがわかる。

以上のとおり、雨除障子だけでも園芸書には三とおりの方法が紹介されており、より強靭な障子を作るために、それぞれ独自に開発されていたのである。

これまでは、菊の育成に用いる雨除障子と日覆いの例を見てきたが、和風温室「唐むろ」に用いるべき障子の試行錯誤の例を二点ほど紹介したい。

一つは、『草木育種』の作者・岩崎灌園自身の若いころの雑記帳『岩崎灌園自筆雑記』（国立国会図書館蔵）である。この書物には、紙に油を引くという形態でないガラス障子の製法が、覚書として記されている。

本史料は、薬品の調合法、のぞき眼鏡の仕組みなど、全丁にわたって種々雑多な灌園の興味のおもむくままに書き綴られたものである。文中に、

享和元年辛酉年書之
　武江　常正
　　段々ニ相しるす
　　　常正〔花押〕

という記述があり、また「享和三亥年麻疹等」という記事の存在から、執筆年代は、ほぼ享和年間（一八〇一〜〇四）と確定できる。著者・灌園の生年は、天明六年（一七八六）なので、まだ十代の頃の成立である。

問題の障子についての記事は、第百丁裏に「ビイドロ紙製法」と題した、次に掲げるわずか数行である。

漆箱の中に流しかわかす事有。
ヒ（ビ）イドロ紙製法
干てん壹包
上黄明膠五分
粳米《うるち》　少々
薄き美濃帋《みのがみ》に干てんを引せ帋《かみ》なくてはなをよし。

漆箱の中に流して乾かす「ヒイドロ紙」とは、「ビードロ紙」、つまりガラス風の紙のことである。材料は寒天を一包み、上製の「黄明膠」――漢方薬で「おうめいきょう」と読み、牛皮の膠の一種である――これに米少々を合わせる。薄い美濃紙にこれらをまぜ合わせた溶液を引いて漆箱の中に流して固めるらしい。寒天を用いているので熱を加えたものと思われる。漆箱に入れる際、「紙なくてはなおよし」とは、紙を内部に漉き入れれば、よりしっかりとした腰のある紙に近くなるであろうが、あえて紙を漉き入れずに注意深く均等に流し入れることで、紙状の製品を作ることは可能だ、という意味である。紙を漉き入れないのは、透明度が高くなる理由からと考えられる。私自身、この通り作ったことはないが、おそらく腰がなくたよりないもの、さらに耐久性に劣るものが出来上がるだろうことは容易に想像がつく。

製法から察せられるとおり、「ビードロ紙」は、ガラスそのものではなく、ガラスに代替させるために工夫したものである。近代になってガラス温室がしきりに建造されるようになるが、近世におけるガラスをはめた温室は、幕末にならないと登場しない（後述）。十九世紀初頭の時点では技術的には無理であってもガラスに対する知識はあり、何とか国産品でこれを代替して使おうとしたのである。

江戸時代後期の洋風画家として有名な司馬江漢は、『西遊旅譚《さいゆうりょだん》』巻三に、

和蘭《オランダ》カピタン居所　ビイドロ額　人物山水をゑがく。障子ビイドロにて張ナリ。

と、オランダ人のカピタン（オランダ商館長）の住居のガラス障子に注目している。さらに、『江漢西遊日記』三にも、天明八年（一七八八）に、江戸より長崎へ行く途中の八月十七日、京都にて、

硝子板《ビイドロイタ》を造ルと云者の方を尋ネ、其路石屋アル処を通ル

と、ガラス板の製造技術を見学するために、京の職人のもとを訪ねるくだりがある。ここで仕入れた技術を、今度は同じ年の十月三十日に、長崎のガラス細工師へ行って教授するという記事が同じ『江漢西遊日記』五にある。

玉屋と云ビイドロ細工の処へ行キ、板ビイドロノ伝授す

というのがこれである。果たして付け焼刃で覚えた技術の伝授が実用に適ったかどうかは疑問がのこるが、ともかく、こうした国産板ガラス製作の技術はまだ珍しく、せいぜい新し物好きの江漢が、カピタンが持ち込んだ調度に注目するくらいであった。栽培に従事する植木屋や愛好家や本草学者は、無理をして入手が困難な板ガラスを用いるよりは、従来からある品を工夫して使うほうがより堅実な選択であっただろうことは容易に想像できる。

前述の『岩崎灌園自筆雑記』には、「植木屋『フチヨウ』コトバノコト」と題した植木屋特有の符丁を記した記事がある。もっぱら数量を示す符丁で、「百文を〝てき〟」「九百を〝がけ〟」など、栽培技術にはまったく関係ないが、植木屋に灌園自身が聞き取りをした結果を記したものとわかる。この符丁同様に、「ビイドロ紙」製法も、江戸の植木屋から情報を仕入れた可能性は高い。

もう一例、唐むろの変形を作ろうとして失敗した例を紹介したい。阿部櫟斎喜任《れきさいよしとう》著『草木育種後編』に載る次の記事である。

西洋の人、某、崎陽《ながさき》で冬にスイカを作ろうとして、終日太陽の当る地に穴を掘り、その中にスイ

カの苗を植え、栽培に力を尽し、この上に硝子《びいとろ》の障子を施し、さらにこの上へ油紙を一枚隔てて栽培した。晩冬に至る頃、果して一瓜が結実し、大きさも十分になり、皮の色が深緑色になったので、西洋人某、大いに喜び、日を占って人々を招いて、このスイカを出してさあ食べようと割ったところ、外皮とはまったく違って内部は白色であった。味もひどく、味わいそのものがなかったという。人口の力で太陽の光を借りなければ、果実も花も十分な香り、色は出ない。唐（洋）花は、ただ一時に目を喜ばせるだけのものである。
○また翠藍《すゐらん》桂川《かつらかは》先生の説に、西洋でガラスホイス（原文傍線）というものがあって、硝子《ひいどろ》をもって果木を覆い、冬月に葡萄を漂流民に食べさせたことがあるという。

ここでは、長崎の西洋人が実際にガラスを用いた障子でスイカを栽培した失敗談や桂川国寧《くにやす》（甫《ほ》賢《けん》）の説を引く。硝子の障子は、地域が長崎なので本当の板ガラスを用いたのであろうと思われる。しかしなぜか、その上へ油紙を一枚隔てるという余計な手間を施している。スイカがまずくなってしまった失敗の要因にはさまざまな要素があろうが、この一枚の油紙もその原因の一つであるだろう。いずれにしてもこれらは伝聞であり、自らガラスを用いてむろを製作するまでには至っていない。ただし、本草学者の情報量が多い証拠に、桂川から聞いた「ガラスホイス」がある。これは、「ガラスハウス」と思われ、西洋式のガラス張りの温室の情報もこの時期にすでに日本に入っていたことがわかる。

以上検討したことからわかることは、園芸作業における開花や結実という重要な局面を左右する採光や保温のための菊花壇の障子、あるいはむろの障子という装置一つをとっても決まった方法がなく、植木屋や園芸愛好家などによる口伝によるさまざまな方法が試みられていた事実である。

第三章　むろを使う人たち

本草学者による和風温室「むろ」の記録

園芸書に限っていえば、『草木育種《そうもくそだてぐさ》』刊行以後は、急速に温室の利用が記録上にあらわれるようになり、万年青専門のむろや切花の促成など、『草木育種』の記事を応用したむろの製作や使用法が見られはじめた。これに対して、本草書における「むろ」そのものは、製作方法など具体的な記述に乏しいため、これまであまり注目されてこなかった。以下では、本草学者である、小野蘭山《らんざん》や岩崎灌園《かんえん》が「むろ」を最も詳細に記述したという点をとくに重要視して、本草学者の著した本草書のむろの記述を検証したい。

『草木育種』は、植物の栽培手引書であり、本草書というよりむしろ園芸書の範疇《はんちゅう》に入る。それでは、江戸時代の本草学の到達点の一つである網羅的な著作、植物図鑑・名鑑の性格が色濃い本草書にむろはどう記され、どのような植物が温室で栽培されていたのだろうか。使用する史料は、以下の五点である。

①小野蘭山『重訂本草綱目啓蒙』…享和三年（一八〇三）～文化三年（一八〇六）刊

②岩崎灌園『本草図譜』…文政十一年（一八二八）～天保十五年（一八四四）刊

③旗本・馬場大助『群英類聚《ぐんえいるいじゅう》図譜《ずふ》』…天保年間（一八三〇～四四）～嘉永五年（一八五二）

④江戸の植木屋・柏木家編『草木名鑑』…文政十三年（一八三〇）～嘉永七年（一八五四）成立

⑤飯沼慾斎《いいぬまよくさい》『草木図説』…安政三年（一八五六）～文久二年（一八六二）刊および『草木図説稿本』

表に掲げたとおり、調査した五点の史料からは、「窖」以外にも多くの和風温室を意味する用語があることが判明した。細かくみていくと、小野蘭山『重訂本草綱目啓蒙』では全部で十例、使用された用語は「土窖」と「窖」の二種しか認められなかった。岩崎灌園『本草図譜』では全十六例、「窑」「窑中」「窖」「窖中」「土窖」の五種の区分があった。馬場大助『群英類聚図譜』では全十三例、「窑中」「唐窟」「窟」「土窖」の四種の用例があったが、植木屋・柏木家『草木名鑑』ではわずか二例、「窖」「窖中」のみであった。飯沼慾斎『草木図説』では全十六例、「暖室」「土窖」「窖」「蔵密」の四種の用例があった。五点の史料全体では五十七例を数え、「土窖」「窖」「窑」「窑中」「窖中」「唐窟」「窟」「暖室」「蔵密」の九種が使い分けられている。ただし、これらの用語のすべてが、厳然と区別されているとは限らない。以下では、この点を検証していく。

まず、全五十七例中、唯一用いられている「蔵密」という語であるが、これは現在でも西洋式ガラ

表　本草書の窖

	植物見出し	産地	名称	出典
1	赬桐	暖地	窖	本草綱目啓蒙
	赬桐	暖国	窖	本草図譜
	赬桐	暖地	窟	群英類聚図譜
2	木天蓼	暖地	土窖	本草綱目啓蒙
	小天蓼	暖国	窑	本草図譜
	コンロンカ	なし	土窖	草木図説木部
3	甘蔗	なし	土窖	本草綱目啓蒙
	甘蔗	琉球薩州	土窖	群英類聚図譜
4	きまめ	琉球	窖	本草図譜
	キマメ	なし	土窖	草木図説刊本
5	扶桑	琉球・広州・薩州	土窖	本草綱目啓蒙
	扶桑	暖国	窑中	本草図譜
6	賣子木	琉球薩州	土窖	本草綱目啓蒙
	賣子木	暖国	窑	本草図譜
7	金粟蘭	なし	窟	群英類聚図譜
	チャラン	暖国	暖室	草木図説稿本・刊本
8	ほんでんか	暖国	窑中	本草図譜
	ボンデンカ	暖国	土窖	草木図説木部
9	紫芋	なし	窖中	本草図譜
	紫芋	なし	窑中	群英類聚図譜
10	一種木とうからし	なし	窟	群英類聚図譜
	木立トウガラシ	なし	土窖	草木図説稿本・刊本
11	薑	南方暖国	窖中	本草図譜
	薑黄	なし	唐窟	群英類聚図譜
12	茉莉	琉球	土窖	本草綱目啓蒙
13	蒟醤	なし	窖	本草綱目啓蒙
14	見腫消	なし	窖中	本草綱目啓蒙
15	狗櫞	暖地	窖	本草綱目啓蒙
16	桄榔子	薩州	窖	本草綱目啓蒙
17	素馨	琉球	窖	本草図譜
18	薫草零陵香	熱国	窖	本草図譜
19	使君子	漢種	土窖	本草図譜
20	みせばやそう	南方熱国	窖	本草図譜
21	麹	なし	窖	本草図譜
22	橄欖	暖地	窑中	本草図譜
23	金合歓	琉球	窑中	本草図譜
24	蘆會	熱国	窑中	本草図譜
25	覇王樹	駿州房州	窟	群英類聚図譜
26	美人蕉	なし	窟	群英類聚図譜
27	番欝金	舶来	窟	群英類聚図譜
28	均醬	暖地	窟	群英類聚図譜
29	イワダレソウ	暖地	唐窟	群英類聚図譜
30	コウリンカ	産不明	窟	群英類聚図譜
31	モクタチバナ	なし	窟	群英類聚図譜
32	仙茅	舶来	窖中	草木名鑑
33	モダマ	なし	窖	草木名鑑
34	キンゴジカ	なし	暖室	草木図説稿本
35	天竺水仙	舶来	土窖	草木図説刊本
36	ムラサキオモト	琉球	蔵密	草木図説稿本・刊本
37	コロタラリア	舶来	窖	草木図説稿本・刊本
38	フララト	暖地	土窖	草木図説稿本・刊本
39	ヒルギテセ	舶来	暖室	草木図説稿本・刊本
40	ゴローテスパーンセケルス	舶来	暖室	草木図説稿本・刊本
41	リウキウヱビネ	暖国	土窖	草木図説稿本・刊本
42	トクサラン	なし	土窖	草木図説稿本・刊本
43	ハブソウ	なし	土窖	草木図説稿本・刊本
44	芙蓉	舶来	土窖	草木図説木部

ス温室で栽培されるムラサキオモトに対して飯沼慾斎が使用している。『草木図説』稿本で、

此品性尤畏寒、故ニ寒地ニアッテ冬蔵不密レバ育シガタシ。

と動詞として用いられ、『草木図説』刊本には、

此草琉球産ニシテ性最畏寒、冬蔵密ナラザレバ育シガタシ。

とあるように、厳密にいうと温室という装置そのものではなく、温室に収納する行為を指す動詞である。

このほか「蔵密」以外は、すべて名詞として用いられていた。「窟」の語は『群英類聚図譜』のみ、「暖室」の語は『草木図説』のみで用いられている。しかし、同じ植物でも金粟蘭《ちゃらん》の場合、『群英類聚図譜』は「窟」、『草木図説』は「暖室」、木立トウガラシの場合、『群英類聚図譜』は「窟」、『草木図説』は「土窖」という風に、それぞれの著者による恣意的な使い分けのようである。

むろを用いる目的は、ほとんどが越冬させるためであるが、二例だけはほかの目的でむろを利用していた。

一例は、岩崎灌園『本草図譜』の麹むろの記事である。

本邦のかうし・酒・醤油・味噌・香物《かうのもの》諸々物を漬に用ゆ。其法粳米搗て絜白《けつはく》なるを水に浸し甑《こしき》にて蒸し、木盤《はこ》に盛り、窖の中に置ときは白衣を生するを用ゆ。

麹むろの記事が、五点の本草書でわずか一例であるのは、当時ごく一般に使用されていたため、とくに記載の必要性を感じなかったためではないかと考えられる。

もう一例は、『草木名鑑』にある、モダマ（マメ科の植物）の発芽促進の記事である。

植付方心得ノコト
モタマ下種カタ　京橋松川町唐物屋ニアリ。四月種蚕豆ノ如クニシテ芽出キハ左右高キトコロ一方皮ヲ砥石ニテスリオトシ、極乾キタル土ヘ植付、芽出シマデ窖ノ中ヘ入レ水ヲ忌ミ候事。花種求メ候節一ツノ水ヘ入沈ミ候品ヲ蒔可申事。

『草木名鑑』は、江戸の植木屋・柏木家が編集し、草木の名称にどのような表記があるのかを列挙した植物字典で、柏木吉三郎の父、兄、本人と、三回にわたって訂正・書き込みがなされた稿本である。右に引用した部分は、最後に追加訂正をなした柏木吉三郎による書き込み部分である。植木屋の手による記述らしく栽培方法の詳細にわたっているが、注意したいのは、実はこのような書き方は『草木名鑑』では異例の部類に入る点である。ほかの部分との整合性を無視してまで、あえてこのモダマの追加分に具体的な栽培法を記したのには、モダマの発芽という最新の情報を記録したかったためと思われる。同様の理由で、次の『草木名鑑』の吉三郎追加分の「仙茅《せんぼう》」の栽培法も記されたのであろう。

△嘉永七丁寅年渡来。形状、葉ハ藜蘆《れいろ》ニ似テ堅ク大ナリ。根モ又堅シ。花ノ莟《つぼ》ミ早春ヨリ窖中ヨリ出、三月上旬ヨリ花咲。花形松毬ノ如クニシテ花□（虫損）茅ノ如キ白花アツマリック。

嘉永七年（安政元年・一八五四）という幕末に新たに舶来した植物であるがために、その栽培に心を砕いた新情報を記したと思われる。モダマも仙茅も、栽培方法を詳述している点が共通しており、その過程でむろに触れているのであるが、わずか二例しかなかった。

以上掲げた麹むろとモダマの発芽は、目的が明記された例外的な記事である。これ以外のむろの記事では、使用目的については、「窖へ納メザレハ枯ル」（『群英類聚図譜』、モクタチバナ）「寒を恐るゆへ冬月窖《むろ》中に蔵すべし」（『本草図譜』、金合歓の項）というように、すべて越冬させるためにむろを用いていたとかろうじてわかる程度である。表における産地の項目を見ると、「薩州」「琉球」という具体的な地名のほか、「暖地」「熱国」「暖国」など暖かい地、熱帯地方の植物について記されていることがわかる。「蘆會《アダン》」などのように江戸時代後期になって船来した植物が多いことも特徴である。原産地と日本では気候が異なるので、寒さを凌ぐためにむろを使用するのは、当然の知恵であった。ただし、むろを使用していることはわかっても、具体的にどのように用いたかわかりにくい記事でも、細かく分析すると越冬目的であっても程度の差があることや、春に至って次の園芸作業のためにむろを用いていることがわかった。次にこのわずかな記述の差を見ていきたい。

①耐寒の程度

「窖に収納すべし」とのみ記す場合と、「窖に入れなければ枯れる」という区別がある。前者は、「元暖国の産ゆへ甚寒を恐る。因て冬は窖に養ふべし」（『本草図譜』、赬桐）といった記事であるが、枯れてしまうことを予測する後者には、書き手によって多少の違いが見られた。小野蘭山は、『本草綱目啓蒙』賣子木（サンダンカ）の項では「甚寒気ヲ畏ル故ニ冬ハ土窖《ムロ》ニ蔵メザレバ枯易シ」と「枯れやすい」という表現を使用しているが、蒟醬《こんにゃく》の項では「京師ニテハ冬月窖ニ入ザレバ枯」といい、蘭山が過ごした京都という具体的な地名を挙げて、この場合は「枯れる」と明言している。これに対して岩崎灌園は『本草図譜』において、「暖国の産ゆへ寒を恐る。冬は窖中に養はざれば必ず枯る」（扶桑）、「暖国の産ゆへ冬月は窖に蔵《おさめ》ざれば必ず枯る」（賣子木）、「冬月窖中に養はざれば必ず枯る」（ボンデンカ）というように、どれも定型表現「必ず枯れる」を用いて断定的である。自らの経験で枯らしたか、あるいは身近に枯らした例を見なければ書けない記事であろう。いずれにしても、枯れるという語を用いたことによって、一段階寒さに脆弱《ぜいじゃく》な植物であることを示している。

②タネイモ・タネショウガ

『本草図譜』紫芋の項に、「冬月窖中に蔵したる芋の子を春月圃《はたけ》に栽《う》ゆ」とあり、『群英類聚図譜』にもほぼ同じ内容の記事がある。また、『本草図譜』薑《はじかみ》の項でも「冬月窖中へ貯へをきたる母薑《ほきやう》《ひねせうが》を春月園《はたけ》に栽ゆ」とあり、芋の場合と同様、タネを保管するためにむろを利用している。

③挿し芽

冬の間むろにおいて休眠させることで、春季の挿し芽を可能にした植物についての記事がある。楨《とう》桐《ぎり》と甘蔗《かんしょ》がこれで、楨桐は、『本草綱目啓蒙』では「冬ハ窖ニ入、春ニ至リ木ヲ数段ニ切栽ルモ生ジ易シ」と記す。馬場大助『群英類聚図譜』では蘭山のこの記事を踏襲して「冬窟ニ入、春ニ至リ木ヲ数段ニ切リ栽レバ生ジ易シ」と記す。

甘蔗は、『本草綱目啓蒙』において、

十月以後、根ヲ去、茎ヲ収メ土窖中ニ蔵シテ寒ヲ避、三月ニ至テトリイダシ、節ヲ中ニシテ切、陽地ニ栽レハ節ゴトニ両芽ヲ生ズ。

とある。これは、同じ蘭山の著作『花彙《かい》』の記事と共通する書き方である。ただし、宝暦十三年（一七六三）成立の『花彙』では、「窖蔵」という、名詞と動詞の両方の意味で使用しているが、この言葉自体あまり使われない用語であった。それから四十年を経た『本草綱目啓蒙』では、「土窖」という語、表でわかるとおり最も頻繁に使われる用語に変わった。この甘蔗の場合でも、赬桐の場合と同様に『群英類聚図譜』では、

十月巳後根ヲ去リ茎ヲ収メ、土窖中ニ蔵シテ寒ヲ避ク。三月ニ至リ採出シテ、節ヲ中ニシテ切リ陽地ヘ栽レバ節ゴトニ両芽ヲ生ズ。

と、『本草綱目啓蒙』の記事をそのまま再掲していた。

④高さ

むろで養生して、植物の高さが高くなる場合と、逆に低くなる場合の両方の記事が見られた。低いほうは、飯沼慾斎の『草木図説』に見える。コンロンカは、「土窖中ニ養ヒ高三四尺ニ超ルヲ不見」、ボンデンカは、「土窖中ニ養フモ高サ三四尺ニ超ルヲ不見」とある。どちらも土窖で栽培する植物に、三四尺（一メートル前後）の高さになるのは見たことがないと述べる。

高いほうも『草木図説』に見え、キマメは、「土窖ニ養之バ高三四尺灌木《かんぼく》様トナリ」、木立トウガラシは「冬月土窖ニ蔵スレバ、凌寒不枯、数年ノ久ニ至ツテ殆ト灌木ノ態ヲナス、故ニ木立ノ名アリ」とある。やはり「三四尺」「灌木」の大きさが決め手であったことを示し、高さの限度はこの数値で

あったようである。このようにほとんどが飯沼慾斎の手によって高さが記されるが、蘭山も「近年京師ニモ来ル。冬ハ窖ニイレ寒ヲフセガザレバ育セズ。故ニ大木ニナリガタシ」（桄榔子《こうろうし》）と、むろに収納することによって太陽光が当たらなくなり、木の生長には妨げになるという理由までを述べている。

⑤葉

これも定型表現で「不凋《しぼまず》」という記述がある。厳密には葉そのものだけではなく植物全体の勢いを指す場合もあるだろうが、多くは葉勢を指していると考えられる。『本草綱目啓蒙』に「霜後土窖《ムロ》中ニ蔵ム。冬ヲ経テ凋マズ」（木天蓼《ぼくてんりょう》）とあり、『草木図説稿本』に「暖室ニアッテハ冬ヲ経テ不凋」（ヒルギテセ）とあり、むろ内に置くことによって、植物の勢いが衰えないことを示す。さらに、葉の様相については、金粟蘭《ちゃらん》の場合、馬場大助は「冬モ窟ニ入レハ葉枯ス」と葉が枯れないというのに対し、慾斎は「此品暖国産ニシテ性畏寒、故ニ暖室ニ蔵スレバ冬猶蒼翠可見」と葉が青々と保たれる効果に言及する。慾斎による同様の記事は、リュウキュウヱビネに関して「暖国産ニシテ吾郷ニテハ土窖ニ不入レバ寒ニ堪ヘズ。土窖中ニテハ冬猶葉ヲ保ツ」、天竺水仙に関して「冬ニ至テ枯ル、土窖中ニ蔵レバ冬猶蒼翠」とあるように、舶来植物の葉の緑色の保持を目的にむろを用いている様がわかる。

また、灌園『本草図譜』薫草零陵香《くんそうれいりょうこう》の項では、

冬月盆栽（鉢植）にして窖の中に蔵《おさむ》れば、苗葉馥郁《ふくいく》たる香気あり。故に熱国にては常に香あるべし。

と、苗の葉の香りについて触れている。むろであるから香りが籠って馥郁となったのかもしれないが、

実際に香りを嗅いだ経験がなければ書けない表現である。

⑥開花

むろに置くことで開花が促された例を、馬場大助は、次のとおり『群英類聚図譜』に記録する。

甚寒ヲ恐ル。窟ニ入テ冬葉凋マズ。此種同好或ハ花戸ニ培養スルコト廿年ヲ過レドモ花ヲ見ズ。嘉永六年二月始テ花ヲ開クヲ巣鴨花戸ニ見ル。(コウリンカ)

ここでは、むろには葉の保持の効果しかないように書かれているが、開花を見たいがために二十年あまりもむろで培養している点に注意したい。「花戸」とは、「かこ」と読み、植木屋を指すのに江戸時代に最もよく使われた用語である。コウリンカは、園芸愛好家(「同好」)や花戸のなかで長年栽培されていたが、ようやく初めて開花したのが巣鴨の花戸であった。ここでは、花戸の技術が花を咲かすという点で優れていた点を明らかにしている。巣鴨とは江戸近郊の農村で、ここの植木屋であれば、馬場大助と交際のあった斎田弥三郎の可能性が高い。

前掲柏木家の『名鑑』にはむろ内で蕾《つぼみ》が膨《ふく》らんだとあり、ほかにもむろ内で開花した例はいくつかあった。蘭山は、「冬ニ至リ茎梢ニ花ヲ出ス。然レドモ寒ヲ畏レ開カズシテ枯、窖《ムロ》中ニ収置トキハ花ヲヒラク」(見腫消《けんしゅしょう》)と記し、慾斎も「此品秋花茎ヲ出シ、冬土窖中ニアツテ初テ開花ス」(トクサラン)と記す。むろ内で咲かなくても結果的に開花した例では、慾斎の「ソノ草、土窖中ニ蔵レバ茎不枯ルモノアリ、ソノ花実ヲ不生ニ至テハ尤ヨク冬ヲ凌《しのぎ》テ花ヲ開ク」(ハブサウ)や、「暖地ニアツテ凌冬不枯シテ初夏花アリ。寒地ニ於テ土窖ニ養フモ亦宜」(フラテト)という例があった。

⑦結実

開花の後に期待するのが、結実である。しかし、むろで開花した事例が見つからなかったのと同じく、むろ内結実の記事はなかった。蘭山は、「狗櫞ト仏手柑ト二物ナリ。共ニ暖地ノ産ニシテ寒国ニハ育シガタシ。仏手柑ハ冬月窖ニイレ養フトイヘドモ実ヲムスバズ。狗櫞ハ実ヲ結ビヤスシ」（狗櫞）と、仏手柑（ブシュカン）と狗櫞（マルブシュカン）を対比し、仏手柑はむろで結実しないが狗櫞は結実しやすいと述べる。灌園は、使君子《しくんし》に対し、「享保年中漢種渡り、駿河の官園に栽られ、今は実を結ぶ。甚だ寒を恐るゆへ立冬頃より土窖へ納め、清明《せいめい》の頃に出す」とむろ使用による結実を暗示しているが、橄欖《かんらん》については「寒を恐るゆへ冬は窖中《むろ》に納むべし。大樹は長崎崇福寺及ひ薩州には多く実を結ぶものあり」と記し、大樹になると実を結ぶと言っているので、むろと結実は直接には結びつかない。実は、この橄欖の結実の記事の前半は、『本草綱目啓蒙』の記事の引き写しで、引用したむろに関する部分のみ、灌園が加えたものである。

以上の五点の史料は網羅的ではあるが、一つ一つの植物に関しては情報量が多くはない書物である。また柏木家の『草木名鑑』でも述べたとおり、新規に舶来した植物の新情報を詳細に説明する傾向が全般的に強い。

これまで本草学者による「むろ」の記録を検討して、思った以上に本草書にはむろの記載が少なかったことが判明した。むろん、植物を網羅的に記述することを主眼に置いた書物を対象としたので、栽培技術であるむろに言及するほうが異例である。全体で五十七例、重複したものを除くと四十四種の植物に関してむろの記載があった。しかしながら、江戸時代後期を代表する本草書のすべてに、むろの記述があることで、あらためて本草学者自身も栽培に携わっていたことが再確認できた。本草学者と比較する意味で、植木屋の記した『草木名鑑』も検討したが、こちらは本草学者以上にむろの記事が少なく、記載があったのは、近年舶来品としてもたらされた洋種の植物であった点も興味深い。むろが主に舶来植物の栽培に役立てられた一つの証左となる事例であろう。また、以上の分析によって、単純に「窖」としか表現されていなくても、土を掘った穴蔵と断定できないことが明確になったのも、ひとつの収穫である。

本草学者の興味を惹いた植物

以上の五点の史料は、網羅的であるため、個々の植物の記事の分量は少ない。それゆえに、栽培方法に関わるむろの詳細までは記されなかった。以下では、本草学者が、舶来植物など新しい植物に関心が高かった点に注目し、網羅的な図鑑・名鑑以外の史料から、むろで栽培された植物を見ていきたい。

飯沼慾斎の『草木図説』にも採り上げられたノーゼンハレン（キンレンカ）は、他の本草学者・植物学者にとって関心が高かったらしく、複数の史料に登場する。

まず、『草木図説稿本』では、

数年前蘭船載ノ品ニシテ漫《みだり》ニノヲゼハーレンノ名ヲ称ス。（中略）花後実ヲ結ビ、下種扦挿《サシキ》共ニ宜ク、暖室護之、旧茎亦ヨク堪寒。

とあり、種まきや挿し木に適していること、舶来品であること、むろで保護すれば冬越しができることを記す。本植物に対して、明治四十三年（一九一〇）に『草木図説』の校訂をした、近・現代の植物学者・牧野富太郎は、

其之ヲノウゼンハレント云フハ、其花凌霄花《ノウゼンカヅラ》ノ如ク其葉蓮ノ如キヲ以テ此ク唱ヘ以テ之ヲ当時珍トセル洋名、殊ニ和蘭《オランダ》名ノ如ク仮装セシ者ナリ。（『増訂草木図説　草部』）

と植物名の由来を明らかにする。これによると「ノウゼンハレン」とはオランダ名ではなく、和名なのである。そして、この和名を付したのが、どういう人物なのかは、次の記事によってわかる。

弘化二巳年蛮国ヨリ種ヲ伝フ。ノーゼハワレン。実ニ蛮名非。長崎ノ花戸ノ俗名ナリ。花形、陵《ノウ》霄《ゼン》花ニ似タリ。葉形蓮《レン》ノ如シ。故ニ名ヅク。秋日花着、朝ニ開テ夜陰ニ凋マズ。四五日ヲ経テ即凋ム。微香アリ。其香サフランニ似テ薄シ。寒ヲ恐ル。冬日土窖ニ納テ倍（ママ）養スベシ。実ハ三十花開テ一実ヲ得結ト云。

平安貢香司　香菴高井正芳誌

ここには、舶来の年代のほか、植物命名者が長崎の「花戸《かこ》」つまり植木屋であることが記されている。本記事は、高知県立牧野植物園所蔵「和蘭陀《オランダ》　ノーゼハウレン」と題された一枚物の彩色図中の説明である。口絵Ⅰに掲げたのがこれで、右に引用したのは、画面右下の文面である。文を記した高

井香菴正芳《こうあんまさよし》とは、京の人で、山本亡羊《ぼうよう》の門人。弘化二年（一八四五）六月二十五日に「異国草木会」を開催しているので、このときにノーゼンハレンの情報を得た可能性がある。

口絵Ⅰの画面右端には、旧蔵者・牧野富太郎による後の書き込み「此図ハ関根雲停筆」がなされ、画面左上には、「萬香亭《ばんこうてい》」の朱印を捺した識語が次のとおり記される。

　爾雅《じが》云、蘠大苦郭璞云甘草也。蔓延生レ葉似レ荷青黄茎赤有レ節、節有レ枝。相当。
　此郭璞説非二今甘草一。恐此物耶。
　　弘化丙午（弘化三年）秋　「萬香亭」（朱印）
　物印蔓図《ウヱインマン》ニ此種ヲ出ス　ナスチュルチウム　インジチュム

この文章によって得られる情報は、中国の古辞書『爾雅』や洋書ウェインマン『花譜』の引用と、牧野富太郎が入手する以前は、富山藩主・前田利保《としやす》（号「萬香亭」）の所蔵であった点である。「物印蔓」とは「ウェインマン」で、一七三六～四八年にドイツの薬種商、J・W・ウェインマンが著した美麗な図譜『花譜』を指し、江戸時代後期の本草学者によく参考にされた書物である。前田利保は絵師・関根雲停《うんてい》を重用しており、加えて「ねじれるのが癖」という雲停の画風にも一致しているので、牧野のいうとおり、本図は雲停が描いたものと考えられる。

また、むろには触れていないが、柏木家の『草木名鑑』にも「ノウゼンバレン」として次の記事がある。

○ノウゼンバレン　陵霄荷苗花戸弥三郎

トロハーヲユルマユス蛮名　テンヂクガラシ阿部氏

△嘉永年中渡ル。花ハ陵霄ノ如ク葉ハ蓮ニ似タリ。故ニ名ク。異邦ニテ辛菜トナス。味ヒカラシノ如クニシテ上品ナリ。カラシヲ蛮名ニテケルスト云。

○阿部櫟齊（ママ）云ウヱンマンノ書云、ナスケユルチユムケルス

前田利保同様、ウェインマンの『花譜』における情報を記しており、「陵霄荷苗」という新名を花戸・斎田弥三郎が命名していることもわかる。

さらに『群英類聚図譜』でも、むろの情報はないが、別の詳細な情報を伝えてくれる。

此種弘化三丙午年舶来。長崎ニテ「（ママ）ノウゼハーレンと云。花紫葳《ふじ》の如く葉蓮ニ似たるゆへ長崎にて作れる名也。京にて開花するものを写す。後京都ニテ専ラ花ヲ開ク。（中略）未漢名的当ノ者ヲ不知。物印忙七百五十三ニ図出ス「ナスチュルチュム」。「インド」地名産ト云。

「物印忙」もウェインマン『花譜』のことである。『花譜』からの引用や、洋種ゆえにいまだに漢名がない点、長崎で命名された点など他の情報と一致する点が多く、かつ詳細である。中略した部分には植物の形状が記されているが、これも他の史料に比して最も詳細であった。舶来年については、高井正芳が弘化二年には種子が渡ったと述べ、『群英類聚図譜』は弘化三年とし、『草木名鑑』は嘉永年中としている。前田利保が、弘化三年に雲停に描かせているので、ここでは弘化二年に舶来した種子が翌年に発芽・開花したと考えたい。

以上述べてきたノーゼンハレンのように、別の史料と比較検討することでより詳細な栽培の様相が

22　『珍卉図説』桐思子

わかる例は、ほかにも多い。とくに十九世紀半ば以降は唐むろの記載も増える。以下ではこうした例を紹介する。

文政四年七月、丹波亀山藩士・松平芝陽《しよう》が著した『芝陽漫録《しようまんろく》』には、

> 冬月ニ至リテ暖カナル唐窖《ムロ》ナドニ入置トキハ、来春ノ発芽ハ春種ノ九十月ノ大サニモナルベシ。培養イヨ〳〵厚クセバ、其年花実モ可生道理也。

と、唐むろで蓮の種子を培養した記述が見られる。

また、天保六年（一八三五）の凡例を付す赭鞭会《しゃべんかい》の記録『珍卉図説《ちんきずせつ》』には「暖窖《タウムロ》ニ収メテ愛護」や「苗ヲ暖窖中ニ収メテ保護」など、熱帯産の舶来植物の養生に積極的に用いられた点が述べられている。第一章で田村藍水《らんすい》が相思子（ナンバンアヅキ）を枯れさせてしまったという『物類品隲《ぶつるいひんしつ》』の記事（一七六三）を紹介したが、この頃に比べて進歩した技術を物語る史料なので、次に掲げる。

> 天保三年、異国より舶来の相思子数粒を市中で購入した。（中略）猛暑の時にこれを蒔いたところ、数日を経ずして芽が出て成長した。蔓の長さは一丈余り（約三メートル）になり、茎は互生《ごせい》して長さ三寸ほどになった。茎に細いくぼんだ筋があって葉の多くは左右十六葉ずつの対生で、

シダ状をなして非常に苦参（クララ。マメ科の多年草）に似ている。しかし、一つの葉の形は地槐《ちかい》菜《さい》（タカノツメ）の葉に似て少し長い。（中略）秋になってこれを暖窖《とうむろ》に収納して栽培したところ、一年を経ても枯れなかった。平賀鳩渓（源内）が『物類品隲』に、蒔いて芽は出たものの、僅か五六寸に生長して枯れたことを記し、岩崎灌園《かんえん》もまたこれを蒔いて芽を出すも、栽培数年を経ずに枯れてしまったという。しかし、今や栽培してから三度の秋を経て幸いによく繁殖している。ただし、もともと暖地の土がよいので、たやすく花や実を目にするには及ばないのではないかと案じている。もし、この花や実を見られれば園果（園における栽培上の成果）の一大愉快であるだろう。ここに記して後日の花の便りを期待する。

この文章の作者は、赭鞭会の誰かというだけで、具体的な人名は不明である。しかし、十九世紀に活躍した本草学者には間違いなく、その人物が、本草学者の先人、平賀源内や岩崎灌園でさえも枯らしてしまった相思子が今元気に成長しているのを誇っている様がよくわかる文章である。こうした舶来品種のうち、今まで花や実を見たことがない植物であれば、大事に栽培したのは当然で、その手段として、「暖窖」（この場合は唐むろ）が活用されたのである。時代とともに技術の差がわかる顕著な例として、大変興味深い。

次に掲げるのも、こうした例の一つである。弘化三年（一八四六）成立の松平定朝《さだとも》（菖翁《しょうおう》）著『百花《ひゃっか》培養考《ばいようこう》』に、天保十二年（一八四一）に舶来したダリヤ（和名「天竺牡丹」）を唐むろで栽培した旨の記述がある。

三品アリ。極紅吹結ノ一品ハ天保十二丑年初テ巣鴨ノ地ニ住ム場師長太郎トナン呼モノ長崎ヨリ取入、今年六トセ経タレトモ俄ニ流布セリ。紫花・黄花ノ二品ハ今年浪花ヨリ来レリ。二品トモ単ニシテ八英ナリ。紫ノ一品ハ大輪ニシテ英ノ先爪ヲ折抱テ咲ケリ。黄花ノ一品ハ英ノ先丸ク少シ小リンナレドモ草生細ク葉小サク枝ヲ能ク掛ケ形ウルハシ。夏時花開キ繁茂シテ再秋花開キ芽附アリ。仲夏ニサシタルハ小草ニシテ秋花開ク。陽草ナリ。日強ノ場ヘ措テ糞度々養フナリ。冬中唐室ニ養ヒタリシガ、今ハ土中ニ埋テ霜ヲ除ケ下ニ養ヒ八十八夜ニイタリ堀揚、地植、盆植ニス。

三種あり、真紅のものは、江戸近郊の巣鴨の植木屋・長太郎（内山長太郎）が長崎より入手し、六年を経て流行したという。紫と黄色の二種は、大坂より来たという。作者・松平定朝が江戸の人なので、このような書き方をしたのである。日当たりが強い場所に、たびたび肥やしを加えないといけないとあり、冬は、唐むろで栽培していたが、今は地中に埋めて、霜除《よ》けをして、八十八夜になったら掘り上げて、地植えまたは鉢植えにするという。ダリヤを持ち込んだ長太郎自身が、栽培を業とする植木屋であり、本史料を記した松平定朝もとくに花菖蒲栽培に優れた園芸愛好家であった。こうした植物の栽培に長けた人たちが、全面的に唐むろに頼っていない点が重要であろう。一度は唐むろでの栽培を試みたが、やはり以前の方法、地中に埋めたほうが冬越しのためによいと判断したのである。経験的に学びえた方法であり、それぞれの植物に合ったやり方を実践している。江戸園芸の技術の確かさは、新しいむろの考案といった華々しさだけでなく、こうしたきめ細かな心配りにもうかがわれるのである。

大名庭園のむろ

これまで、本草学者がどのようにむろを表現してきたかを検討してきた。以下では、園芸における別の担い手として大名を選び、温室の記事を探していく。まず、小石川後楽園を例にとって、断片的ではあるが、大名庭園におけるむろの記事を紹介する。

小石川後楽園は、威公（徳川頼房）が創設、義公（徳川光圀）が継続して完成させたものである。開園後しばらくは誰でも自由に参観できた。しかし、元禄十五年（一七〇二）、将軍綱吉の生母・桂昌院《けいしょういん》の訪問にあたって行われた改修工事や、翌十六年十一月二十二日に起きた大地震によって、園の様相は一変し、十八世紀以降は、身分の低い者の参観は許可されなくなった。また、十九世紀初頭の第九代烈公（徳川斉昭）は、園内の景物《けいぶつ》を大幅に変更した点も多く、園の中興者とされる。

小石川後楽園におけるむろは、庭園の訪問記録『後楽園記』に登場する。作者は、幕府連歌師《れんがし》・坂《さか》昌成《しょうせい》で、文政九年（一八二六）十月二十九日に、水戸藩上屋敷とそこに付随する小石川後楽園を訪れ、同年十二月二十七日にその文章を完成させたので、信頼度が高い同時代の記録である。なお、本史料の作者・坂昌成は、尾張藩上屋敷の戸山山荘も訪れて記録を残している。

むろは、庭園の南側の茶屋近くにある。位置関係を把握するため、むろの記事の前後を引用する。

（前略）左の竹やぶの中に小さい橋が架かる社は吾妻稲荷といって、御所から姫君がこの屋敷に移られたときのお守りとお祝いのために勧請したものである。また、そのかたわらに、茶屋がある。「蘭室」の二文字が、半円の額に書かれている。「立原某」という人物が書いたものである。この室内に入ると、かぐわしい香りがただよい、菊の花壇が周りを囲むように作られて、花の名残りの房が所々に見える。これは、御所から賜った苗を年々栽培して花壇にしたという。この背後には、鉢植の数々が、むろの中にも外にも、植木棚にも並べ置かれている。花がない季節なので、どういった植物なのか定かにはわからないけれども、世の通常の品種ではないと思われる。

冒頭に出てくる御所から来た姫君は、徳川斉昭の正室・有栖川宮熾仁《たるひと》親王女吉子（登美宮）のことであろう。吾妻稲荷は、明治二十年末から三十年代に、周囲の池や流れとともに埋め立てられてしまい、現在の小石川後楽園には、こうした植物栽培の趣はまったくわからなくなってしまっている。

茶屋に掛かる「蘭室」の文字を書いた立原某は、おそらく水戸藩の絵師・立原杏所《たちはらきょうしょ》ではないかと思われる。杏所も坂昌成と同時代の人間である。蘭室は、内部の詳しい説明がないのでどういったものかわからないが、ひょっとしたら岡むろと呼ばれた土蔵に似た温室ではないかと想像できる。この辺りの空間は、周囲に菊花壇、むろ、植木棚があり、むろや棚に置けない鉢植が所狭しと並べられている。こうした植物を培養する空間の中央に位置するのが蘭室なので、おそらく鉢植の収納施設ではないかと疑われる。菊花壇の菊は御所より賜り、趣味で栽培するものではなく、絶対に枯れさせてはならない植物であったので、かなり神経を使ったにちがいない。

紀州藩邸を描いた和歌山市立博物館蔵「赤坂御庭図」（口絵2）や、松平定信の庭園「浴恩園《よくおんえん》」（口絵3）など、大名庭園には花壇がたくさん見られ、華やかな空間があったことはよく知られているが、水戸藩小石川後楽園を記録した、こうした細かな文献は、植物の由来がわかる貴重な史料である。

ただし、引用した坂昌成の文章はわかりやすく書かれているほうであるが、大名庭園への訪問記とはそもそも私的な空間に一日あるいは半日のみ滞在しただけの人物が記録することが多く、また庭園に常時解説員がいるわけでもないので、記録者によって、庭園内の景物の描写に差が見られた。事実、この菊花壇やむろの記事は、ほかの後楽園訪問記には見当たらず、唯一の証拠となってしまっている。坂昌成『後楽園記』に記された文章から読み取れる位置は、わかりにくく、かろうじて吾妻稲荷の近くだとわかるのみである。

ただし、蘭室については、ヒントになる記事が、大田南畝《なんぽ》『みつがひとつ』（『一話一言』巻七所収）にあった。昌成より約四十年前の天明四年（一七八四）五月一日に訪れた南畝は、次のように記録する。

琴画亭《きんがてい》という三文字と、「水作琴中趣、山疑画裏看」という漢詩を八分《はちぶ》（杉原紙）に書いてある。どなたの書であるかはわからない。「墨華堂」という印章があった。その亭の後ろに、庭がある。橋のたもとに蘭が植えられている。瓦を埋めて蘭の周りを囲っている。右の方角に庭籠（鳥小屋）がある。錦鶏《きんけい》や白鷴《はくかん》など見たこともない舶来の鳥を飼育している。

この記述によって、蘭の花がある庭が登場し、近くに鳥小屋と「琴画亭」という建物があったとわ

23

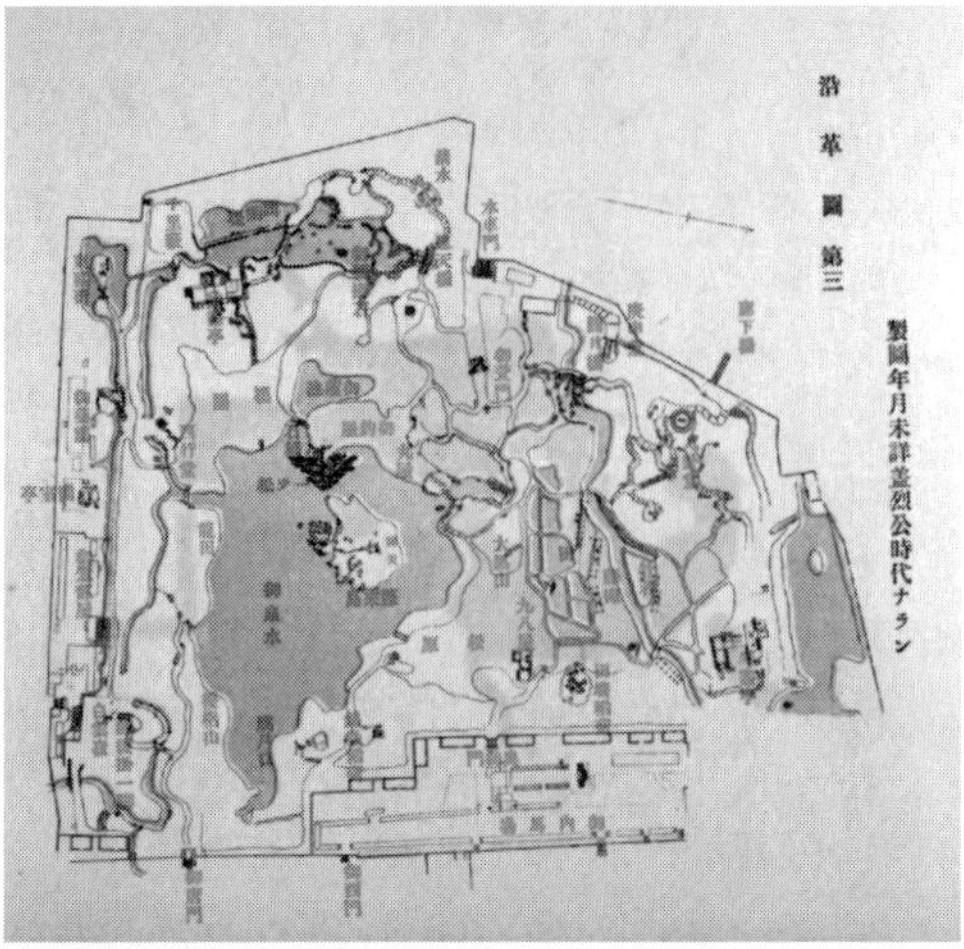

24

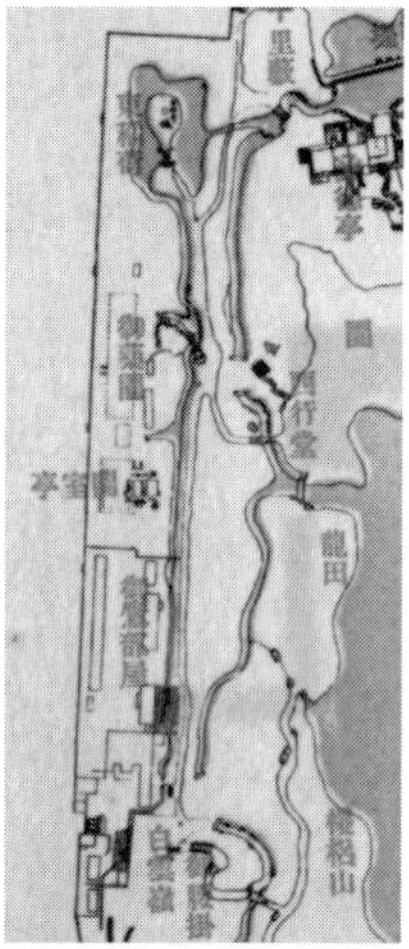

23　沿革図第三，24　「蘭室亭」（『後楽園』文京ふるさと歴史館蔵）

かる。蘭のまわりに瓦を埋めたのは，踏み荒らされないための用心である。「蘭室」の記録がないので，琴画亭が蘭室の前身である可能性も考えられる。ともかくもこうした位置関係を南畝が記録してくれたおかげで，蘭室があった位置がほぼ確定できた。それは，園内南側の東西に細長い空間のほぼ中央部と考えられる。

これを裏付けてくれるのが，近代の史料ではあるが，江戸時代後期の後楽園の絵図を復元した絵図（図23）である。近代の冊子『後楽園』に掲載される地図「沿革図　第三」で，徳川侯爵家所蔵の絵図を模式化した数点の沿革図のうちのひとつである。図を所収する書籍『後楽園』自体の刊行年が不明であるが，現在図として旧涵徳亭と新涵徳亭があるので，新涵徳亭の工事に着手した明治四十三年（一九一〇）以降の刊行である。また，同様の絵図が，昭和四年（一九二九）発行の田村剛『後楽園史』にも掲載されており、こちらは「後楽園復旧図之二」とある。図23のかたわらには、「製図年月未詳。蓋烈公時代ナラン」とある。烈公とは、第九代水戸藩主・徳川斉昭のことである。問題の部分は、南側に東西に並んでいる空間で、西より「東稲荷」「御薬園」「蘭室亭」「御鷹部屋」の文字が認められる（図24）。この空間は、どちらかといえば、小石川後楽園という庭園のバックヤードにあたる。園内の正式な見学の仕方は、東側の唐門から入り、棕櫚《しゅろ》山というシュロが生い茂る空間を抜けて池に沿ってさまざまな庭の景物《けいぶつ》を見るのが普通である。南側に細長く並ぶこれらの施設は、後楽園を形成する庭園美とは異なり、実用を重んじるため、後の時代に成立したものである。「東（吾妻）稲荷」は藩主斉昭の正室のためにつくられ、「御薬園」「蘭室亭」「御鷹部屋」は、十九世紀に活発になった、博物学的な色彩の濃い施設である。とくに蘭室（あるいは蘭室亭）と御薬園は、植物を栽培する施設なので、当然むろが必要とされたにちがいない。

ところで、小石川後楽園には、「ビードロの茶屋」あるいは「硝子茶屋」とよばれた、ガラス障子に囲まれた「涵徳亭《かんとくてい》」という座敷がある。何度も建て直され、現在もこの名の建物が存在するが、昔の面影は微塵もない。ここで問題としたいのは、このガラス障子のことである。これまで見てきたガラス障子は、菊の上家や、むろの前面にはめこみ、植物を保温し、生長させるための装置であった。しかし、後楽園のガラス障子を張った涵徳亭は、主として休憩所として使われたもので、目的が異なる。以下ではこうした点がわかる史料を紹介したい。

榎本其角《えのもときかく》が元禄十五年（一七〇二）十一月二十七日に記した『後楽園記』には、

一、ひいとろ（ビードロ）の御茶屋むかふに清水音羽をうつしまふけ給ふ。高田のあたこ（愛宕）かとおもわる。

水の上の酔顔清し氷茶屋

清水堂や音羽の滝という京都の風情を作り、高田村の愛宕山かと思われる小高い山を、ビードロの茶屋の向うに借景としている風情である。

水とは、中国の西湖《さいこ》を模した池のことで、涵徳亭はその池畔に建っていた。水の中に建つ涵徳亭のガラス障子を氷に見立て、酔った顔を冷やしてくれるとの意である。

元文元年（一七三六）八月に成立した源《みなもとの》（鵜飼《うかい》）信興《しんきょう》の『後楽紀事』は、元禄十六年（一七〇三）の大地震後の改築でも古い趣をのこしている景物として、小盧山《しょうろさん》・観音堂・西行堂・西湖堤・円月《えんげつ》橋《きょう》・櫻櫚山・硝子茶屋を挙げているが、実はこのときにすでに造りが大幅に変わってしまったと次のように述べる。

硝子茶屋は、今の涵徳亭である。茅葺である。しかしながら、（田舎じみた茅葺のイメージとは逆に）その荘厳さは、現在（元文元年当時）の涵徳亭の姿には遠く及ばない。硝子紙を用いて明り取りの障子を張り、四方の壁や襖障子などは金扇地紙を用いていた。亭の前に糸桜があり、仲春の頃から咲き始めて殊に美観を形づくっていた。この亭に対して義公（光圀）は深い思い入れがあったため名を付けないで、ただ「硝子の茶屋」と俗めかして称えてきた。享保年間に、林鳳岡《はやしほうこう》（信篤）を召して、「涵徳亭」と名を付けさせ、額となし、その額に書した。この時に茶屋の建築も改められた。

時代はくだって、文政三年（一八二〇）三月六日に成立した志賀理斎《しがりさい》の『御園《みその》の記《き》』には、涵徳亭が詳しく記されている。

> 御苑第一とすべきは、「涵徳亭」で、もとは「硝子の御茶屋」と呼んでいた。昔は茅葺で、硝子紙をもって、明かり障子を構えていたという。（中略）この亭は、義公（光圀）が深く関心を抱き、命名はせず、ただその外見にまかせて、「硝子の御茶屋」とわざと田舎じみた名称を称えていたが、享保のころ、林鳳岡を召して、「涵徳亭」と名付けて、記録を編集させ、亭に掲げる額の文字も鳳岡に筆を執らせたという。その記録は、『涵徳亭記』として、享保九年（一七二四）夏に作られた。（中略）

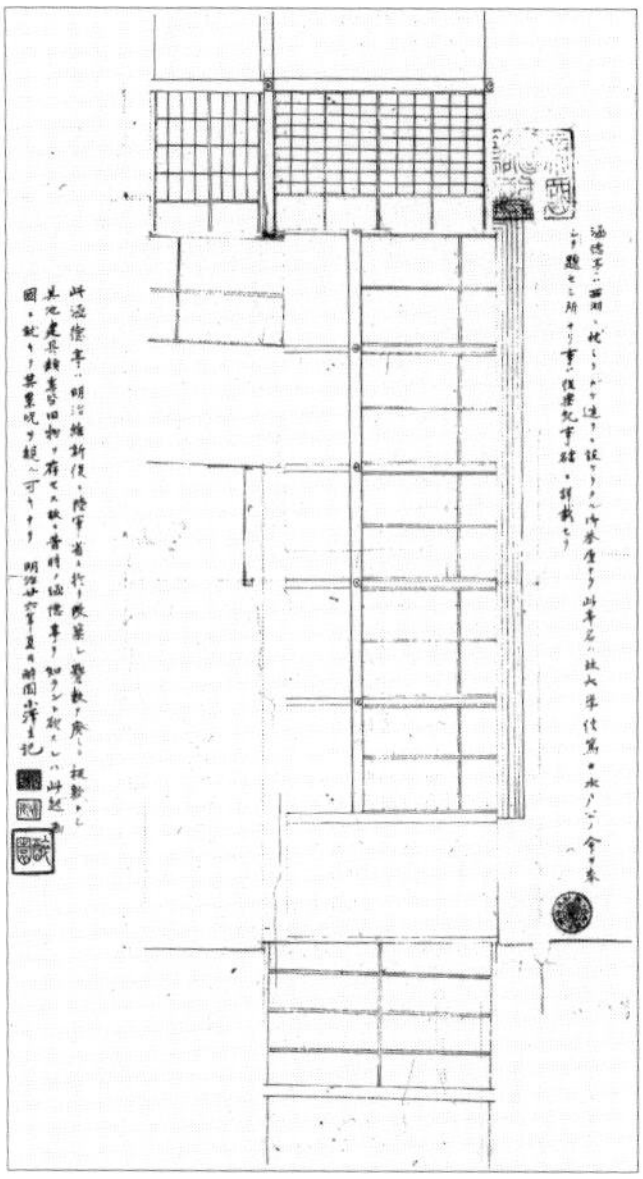

25 「水戸侯後楽園涵徳亭起絵図」（国立国会図書館蔵）

今は硝子の障子はない。硝子を張ったのは、雪の降る日などに風を防ぎ、室内から外を眺めたときに寒さから守るためである。今、長崎出島のオランダ人の居館の二階に硝子を張ってあるのは、風や砂を防ぐだけではなく、外から人が密かに内部をうかがえないようにするための用心である。

これらの記録を見ると、江戸時代中期に「涵徳亭」と名前が改められて以降、硝子障子はなくなってしまったことがわかる。ただし、障子を全面に使用した建物であったようで、明治二十六年の小沢酔園《すいえん》の「水戸侯後楽園涵徳亭起絵図」には、その図面が復元されている。ここには、次のような注記がある。

此涵徳亭ハ明治維新後ニ陸軍省ニ於テ改築シ、畳敷ヲ廃シテ板敷トシ、其他建具類悉皆旧物ヲ存セズ。故ニ昔時ノ涵徳亭ヲ知ラント欲スレバ、此起画図ニ就キテ其景況ヲ観ル可キナリ。

明治廿六年夏日酔園小澤圭記　酔園

これによると、涵徳亭は、明治維新後に陸軍省によって改築され、畳敷きから板敷きへ変わり、建具などは皆古いものはなくなってしまったので、昔の図面を起こしたとある。この図面の一部が図**25**であり、総障子張りの建物だということがわかる。

水戸藩九代藩主・斉昭は、藩政改革を推し進め、とくに殖産興業に力を注いだことが知られるが、そのなかにガラス製造が挙げられる。目的は、蝦夷地開拓のために渡航する、大船用のガラス板であったようである。天保十一年（一八四〇）に硝子製造所を設立し、製造販売したという。このとき、斉昭が大工の木原六郎兵衛に宛てた書簡には次のとおり、硝子板について触れてある。

船へ付き候明り板三尺四方厚サ三四寸の品製候考、別紙の通りに有之処、尚又考も有之候はば承り申度候。

26 『玻璃造絵巻画稿』(部分)鱸時重画(東京国立博物館蔵.
Image: TNM Image Archives Source:http://TnmArchives.jp/)

一、硝子板へ水銀引候義委細相分申候故、其上を阿蘭の如く工夫致し見申候処無相違工夫通り出来安心致し、何れ其中出勤と存候故出勤の上にて咄可申候。出勤迄に大船に用候明り板の考我等工夫の上又々考よき心付も候はば可申聞候。別紙の考書は追而返し可申候。

(『水戸藩史料別記』)

とあり、船へ付ける明り板のために、藩主自らが率先して、板ガラス製造を試みたことがわかる。このガラス製造に携わった人物は鱸《すずき》重時《しげとき》といい、彼が天保十二年(一八四一)に描いた『玻《は》璃《り》造《づくり》絵巻画稿』が、東京国立博物館にある。その奥書には、

天保十一年辛丑年十月下旬御庭喜晴ニテ玻璃ヲ焼タル時ニ此巻ヲ自画自書ニシテ献上ス。画ハウラ打紙、書ハ奉書紙、糸色ハウスクシテハネ込ナリ。書画共ニ古画巻ノ心持ニテ作

レリ。

公命ニテ玻璃ノ最上ニ出来タルコト、此時ヲ始トス

鱸重時自書

とあり、公命、すなわち藩主の命令で最上級のガラスが完成したと、誇らしげに記している。

また、島津家第二十八代当主の薩摩藩主・島津斉彬《なりあきら》も、ガラス製造に意欲を示した大名である。『島津斉彬言行録』には、嘉永四年（一八五一）に、紅ガラス、水晶（クリスタル）ガラス、板ガラスを製作したことが述べられている。

紅色瓦羅斯製煉御開ノ事

紅色瓦羅斯（銅粉ヲ以テ殷紅色ヲ発スル者）及ビ透明紅瓦羅斯（黄金ヲ以テ透明ノ紅色ヲ発スル者）、嘉永四年辛亥夏、工人四本亀次郎ニ命ゼラレ、創製セラレタリ。弘化三年丙午ノ秋、斉興公ノ命ニヨリテ、鹿児島中村騎射馬趾ニ製薬館ヲ創建セラレ、専ラ医薬製煉ヲ開カレタリ。製煉ノ術ハ瓦羅斯器必用ナルガ故ニ、四本ナルモノヲ江戸ヨリ雇入レラレ（当時江戸中ニ有名ナル瓦羅斯工人ナリ）、製造竈ハ製薬局ノ近傍ニ建設シテ、研究スルコト数月間、数百回ノ試験ヲ経テ、紅色ヲ発スルニ至リ、其紅色薬ハ宇宿彦右衛門中原尚介及ビ私共ニ製造ヲ命ゼラレタリ。其色沢殷紅透明、種々ノ器皿ヲ製造スルニ、紅ヲ素色トシ、青黄白紫ヲ交錯シ、琢磨シテ各色ヲ顕シ、尤モ美麗ナリ。当時薩摩ノ紅硝子《ビイドロ》ト都鄙讃賞セリ。而シテ後チ種々ノ器物製造ヲ命ゼラレ、将軍家及ビ諸侯方へ御送遣相成リ、後ハ御所望ニ応ジ製造シ、大イニ其利ヲ得ニ至リ、久シカラ

ズシテ創製ノ費ヲ償ヒタリ。後チ安政三年丙辰ノ春、製造所ヲ集成館内ニ遷サレ一層盛大ニ製造セリ。尋デ水晶瓦羅斯《キリスタルガラス》ノ製造ヲ開キ、諸酸類ニ堪ユベキ薬壜、亦ハ板瓦羅斯ノ製造ヲモ開クベキ旨モ命ゼラレタリ。コレ又日本ニオイテ開基ノ業ニシテ、実ニ開物ノ端緒ナリ。

これを読むと、はじめは医薬品用のガラス器を製造するために、当時江戸で有名なガラス職人を召してその仕事につかせた。嘉永四年のことで、赤色のガラスは「薩摩の紅硝子」として有名になったという。板ガラス製造はこれより遅く、安政三年（一八五六）以降であった。

このように、大名、とくに薩摩や水戸のように、旺盛に異国の知識を取り入れる藩主によって、ガラス製造は積極的に試みられた。こうした為政者や身分の高い人物が、前人未到の事業に着手することは明治以降にも引き継がれ、男爵・岩崎俊彌《しゅんや》が国産ガラス製造に取り組み、大隈重信が西洋式温室を作ったのも同様の傾向といえる。

さて、大名庭園で咲き誇る花壇について、もうひとつ例を挙げたい。それは、鳥越の平戸藩上屋敷にあって、今は失われてしまった名園「蓬莱園《ほうらいえん》」の案内記『蓬莱園記』（口絵4）に見られる。同書は、国学者・橘守部《たちばなのもりべ》が天保五年（一八三四）になした稿を、明治二十四年（一八九一）に第十二代平戸藩主である松浦詮《あきら》が発行したものである。詮は、鳥越の自邸で「好古会《こうこかい》」を主催し、機関誌『好古類纂《こうこるいさん》』を刊行、文化活動に援助を惜しまなかった。庭園は、寛永九年（一六三二）に小堀遠州《こぼりえんしゅう》によって作られたが、関東大震災で失われ、現在は池の一部と大イチョウが残るのみである。

『蓬莱園記』は、文語体で読みにくいが、古式ゆかしい平仮名主体の美文なので、まず原文のまま、以下に引用する。括弧内は、筆者の補足である。

この渕（おぼろの淵）、めぐ（廻）りをいはがき（石垣）にてつき（築）いれられて、そのうへ（上）にあけ（朱）の玉がき（垣）をくみ（組）わたされたる。やがて世にいふみたらし（御手洗）のごとし。その玉がきにそ（沿）へて、なでしこ（ナデシコ）をあまたう（植）ゑられたり。そのなが（長）さ、玉がき（垣）のかぎ（限）りにわたりて、なゝひろやひろ（七尋八尋）もつゞき（続）たるべし。そのさまいといわけなく、ちひさこ（小人）はふり（祝）があまたならびて、いつき（斎）まつ（祭）れるやうなる。いとらうたし。

なでしこのいわけなげなるすがた（姿）をば神もあはれと見そなはすらん。又此水の入めぐれるまへ（前）の岸にはやし（林）ありて、梅さ（咲）き、う（卯）のはな（花）さ（咲）ければ、春なつ（夏）のしらゆふ（白木綿）もことたらひ（事足）たり。すべてこのあたりは、かしは（柏）木の葉も（守）りの神のみこゝろ（御心）よせふかげなるところなり。うるは（美）しうもみち（紅葉）する木立もあまたありければ、秋ふゆ（冬）のみぬさしろもとも（乏）しからず見えたり。とりわけ、

はる（春）風にうね（畝）尾のさくら（桜）ち（散）るころは　ひる（昼）もおぼろ（朧）の渕と
こそなれ

と見ゆめるも、なほ花のぬさ（幣）なり。かくてこの名は「おほはら（大原）やおぼろの清水」とよ（詠）めるを、たぐひ（類）とすべきなり。

以上がナデシコの花壇に触れた部分である（口絵5参照）。要するに、蓬萊園のなかの景物のひとつ、「朧《おぼろ》の渕」と名付けられた場所の由来を述べているのである。桜やナデシコなど植物のひとつひとつの存在は、すべて神の御心によるといい、それぞれが神事に使われる幣などの道具に見立てられている。これを現代語に訳すと以下のとおりである。

このおぼろの渕という場所は、まわりを石垣で固められ、その上に朱の玉垣を組んである。世にいう「御手洗」のようである。その玉垣に沿って、ナデシコがたくさん植えられている。その長さは「七尋八尋」で、つまり広く長く、続いている。その様子は、たよりなげで、小さい巫女がたくさん並んでお祭をしているようで、何とも可憐である。

ナデシコのたよりなげな姿を、神様もあわれと御覧になったのであろう、この水際の手前の岸の林には、梅が咲き、卯の花が咲き、その姿は、春から夏の神事で使う白木綿に代替できそうである。この付近は、樹木があって神様の御心がより深そうなところである。美しく紅葉する木立もたくさんあるので、秋から冬の幣代にも不足しないように思える。とりわけ、

春風に畝尾の桜散る頃は昼も朧の渕となるであろう（春風に乗って桜が散るころは、この渕も白い花びらが舞って、水面もおぼろに見える渕となるであろう）。

も、花を幣《ぬさ》に見立てた歌である。このように、この場所の名前は、「大原や朧の清水世にすまば又も逢ひ見ん面変りすな」という古歌になぞらえて付けられたのである。

大名庭園は、古い歌に詠まれた内容をひとつひとつの風景に見立てて再現させたものが多い。六義《りくぎ》

園《えん》などは、そのよい例である。しかし、いくら見立てであっても、ナデシコの花壇が、開園当初の寛永九年からあったとは思えない。『蓬莱園記』には、ナデシコ以外でもアヤメ・シャクヤク・バラなど、草花の花壇が随所にあり、これは江戸時代後期の多様な園芸文化の流行を庭園に採り入れたからだと考えられる。

このほかにも大名庭園の花壇やむろについては、まだまだ知られていない部分があり、研究は遅々として進んでいない。今後も大名庭園の訪問記や案内記を調査して、いずれその全貌を明らかにしたいと考えている。

第II部

進化するむろ

『犬の草紙』第三十二編口絵（文京ふるさと歴史館蔵）

第四章　穴蔵と洞窟型むろ

洞窟型の温室

十八世紀後半は、小野蘭山《らんざん》『花彙《かい》』に植物専門の収納施設「窖」が登場し、中国の書物『秘伝花鏡』の「堂花」という温室の記事を日本人が認識した時代である。こうした書物からの知識、また平賀源内が関わった薬品会《やくひんえ》という博覧会に、全国から植物とともに集まった情報によって、温室の技術は、この時代に飛躍的に高まったと思われる。新技術である「唐むろ」の記事は、同時代の書物には触れられず、十九世紀前半の印刷物に登場するのは、その前段階に旧態の温室を改善する技術があってはじめて生まれたといってよいであろう。文献資料では見えにくいが、新しい技術が生ずる前に、古い技術の淘汰が必ず行われているはずである。以下ではこうした視点から、新しい技術ではなく、『秘伝花鏡』で「堂花」と呼ばれた技術が日本的な発達を遂げた点を、十九世紀の史料から探っていく。

天保八年（一八三七）刊、阿部櫟斎喜任《れきさいよしとう》著『草木育種後編』では、『秘伝花鏡』の「堂花」が引用されている。著者・阿部櫟斎（一八〇五〜七〇）は、江戸時代後期の本草学者で、やはり本草学者である岩崎灌園《かんえん》（一七八六〜一八四二）の門人である。師の岩崎灌園が、文政元年（一八一八）に刊行した『草木育種』上下二巻の園芸全般の手引書は、図解が多くかつ平易な言葉で記されており、当時のベストセラーになった書物である。この師の先例にならって櫟斎は「後編」を執筆した。前編に当たる『草木育種』で書き漏らした内容を補う目的だったので、二十年後に別人が刊行した後編ではあるが、書物の体裁はほとんど変えていない。

江戸時代後期の園芸全盛期に出版されたこの書物には、『秘伝花鏡』の「変化催花の法」を引用したあと、続けて、

これは近時の穴蒸の法に似ていて、梅・桜・スモモなど春の陽気を得て花が咲くものは、みなこの方法がふさわしい。

と記す。そして近時の（最近の）「穴蒸の法」という、温室の製作方法を具体的に述べる。

その方法は、日当たりのよい山の横へ、かまどに似た形に横穴を掘る。三四尺の入口に、内部は四五尺に掘り広げ、竹を編んだ棚の上に濡れた薦《こも》を敷き、鉢植を置く。この棚の下には火種を埋め、薦で入口を塞ぐ。こうすれば、温度が上昇して、急速なスピードで花が開く。しかしながら、太陽の光を受けていないので、色は薄い。日の光に当てれば、色が濃くなる。ただ、日に当てる

際は、紙を隔てたほうがよい。あるいは薦で小屋を作り、竹を編んで棚に仕立て、その上に花を並べ、四方の薦を湿らせて口を塞ぎ、棚の下に炭を入れた大火鉢を置いて暖め、花と薦に半時（約一時間）ほど霧を吹きかけ続ければ、一昼夜で花が開く。少しでも乾くと、蕾《つぼみ》はふくらまずに落ちてしまう。

本記事には、挿図が添えられ、図には次の説明文がある。

山の崖に作るとよい。平地に作るときは、三方を土で塗り、塞ぐとよい。水気が絶えないようにするのが肝要である。水が切れると、即座に枯れて蕾が落ちる。根にも水を多く注ぐとよい。

信正図

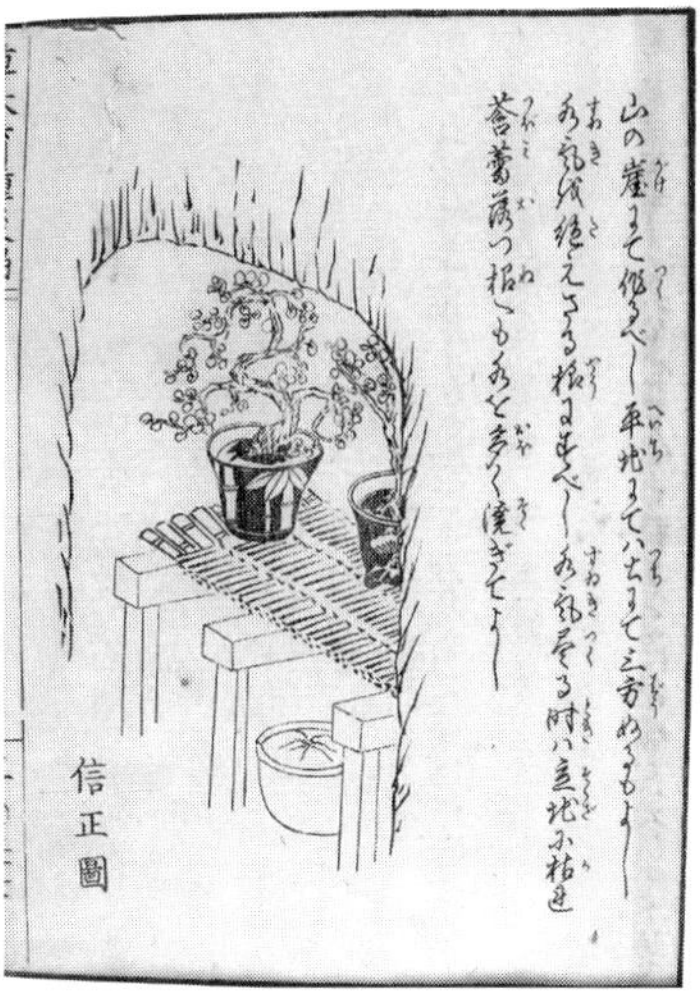

27　洞窟型むろ（『草木育種後編』）

図を描いた信正とは、『草木育種』著者・岩崎灌園の息子のことである。図27を見ると、岩肌が周囲を覆い、たしかに山の崖に作っていることがわかる。以後、このタイプを便宜的に洞窟型と呼ぶこととする。図27では、梅と思われる鉢植の下に編んだ竹をわたして、水やりをしやすくし、さらにその下に火鉢を置き、防寒に意を注いでいる。

『草木育種後編』には、温室の作り方が二種類紹介されている。山の中腹に洞窟を掘る方法と、小屋を作って棚ごと薦で覆ってしまう方法である。竹で編んだ棚を作ることと、暖かくした湿気を与えることは、『秘伝花鏡』と共通する。しかし『秘伝花鏡』では室内に蒸気をこめたが、江戸時代後期には、崖の斜面を掘り、洞窟状にしたあと、密閉し蒸気にさらして温める方法に変化したのである。どちらも原理は同じであるが、室内に蒸気がこもる場所があると、湿気が別の部屋に流れる可能性があり、おそらく家具・調度品などに、カビやムレなどの弊害が出たに違いないと想像できる。屋外の崖や別に小屋をしつらえれば、運搬の手間はあるが、蒸気による他への被害はない。室内だと小規模の造作で済むが、わざわざ崖を掘り抜き、鉢植を運ぶ手間を惜しまなかったことに、どうしても温室を用いて花を早く咲かせたいという強い欲求を感じさせるのである。この洞窟型温室は、温室についての最も古い文献『秘伝花鏡』と発想自体は同じであり、和風温室では最古の形態といってよいだろう。

　こうした洞窟型がいつごろから作られたかは、残念ながら定かではない。しかし、「近時の法」というのだから、『草木育種後編』が執筆される前の、そう遠くない時期と想定できる。

　このことを裏付ける例に、文化十年（一八一三）刊行の、十方庵敬順《じっぽうあんけいじゅん》による江戸近郊を旅した記録『遊歴雑記《ゆうれきざっき》』に、洞窟型温室が普及した様子がわかる次の記事がある。

　同所光則寺（日蓮宗、鎌倉市長谷に現存）は、長谷寺の北隣である。本堂の後ろから、段状になってどんどん狭く高くなる境内の奥の西の方角へ行った一町（約一〇九メートル）ばかりの山上の崖に、昔、日蓮上人の弟子の日朗《にちろう》という僧侶が入れられた土の牢屋というものがある。手前の幅が一間、高さが七尺ほどで、奥行は二間に過ぎない広さの、四角い横穴に掘ったもので、当世の植《うえ》樹室《きむろ》などというもののようである。表面は昔は土であっただろうが、今は堅くなって石のようになってしまっている。

記事自体は山の上の崖側に横穴として掘った、幅一間、高さ七尺、奥行二間の土牢に言及する。しかし、これによく似たものとして、「当世」、つまり文化十年「現在」に、よく見られる「植樹室」などと世間で呼ばれているもののようだという感想を漏らしている。

植物栽培に従事しない人間でさえも、天然の洞窟を利用した温室を日頃よく目にしているから、すぐにイメージできた点がうかがわれる。『遊歴雑記』を執筆した十方庵敬順は、小日向水道端《こびなたすいどうばた》（現、文京区水道二丁目）にあった本法寺内廓然寺に住居を構えた僧侶である。旅を好んで江戸近郊に出かけ、細かな紀行文を集めたのがこの『遊歴雑記』である。江戸近郊に向かう途上では、当然市中のさまざまな場所も通過し、そのどこかで、こうした洞窟型の温室「植樹室」を目にした可能性が高い。とくに、敬順の居住した水道端は、川沿いの低い地であるが、小日向台という丘陵地がすぐ近くに迫る、武蔵野台地の東端に当たる地域である。崖地が多く、天然の地形を利用した温室を目にしやすい環境にあったといえよう。

岩崎灌園やその息子・信正が居住したのも、谷中（現、台東区谷中四丁目）の地で、やはり武蔵野台地の最東端に位置する。鉢植を運ばなければならないので、当然温室は居住地の近くに作られたと考えられ、信正が『草木育種後編』に描いた温室は、谷中にあったと思われる。岩崎灌園・信正父子が暮らした谷中四丁目の裏の崖の中腹には、第二次世界大戦時に作られた防空壕が近年まで残っていた。用途は異なるが、洞窟型温室もこのように自然地形に応じて作られたのである。

崖地を穿《うが》って利用した洞窟型温室のことは、紀州藩附家老《つけがろう》の水野家の市谷中屋敷（現、新宿区原町三丁目）にも造成されたことは、次の明治三十九年（一九〇六）の『萬朝報《よろずちょうほう》』によって知られる。六月六日、『萬朝報』の第一報では、東京帝国大学人類学教授・坪井正五郎の「実物を未だ見られざる由なれど多分麹室《こうじむろ》ならんとの事なり」という説を載せ、これ以前に本郷前田家でも麹屋が使用した麹窖が発見されたこともあって、ここもそうだろうと報道された（『萬朝報』明治三十九年六月六日「牛込の大穴」）。ところが、その六日後の十二日には、植木窖だという証人に取材して、次のとおり詳細な情報を載せている。

牛込大穴の来歴（七十年前の植木屋）

牛込の大穴に就ては麹室との説多数を占めたるやうなれど、最初我社が実見の記したりし植木《うえき》室《むろ》なること判明したり。此事は生きたる証人、玉松千年人《たまいつちとんど》氏と云ふ八十一歳の老翁を麻布区芝森元町三二の宅に訪問して明確に来歴を知るを得たり。其談に依れば、彼の場所は、水野家の下屋敷にて対馬守と称する隠居が住《すま》はれ、お出入の植木屋長四郎（今は孫の代）なりと云ふが、常雇《じょうやとい》数名を入れて絶えずお庭の手入をなし居たるが、邸内は一万五千坪もあり、月桂寺と尾州邸に近接したる処には馬場を設けられ、其傍らには土の小高くなりて小丘を形造りたるものあり。彼の植木屋の職人等は此小丘に横穴を穿ち、之を道具の置き場となし居たるを、たまたま対馬守の目に止まり、元来気軽の君なれば、植木屋に向つて尚此穴を掘れよと命じ、植木室にする考へにて一間三尺幅に掘り中は掘拡げて広場を拵へたるが、これだけでは不都合ゆゑ、抜穴にせんとて月桂寺の方からも掘りて抜穴となし尚掘拡げ〳〵して過日の紙上に掲げたる図の如きものとなし、最も広き場所は八畳敷位もあり、其土質は赤土にて崩れる憂ひもなきより鏝《こて》細工にて天井を彫り、棚などをも設けしなるが、是は天保六年中の事にて玉松老人は其頃十一歳にて対馬守のお小姓を勤め居り面白半分に此穴に入りて遊びたりとか。

記事によれば、はじめ植木道具などを収納する物置の穴であったのを、植木窖に作り変える目的で掘り広げ、さらに抜穴として使用できるよう掘り進めたという。この穴を掘らせた対馬守は、紀伊新宮藩第八代藩主・水野忠啓《ただあき》のことである。穴を掘らせた天保六年（一八三五）は、忠啓が九代藩主（土佐守）忠央《ただなか》に家督を譲った年で、当地で隠居生活を始めた矢先であった。しかし、これより後は、穴のことは忘れ去られ、玉松老人が二十一歳のときの弘化二年（一八四五）に藩主がこの穴は何だと問いかけたくらいで、この後ははるか昔の記憶となり、知る人もいなくなってしまったという。

崖地や地下室の窖の例としてこれまで紹介した記事は、『遊歴雑記』が文化十年と少々早いが、『草木育種後編』が天保八年、市谷水野家の大穴が天保六年とあり、いずれも近世後期、十九世紀前半に集中していた。こうした事実から、十九世紀後半には、本形態のむろの使用頻度は大幅に減少したのではないかと推測できる。『花彙』では詳細な窖の形状まで触れていないが、『本草綱目啓蒙』をはじめとする網羅的な本草書で最も多く使用された「土窖」や「窟」などは、崖地や地下室型の穴蔵を連想させる言葉である。これまで検討した本草書のうち、最も遅く刊行されたのが、飯沼慾斎『草木図説』で、安政三年（一八五六）～文久二年（一八六二）であり、この直後、文久三年八月には、幕府の洋学研究機関・蕃書調所《ばんしょしらべどころ》の物産方から、ガラス製の扉をもつ土蔵形式の「岡むろ」の建設願が出されている。この建設願にはフレーム型の「唐むろ」がすでにあることが示されているが、穴蔵形式のむろには触れられていない。本草書が十九世紀中頃から刊行されて以後、大量に舶来植物が国内に流通するようになり、和風温室の需要はそれまでより大幅に増すはずであるが、崖地や地下室のむろの記事はほとんど登場しなくなる。水野家の大穴が最初麹むろと誤認されたように、二十世紀初頭においては、地下室型の植木むろはもはや一般に知られていなかったようである。

発掘された植木屋のむろ

洞窟型あるいは地下室型のむろが十九世紀後半に消えた理由として第一に考えられるのは、安政の大地震である。安政二年（一八五五）十月に起きた未曾有《みぞう》の大地震では、それまで堅固と信じられていた穴蔵がことごとく崩壊し、多くの人命を奪った。この地震により脆弱《ぜいじゃく》な構造が露見した地下室の形態は遠ざけられ、堅牢な地上型の蔵、植物の場合は岡むろという形式へと転換していったと考えられる。こうした推測を実証できる事例が、次に述べる、植木屋・森田六三郎の庭から出土した遺構である。

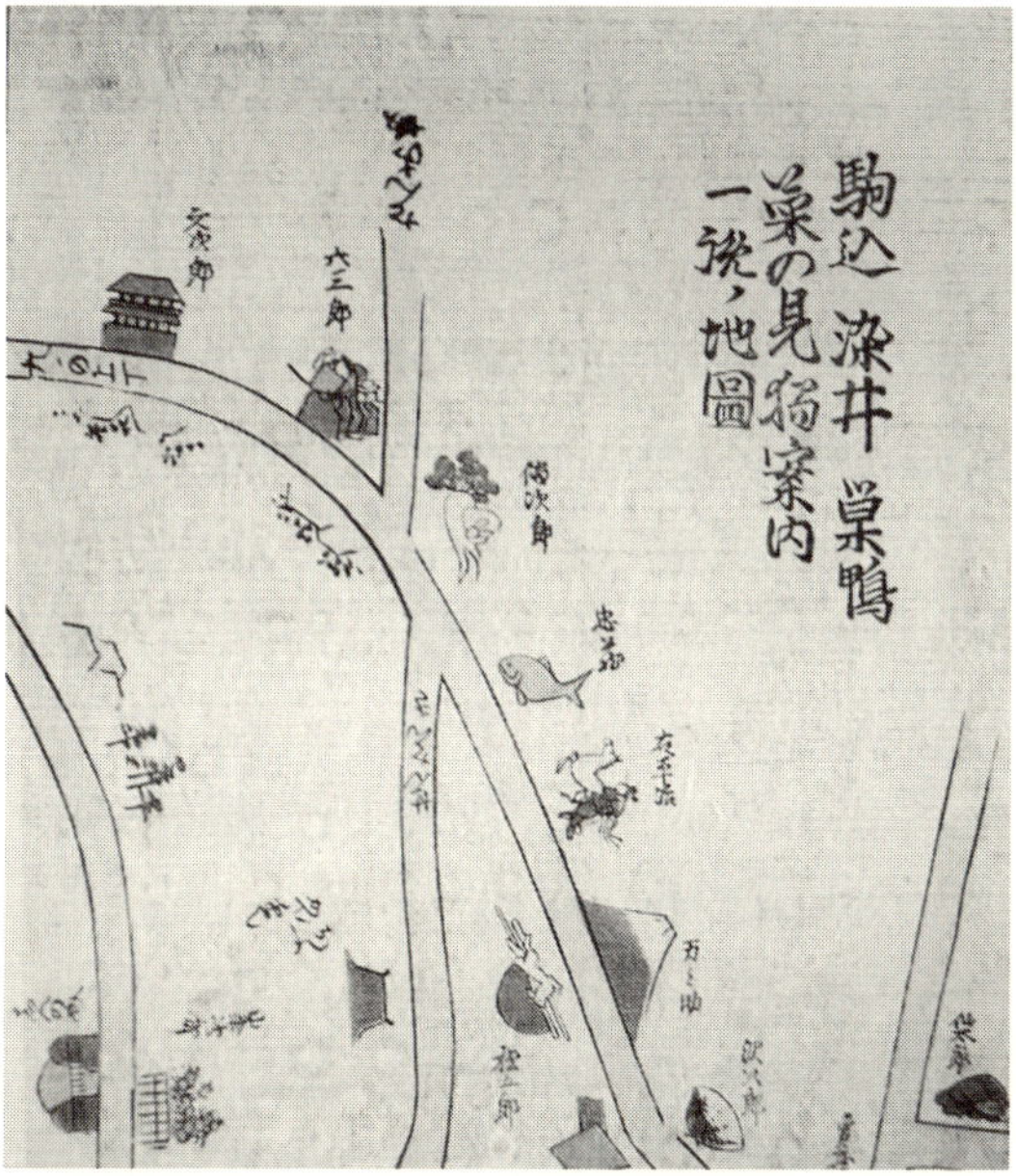

28 駒込染井巣鴨菊の見独案内一覧ノ地図（部分。豊島区立郷土資料館蔵）

29 巣鴨染井殿中駒込千駄木根津菊見道あん内（部分。豊島区立郷土資料館蔵）

私は、十九世紀初頭から活躍し始めた新興植木屋・森田六三郎の庭跡と考えられる地点、東京都文京区千駄木三丁目二番の発掘調査（二〇〇六年九月から同年十二月まで実施）を見学させていただいた。

この地点が、森田六三郎の庭であることは、菊の花をもって鳥獣や人物を造形する、菊細工・菊人形を示した番付によってわかる。菊細工の番付における六三郎の名の初出は、弘化二年（一八四五）で、その一つ、「駒込染井巣鴨菊の見独案内一覧ノ地図」の団子坂の部分図が図28である。画面中央上部に「たんこ坂」の文字の左下に「六三郎」と記され、歌舞伎「暫《しばらく》」の図が描かれている。本史料に板行年の明記はないが、年代が明らかな他の番付と照らし合わせて、植木屋が凝らした趣向とそれぞれの植木屋の名前を確認したところ、弘化二年のものと断定できた。

同じく図29も、道案内形式の番付「巣鴨染井殿中駒込千駄木根津菊見道あん内」である。こちらは、枠外上に「弘化三丙午新板」と刷られ、図28の翌年の板行とわかる。このような形式の刷り物は、それぞれの植木屋が競うがごとく菊細工の趣向を変更するので、毎年板行された。

図29を見ると、団子坂北側には、「玉や」として山姥と金太郎が描かれ、その東隣に「六三郎」として菊の植木鉢二個が描かれる。幕末の世情をよく記録した史料『藤岡屋日記《ふじおかやにっき》』には、弘化三年の菊細工として四十六軒の植木屋が出品したと記録される。このうち、玉屋は「六番　山姥金太郎　玉屋料理屋」、六三郎は「右之外ニ菊の花檀計」とあり、図29の図様と一致する。六三郎は、歌舞伎や伝説など特定の演目の記載がないが、そこに添えられた狂歌には、「数知らぬ咲てふ花の花くらべ　いろ吉原もはぢるばかりぞ」とあり、遊女を花に譬《たと》え、菊花の種類や量が多いという華やかさが、吉原

さえも恥じ入るばかりと紹介され、六三郎の庭は園芸品種が多いことが広く認められていたとわかる。

図30は、本調査地点における写真であるが、手前の大甕《がめ》の先に、柱穴に比べて浅い複数のピットがあるのがわかる。この穴こそが、菊花を展覧する小屋の柱穴、もしくは柵の穴とは考えられないであろうか。手前の大甕は、菊花に灌水するための水瓶とも考えられる。園芸業者によると、水道がなかったり水場から離れたりする場所の展示会では、このような大きな容器に水を汲み置きして灌水に使用するのもよくあることだという。発掘現場では、これほど浅く、しかも穴どうしが非常に接近した例は、建造物の用途としてはあまり考えられないという意見が聞かれた。これを恒久的な建物と考えるのではなく、毎年建てる簡易的な覆い家（今でいえばテントを張るような感覚）と考えると、位置が微妙にずれることは説明可能ではないだろうか。私は、図30を、この付近に、毎年菊花壇を仕立てた証拠の穴と考えたい。

なお、図29において六三郎の隣地に描かれた「玉や」とは、料亭を営んだ玉屋伊兵衛のことで、団子坂南側の植木屋、楠田右平次が嘉永五年（一八五二）に建設した二階建ての楼閣・紫泉亭《しせんてい》の共同出資者である。玉屋は、安政二年の大地震の際、

一、団子坂下料理茶屋、玉屋其外、所々残、跡大半表裏家潰れる也。（『藤岡屋日記』）

とあるように、震災の被害は少なかったようで、隣地の六三郎もこれに準じて無事だったと考えてよかろう。

そろそろ、本題の地下室の話題に移ろう。図31がその姿である。本発掘地点では、従来あった地下

30 浅い穴と大甕

31 版築の基壇

32 基壇の位置

34　大量の植木鉢

33　「帆分亭」の植木鉢（東洋大学井上円了記念博物館蔵）

室と重複する位置に、後で作られた版築《はんちく》基礎を持つ蔵跡として出土した。版築とは、建築物の基壇の築造法の一つで、板で枠を作り、土をその中に盛り、一層ずつ杵《きね》などでつき固める方法である。大変な労力である。地下室型のむろの上に、斜めにこの版築の基礎が築かれている。このような形では、以前からあった地下室の使用はできず、放棄されたのである。実は、地下室の使用自体、安政大地震以後は危険であるという理由で、禁止されていた。この版築の基礎を持つ建造物は、かなり堅牢であったと予測される。また、図32を見ると、奥の地下室を構成する壁と版築が並行でないことがわかる。地下室の区画に沿わずにわざわざ斜めに建てたのは、おそらく理由があると思われ、南向きの位置に建てたかった、つまり南面する岡むろを作りたかったからだと思われる。このように、本遺構は、地下室から蔵形式の「岡むろ」へ

35 出土した花鋏

36 地下室型の植木むろ

37 地下室型の植木むろ
（34～37までいずれも東京大学埋蔵文化財調査室蔵）

の移行を示す興味深い痕跡だと考えられる。新しい蔵は、穴蔵に代わる、より強固な保管庫としての意味を持たされたのである。

また、森田六三郎は、「帆分亭《はんぶんてい》」という号を名乗っていたことが、福寿草を集めた図譜『七福神草《しちふくじんそう》』や『錦蘭品《にしきらんしな》さだめ』という史料からわかっているが、底に「帆分亭」と刻印された植木鉢が、本調査地点、千駄木三丁目南遺跡第2地点から出土した（図33）。このことからも、本遺構は、地下室だけでなく、版築の上の建造物も、むろであったと結論づけたい。

地下室は、東京都内で数多く発掘されているが、植木むろなのか、ただの倉庫なのか、発掘だけではわからない場合も多々ある。しかし、平成二十年（二〇〇八）、東京大学追分《おいわけ》新国際宿舎発掘調査の過程で出土した地下室は、遺構から大量の飾り気のない同じ大きさの植木鉢（図34）や花鋏《はなばさみ》（図35）も出土したことから、植木屋の庭の地下室であることが判明した。図36を見ると、階段の一部がのこり、階段を下りた先の壁にくぼみがあるのがわかる。おそらくこうした空間に棚を吊り、冬越しをさせる植木鉢を置いていたと考えられる。本調査地点では、図36のほかにも二か所地下室が確認され、また、東京大学の原祐一氏によると、畑の畝のような痕跡もあったという。

むろで栽培した植物——竜眼と茘枝

こうしたむろを持つ植木屋・森田六三郎については、すでに拙著『十九世紀日本の園芸文化』で詳述したが、その後新たな史料も何点か発見できたので、主に植木屋のむろという視点で、この人物の事績を次に紹介したい。

図38は、『江戸名所図会』巻五に描かれる千駄木三丁目南遺跡、団子坂《だんござか》北側の部分図である。天保七年（一八三六）刊行であるが、寛政年間（一七九八～一八〇一）の景観を意識して載せ、取材したのは文化末年までとされている。図を見るかぎり、寛政年間の団子坂北側の地には、駒込稲荷のほかにこれといって特色はなく、人家もなさそうである。

六三郎が史料に初めて登場するのは、『新編武蔵国風土記稿《しんぺんむさしくにふどきこう》』で根津権現の旧社地を示した次の記述である。

> 根津権現始は千駄木、今の太田摂津守の下屋敷中にありしを、万治年中彼屋敷に賜ひし時、同所東の方、今、植木屋六三郎か構の処に移され、其後当所へ転し、宝永三年今の社地へ移されしより当所を元根津と唱ふと云。

と、すでに六三郎が当地で植木屋を営んでいたことがわかる。さらに、同書の「藝家《げいか》」（植木屋のこと）の項には、御成《おなり》の際に園中通り抜けがあった者として、寛政年間から又兵衛・宇平次・又吉、文化元年から金三郎・平次郎、文政年間から新之助・次郎兵衛・六三郎・伊之助・和吉の以上十人の植木屋の名前があがる。六三郎は、文政年間に御成があったとされ、それ以前の年代には遡ることはない。『新編武蔵国風土記稿』は、文化七年（一八一〇）起稿、天保元年（一八三〇）完成であるが、文中の「今」はいつなのかが問題である。当該地を含む豊島郡の記事は、文政九年（一八二六）に成立

38　『江戸名所図会』巻五（文京ふるさと歴史館蔵）

した。おそらく、調査は前年の文政八年に行われていたと考えられ、『浅草寺日記』八月十二日には、「北巣鴨千駄木駒込辺迄」調べる予定との達しが記録されている。このことから、文政八年、遅くとも文政九年には、森田六三郎は、千駄木で植木業を営んでいたことになる。

そして、翌文政十年に刊行された園芸書『草《そう》木《もく》奇《き》品《ひん》かがみ』に、

ぶしゆかん　千駄木　六三郎

此家にかなあみひばの明ぼの有。俗にべつ甲出と云。

として登場する（図39）。『草木奇品かがみ』は、植木屋が編集した変異種の鉢植の図譜であり、多数の植木屋や園芸愛好家に混じって、六三郎の名が記されていた。南国の果物であるブシュカンの、さらに斑入りという、二重の意味で「奇品」、珍しい植物であった。

六三郎の名を最も有名にしたのは、浅草花屋敷を創設したことである。花屋敷は、浅草寺との関係抜きには語れない。『浅草寺日記』に六三郎の名がはじめて登場するのは、文政十三年（一八三〇）四月十一日、将軍家斉《いえなり》の浅草寺御成の際、

一奥山植木屋六三郎植溜御覧相済野道門御通抜

という記事で、花屋敷を開園する前から、浅草寺奥山に「植溜《うえだまり》」を拝借し、将軍が通り抜けと称して見学に赴いていたことがわかる。

『浅草寺日記』にはほかにも、花屋敷とはうたっていないが、嘉永三年（一八五〇）十二月に浅草寺に提出された書類群には、新規に「植木茶屋」を設けたいとの届けが含まれている。そこには、六三郎が、父太右衛門が文政十二年に始めた菜飯茶屋の跡を継ぐにあたって、菜飯茶屋から植木茶屋へとの商売替えをしたい旨と、ついては新規の広い場所を拝借したいという願いが記してあった。

以上のとおり、園芸書や『浅草寺日記』によっても、六三郎の登場は、文政年間からとわかる。加えて、六三郎の父は「太右衛門」といって父子の名が異なることから、六三郎は、折からの園芸流行に乗って開業した新興の植木屋といえる。父子の名の違いに着目するのは、植木屋は同名を襲名する例が多く、代々続く家にはその傾向が顕著にみられる。たとえば、団子坂南側の楠田右平次《くすだうへいじ》は、文化七年（一八一〇）の時点で四代目と称し、代々同じ「右平次」を名乗っていた。染井の植木屋・伊藤伊兵衛も代々同じ名である。

浅草奥山の植溜に将軍御成があった年、文政十三年三月には、長生舎主人《ちょうせいしゃしゅじん》（栗原信充《のぶみつ》）著『金生樹《きんせいじゅ》

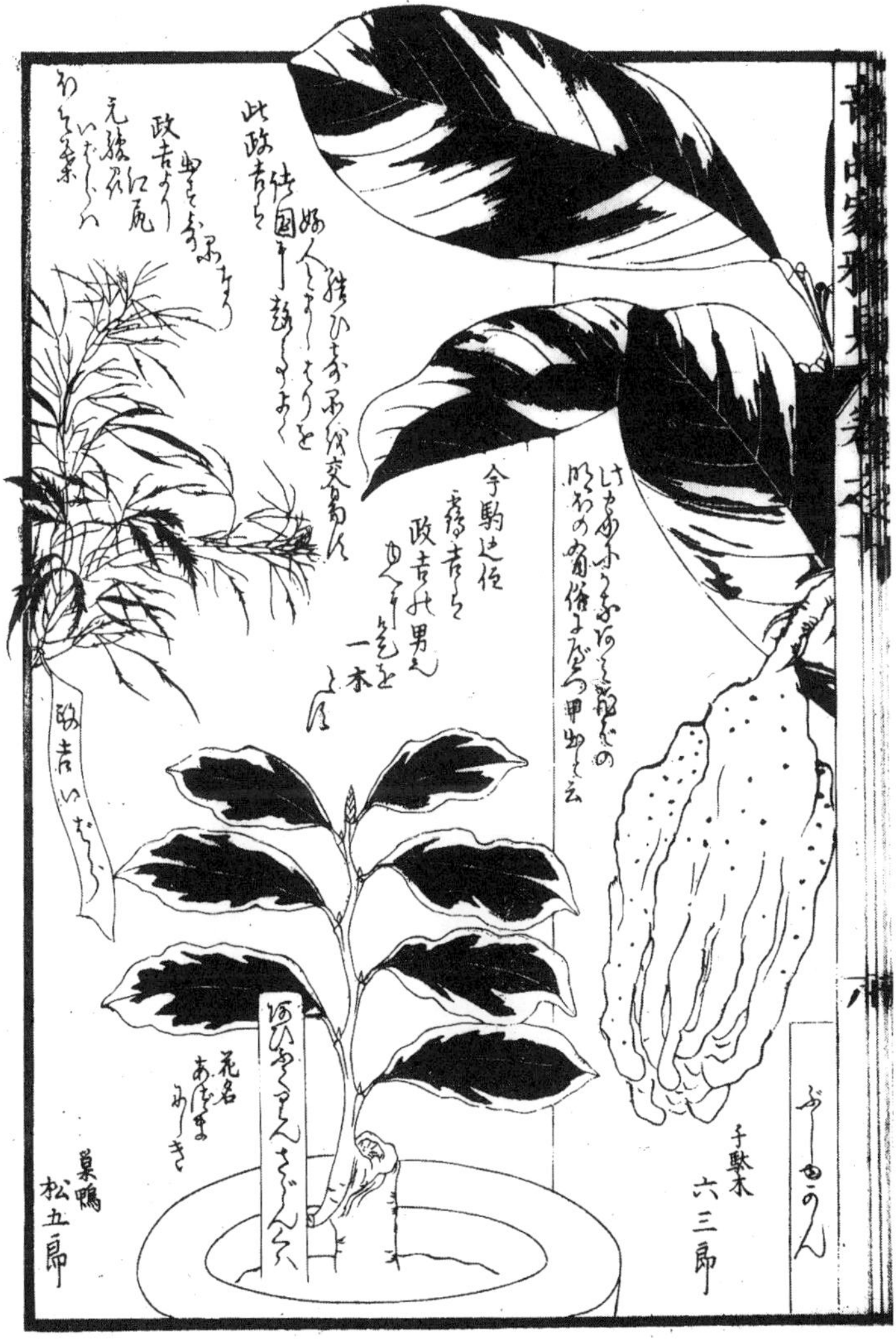

39　ぶしゅかん（『草木奇品かがみ』国立国会図書館蔵）

譜別録《ふべつろく》』三冊の刊行があった。『金生樹譜別録』については、次章で詳しく紹介するのでここでは省略するが、序文を六三郎が記し、巻二では「千駄木団子坂六三郎庭にあり」として「太田道灌斎船繋松」が図入りで掲載され、太田道灌《どうかん》にちなんだ松を、団子坂の名木として新たに周知させようとしたことがわかる。

こうしたさまざまな事績のうち、花屋敷開園に直接結びつく大きな出来事があった。六三郎が、本土ではじめて竜眼《りゅうがん》を結実させたのである。嘉永二年（一八四九）秋のことであった。このニュースは、本草学者に知れわたり、複数の人物が、しきりにこのことを報告する。たとえば、天保年間に旗本・大名らが江戸で開催した本草研究会、「赭鞭会《しゃべんかい》」のメンバー、富山藩主・前田利保《としやす》は、竜眼の実の写生を絵師・関根雲停《うんてい》に命じて描かせ富山へ送らせた。関根雲停もまた赭鞭会の参加が確認でき、同会専属の画家とみなされる人物である。この雲停が、前田利保のために描いた竜眼図が、『奇品写生』である。本図譜は、「奇品」（変異種）の図を集めた書物で、雲停筆による竜眼の図（口絵6）のかたわらには、次の説明文が付される。

是マデ竜眼ト申スモノ、葉細ニ方、千駄木団子坂花戸六三郎方ニテ、当春開花、初夏ニ入開花。実二十二結ブ。当秋御成之節、五ツ御用ニ相成ル品写生ノ旨。

東武　雲停ヨリ。

とある。末尾に「東武雲停ヨリ」とあることで、開花・結実の年は、利保自身が富山にいる時とわかり、遠く離れた江戸の情報を積極的に集めていた事実が判明する。

竜眼の写生図は、この一枚だけではない。雲停と同時期に、絵師・服部雪斎《せっさい》に描かせたものが、この『奇品写生』の次の丁に貼りこまれている（口絵7）。雪斎は、文部省掛図《かけず》や伊藤圭介著『日本産物誌』の挿絵画家として著名である。同世代の関根雲停同様、園芸愛好家や本草学者のための制作が多い。

雪斎の描いた図の右肩の貼紙には、次のように記されている。

雪斎にも頼写生仕候由一枚余計ニ写呈上仕度由申聞候。何方之蔵木哉よく〳〵承跡より奉申上候。

「雪斎にも写生を頼んだ」とあるので、文章を書いたのは雪斎本人ではないとわかる。「何方之蔵木」つまり、どこの庭の竜眼を写生したのか調べた上で、利保に申し上げるべき立場にいた人間が記したものである。江戸在勤の富山藩士の可能性が高い。

ここで、雲停と雪斎の描く『奇品写生』中の二つの図（口絵6と7）を見比べてほしい。同種の植物だが、実や枝ぶりは見るからに大きさ・形状が異なる。それゆえ、実物を見る機会を得なかった、雪斎図に貼紙をした人物は、別々の個体を写生したと判断したのである。しかしこれはまったくの誤解で、この点は、同じく雪斎による『竜眼図』（口絵8）によって解き明かされる。画面右上の丸みを帯びて真球に近い果実が雲停の描いた対象（口絵6）で、画面左上の細長い未成熟の果実が雪斎の描いた対象（口絵7）である。口絵8は全体像であり、『奇品写生』の各図は、これをクローズアップして、雲停・雪斎ともに部分図を描いたのである。

口絵6と8をさらに比べてほしい。口絵8右上方の枝ぶりは三方に、口絵6では二方に分かれている。これは、雪斎が口絵8を描いてから、雲停が『奇品写生』（口絵6）を完成させるまでの間に、枝が切り落とされた可能性が考えられる。その証拠が、口絵9の高知県立牧野植物園所蔵、関根雲停の竜眼図画稿である。中央の図を見ると、本画稿をもとに『奇品写生』図が描かれたことがよくわかる。さてここで注目してもらいたいのは、画面左上の果実の部分図である。ここには果実が四点描かれるが、中央の図にはこの部分図に相当する枝はない。別の枝を描いたのである。部分図のすぐ下方には「龍眼枝／実十二／則五ツ／献上由」との覚書がある。つまり、雲停の完成した『奇品写生』の図に描かれていない枝は、家定《いえさだ》御成の際に献上したためすでに折られていたのである。画面左端には、「嘉永二歴《(ママ)》十月廿三十日写　団子坂六三郎／園中」と写生地・写生年月日を明記する。写生年月日にある通り、二十日と三十日の二度訪れ、二十日に描いたのが左上の部分図であった。どこの部位が折られたのであろうか。口絵8における三つ又に分かれている、向かって右端の枝の形状が似ている。果実は五つ描かれており、この「五つ」という数は、実は最初に紹介した『奇品写生』にも記されている。献上した果実の数と合致するのである。文献と絵が一致し、雲停や雪斎の描く図が正確なことがここから知られよう。

このほかにも、同じく赭鞭会の会員、旗本・馬場大助は、嘉永五年の序がある『群英類聚図譜《ぐんえいるいじゅうずふ》』に、

弘化ノ比薩州ヨリ千駄木ノ花戸へ初テ来リ。

と、弘化の頃に本邦に渡来したとし、開花の図、結実の図、種子とその解剖図を加え、開花・結実を

迎えたことによって図譜の記事をふくらませている。解剖したのは、十二個結実して五個献上したのこりの七個のうちの一つであろう。

さらに白山鶏声ケ窪《はくさんけいせいがくぼ》（現、文京区白山）に住んだ本草家・毛利梅園《ばいえん》はその著『採薬記行（攢華園中輳《さんかえんちゅうそう》集草木志《しゅうそうもくし》）』において、

〇又一種山龍眼

嘉永二年己酉十月五日

西城公王子筋渡御御成ニ掛、千駄木植樹家六三郎園中ニテ龍眼ノ実御用トナル。当年初而六三郎所持ノ者花咲実ノル。高サ五六尺。日本へ龍眼木舶来之時六三郎養レ之テ漸ク当年実ル。

と記録する。この記事により、将軍御成ではなく「西城公」つまり後の十三代将軍家定御成の節に供したとわかる。高さにはじめて触れ、五、六尺、今の一・六メートルから二メートル弱だと記す。また、竜眼の木が舶来して以来ようやく実ったというのは、何年か前から内地での栽培は試みられていたが、嘉永二年になって結実したという意味である。

このように、植木屋と上層階級は、屋敷に出入りする職人と雇用主という関係だけでなく、御成の機会を通じて徐々に接近していったと考えられる。上層階級の庇護により植木屋は力をつけていった。ましてや六三郎は、浅草寺境内の一角を借り受けていたのである。花屋敷開園の実現は、為政者たる次の将軍や浅草寺を統括した輪王寺宮の助言なくしては考えられない。竜眼の結実は、こうしたなかで、為政者の心証をかなりよくした出来事と想像できる。実は、この竜眼の結実以前から、輪王寺宮

と六三郎は園芸植物を介して交際があった。それが判明するのは、次に掲げる、幕末の漢詩人・大谷《おおや》木醇堂《ぎじゅんどう》（純堂とも）の随筆『純堂叢稿《じゅんどうそうこう》』である。

竜眼は、千駄木の植木屋・六三郎なる者が、日光御門主から賜ったものを蒔いて生じたので、六三郎をもってこの木の成育の嚆矢《こうし》としている。（中略）輪王寺宮は、毎年四月十七日、日光登山の餞別として御倶衆を使いに、竜眼の果実一箱を遣わすのを通例としていた。六三郎は、凌雲《りょううん》院《いん》大僧正の覚えがめでたく、ついに法親王に謁見して栽培御用を勤めていたが、あるとき御門主よりこの実を賜り、園中に植えて見せよとの命を承った。そうしたところ、三顆を生じてそのうちの一つを献上する譽を得た。（中略）また茘芰《れいし》・蒲桃《ふともも》・橄欖《かんらん》・蕃柘榴《ばんざくろ》の類もすべてこの六三郎の園中に生じたものである。胡椒《こしょう》・巴豆《はず》は六三郎も未だこれを内地で栽培できていない。また、当時の御門主は花卉を愛翫し、そのなかでも特に松葉蘭《まつばらん》のコレクターであったので、六三郎を召して、この御用も命じた。

以上のとおり、天保末年に輪王寺宮から賜った竜眼の実を栽培したとあるが、この点は疑問である。宮から下賜されるのは、食べるためのものであり、これを蒔いても結実どころか芽生えも到底むずかしいと考えられる。やはり毛利梅園のいうとおり、「竜眼木」すなわち苗木の状態からの栽培だと思われる。しかし、この記事には、興味深い事実、輪王寺宮が松葉蘭を愛好したため、六三郎を用いたと述べる点がある。六三郎は、弘化二年（一八四五）『松葉蘭奇品鑑』を編集しており、そのほか『にしきかがみ』『七福神草』『五福艸《そう》』に出品、『都鄙秋興《とひしゅうきょう》』で朝顔を出品するなど、園芸植物の図譜の常連であった。

大谷木醇堂は、『純堂叢稿』で、六三郎の他の植物の栽培技術も紹介する。

六三郎これを培養にして丹誠を尽すの日また長かりしに、茘芰《(ママ)》の如く実を結ばざりしは遺憾也。その寒を忌むは最甚しと見ゆるも、このもの（巴豆）と橄欖とは、予いまだその実の結へるものを見ず。

本草家の関心が高かった巴豆・竜眼・橄欖・茘枝に言及し、巴豆と橄欖の結実したものを見たことがないと述べている。しかし、後述する史料によると、橄欖の鉢植を販売したとわかるので、こちらの栽培には成功した可能性はある。このように六三郎は栽培技術に優れた植木屋として、本草学者の関心を集め、上層階級とも結びついていたのである。

さて、以上の竜眼の記事は、すでに拙著『十九世紀日本の園芸文化』で紹介したものである。なぜ、再びこれを引用するのかというと、竜眼の結実という難易度の高い栽培が、おそらくむろで行われていたと考えるからである。そして、このむろの栽培が、植木屋六三郎の商売のうえで、大きなセールスポイントであったということを改めて認識してもらいたい。

森田六三郎は、初代が没したのが、万延元年（一八六〇）閏三月二十日、二代目も明治二、三年頃には引退して娘婿が三代目を襲名する。明治維新後は、三代目だが、この頃の記録に、またぞろ竜眼の記事が史料上に現れるようになる。

明治十年（一八七七）にはじめて開催された内国勧業博覧会の記録がそれである。「明治十年内国勧

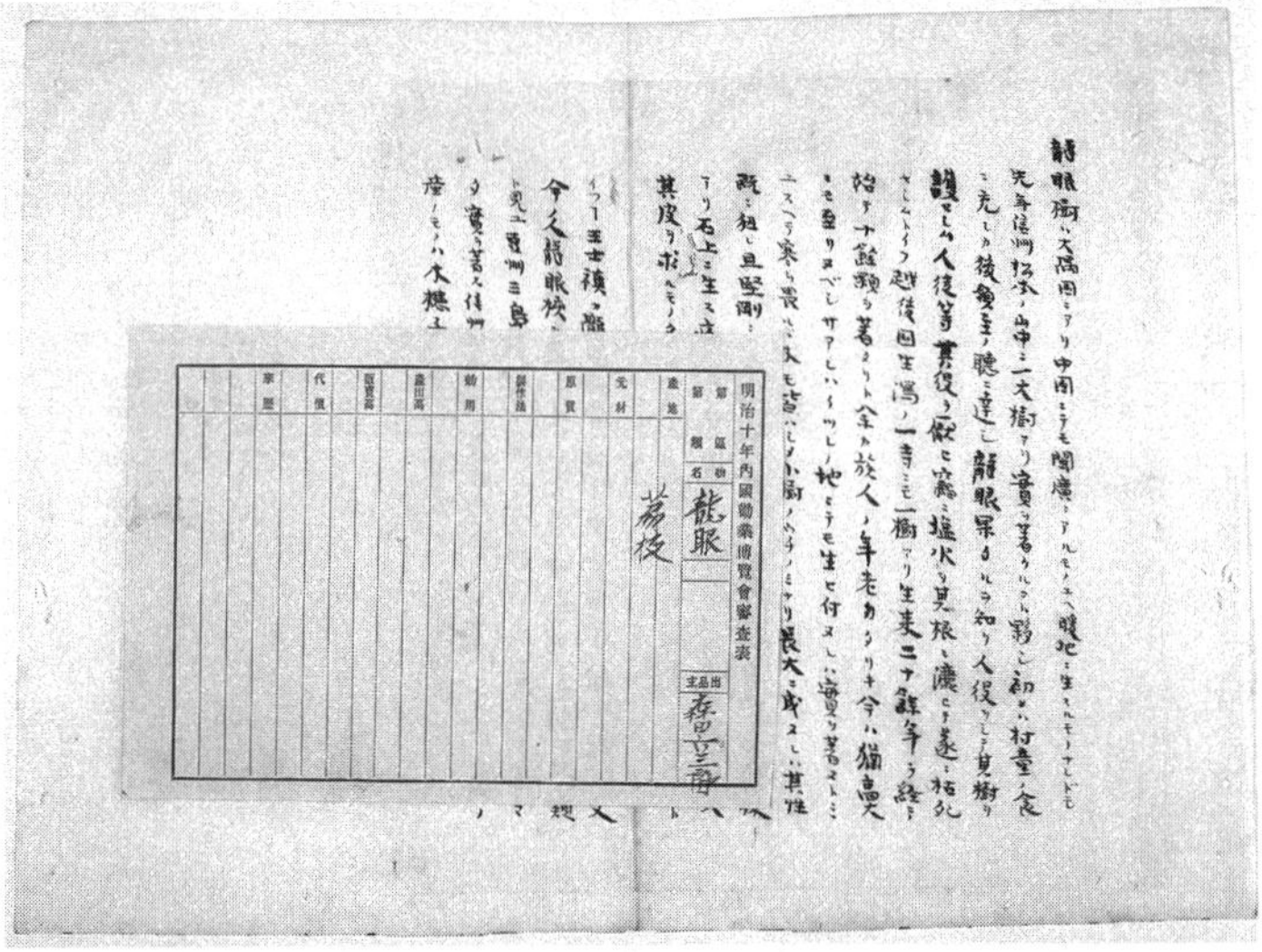

40 「明治十年内国勧業博覧会審査表」
（『錦窠植物図説』名古屋大学附属図書館蔵）

業博覧会審査表」には、印刷された項目名「物名」の欄に、「龍眼」と「茘枝」という植物名が、「出品主」の欄には「森田六三郎」の名がそれぞれ墨書で記される（図40）。また、植物学者・伊藤圭介（一八〇三～一九〇一）の『東京《とうきょう》六区《ろっく》一類《いちるい》植物《しょくぶつ》』もまた、明治十年の内国勧業博覧会の記録であり、これによっても六三郎は内国博に出品したことがわかる（図41）。サビナ・橄欖・茘枝・竜眼・観音竹・養老石・菖蒲・アスナラウ（アスナロ）・羅漢柏（ラカンカシワ）・黒松・菊花・水柳（水楊）・太《たい》湖石《こせき》の十二種が記録されている。本史料は、墨書と朱書が入り混じった書物で、墨書が植物名、朱筆が鉢植の値段などの備考事項、と書き分けがなされている。六三郎の場合では、橄欖に「大　鉢価廿五円」、茘枝に

「枝稍大　鉢大　五十四（円）」、竜眼に「鉢価十五円」という朱筆があるが、この価格情報とは別の、覚書が多いのも特徴である。菊花に「亦弥玩スベシ」、竜眼に「暖国ノ果樹保護能ク繁茂セシム。能ク栽培ノ妙ヲ得タリト云ベシ」という植物の覚書のほか、「其他陳列スル者佳品ニシテ」と、文章は途中で終わってしまっているが、おそらくこの続きには賞賛の辞を記すつもりであったのであろう。本書には、全部で百二十四人の出品の記録があるが、六三郎ほど朱筆が多く、とくに覚書が大量に書き込まれる例はわずか六名しか見当たらなかった。六三郎のほかは、鈴木孫八・内山卯之吉・清水友吉・清水藤吉・内山長太郎で、いずれも珍しい植物の栽培に長けていた有名な植木屋である。当該の六名には、覚書を記すだけの優れた植物を出品する才があった証左といえよう。

明治十年の内国博の記事でもわかるとおり、初代六三郎が得意とした竜眼・菊・茘枝は、二代目、三代目でも引き続き御家芸として誇るべき技術を保った。次の明治七年『郷村取扱諸向往復留』における、茘枝の寄贈に関する公文書もその例である。

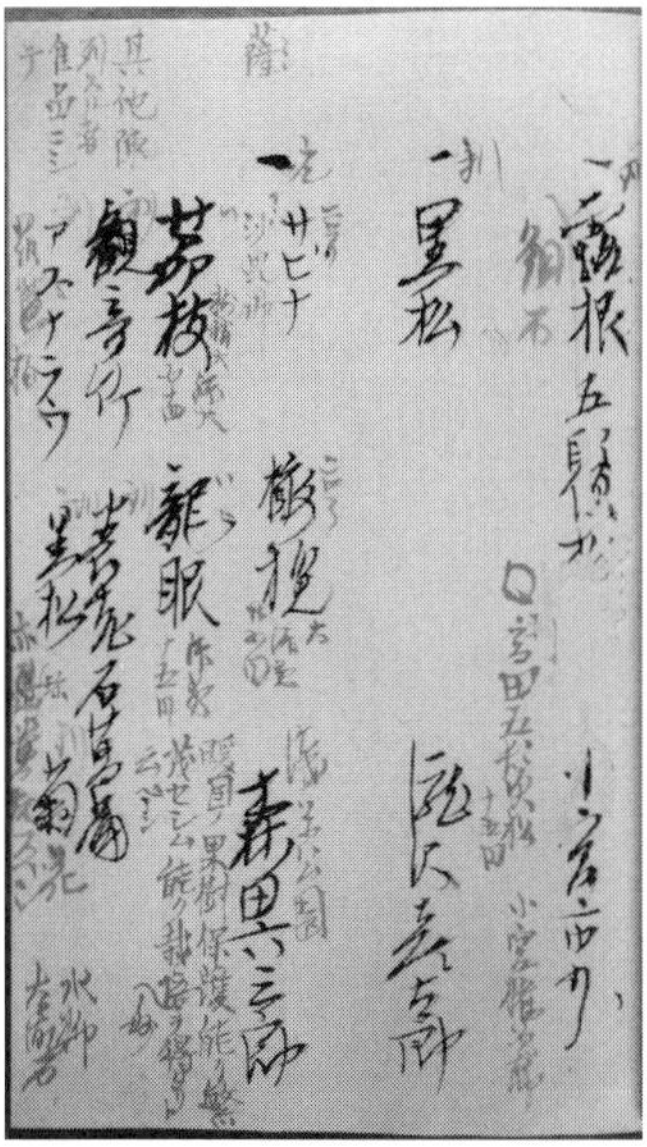

41　『東京六区一類植物』（名古屋市東山植物園蔵）

第九大区三小区下駒込村の農間植木屋の森田六三郎は、丹精して栽培した茘枝が、本年たまたま実を結んだので、献上したいとの儀があり、別紙の通り、願書を提出しますので、御聞き届けくださいますよう、お伺いします。

七月九月《（ママ）》二日

（茘枝の実が）もはや熟しているので、至急御指導があるようにお願いします。

これは、森田六三郎が宮内卿徳大寺實則《さねのり》に宛てた書簡で、おそらく六三郎の点数稼ぎのための茘枝の贈答である。文中「本年たまたま実を結んだ」というが、はじめて結実したのは、初代のときである。それがわかるのが、伊藤圭介の集めた『錦窠《きんか》植物図説』巻二十九にある、茘枝の説明文の末尾である。

薩州ニテモ冬ムロヘ不入ハ枯ルト云。江戸千駄木花戸六三郎、盆栽ニシテ嘉永寅年花実ナル。

とあり、嘉永寅年（嘉永七＝安政元・一八五四）が最初の結実とわかる。暖かい薩摩（現、鹿児島県）でも、むろに収納しなければ枯れてしまうという。当然ながら江戸においてもむろを使用したと考えられる。そして、そのために盆栽（鉢植）仕立てにして、こまめにむろと日光の当たる場所とを往復して、ようやく結実をみたのである。ここでは、茘枝の例が記されているが、よく似た植物である竜眼もこうした鉢植の形で、むろで培養されたと考えられる。毛利梅園が『採薬記行』ではじめて明らかにした竜眼の高さ、五、六尺は、鉢植としてはかなり背の高いほうであるが、明治十年に内国勧業博覧会の会場である上野公園に持参できたのだから、やはり鉢植の形態であるのは間違いない。

六三郎の得意としたのは、竜眼などの暖国産植物の培養であり、伊藤圭介も幕末に結実していたと知りつつも、あえて明治十年の時点でも賞賛したのは、六三郎の技術に並ぶ人材が二十年の歳月を経てもなお存在せず、森田家の御家芸として継承されていたためである。

また、明治十三年（一八八〇）三月十九日の『郵便報知新聞』は、植木屋が盗難の被害にあったと報道している。

昨年中浅草公園地の花戸《うえきや》・森田六三郎か家にて夜々窃盗《どろぼう》忍ひ入り、許多《おおく》の盆栽又は染付鉢《はちうへ》を奪はれたる事を掲げしが、当年は其類賊が殖へしと見へ、巣鴨染井辺の植木屋は毎晩の様に盗まれ、寒夜に唐窖《むろ》の戸障子を明け放ち、其侭《まま》に立去る故、盗まれざる品も寒気に傷みて枯槁《ここう》し、内山長太郎が家等にては過る大雪の夜に此伝を喰ひ、又本所四ツ目の文蔵が窖にては諸家よりの預り品を奪はれ、併《しか》も窖蓋《ふた》の藁《わら》を撤して荷作り、大業に船積して立去られたり。去れ共何れの家にも盗まれたる品の一つも見当たらざるは、多分遠方旅先へ持出して売代《うりしろ》なすならんと。

夜間の警備が手薄で、誰もが侵入できたのは、江戸時代でも同様であろう。それが毎晩のように盗まれる結果を招いたのは、博覧会の開催などによって、鉢植の価値が社会全般に認められた証拠である。毎晩狙われた森田六三郎は、それだけ有名であったのである。唐むろの中に貴重な品があるのを熟知しており、足がつかないように遠方や旅先で売るというのは、プロの仕業であろう。

以上、団子坂の植木屋・森田六三郎の事績を主眼に、紹介してきた。近世における六三郎の事績は、花屋敷開園、ひいては竜眼や茘枝などの栽培がむずかしいとされた植物の結実に凝縮され、それはむろの存在なしには実現できない技術であった。地下室のむろが廃れた直接のきっかけは安政大地震である。さらに、多種類の舶来植物が増えた幕末に至っては、加温、加湿、あるいは水やりなどの手間をかけるには、従来からあるこの型のむろでは、鉢植の運搬だけでもかなりの苦労である。新しい技術、ガラス障子やガラスそのものを用いたむろ、また岡むろという土蔵型のむろの開発が進んだために、従来の地下室をつぶしても大丈夫と判断したのではないか。森田六三郎の庭における二つのむろの存在は、従来の技術（地下室型）が淘汰され、新技術（土蔵型）が到来したという技術史上のターニングポイントを象徴しているのである。

第五章　岡むろの普及

これまで、唐むろについて、江戸四谷の朝比奈《あさひな》氏が天明年間（一七八一～八九）に考案したことや、はじめてわかりやすく図化した、文化十五年（文政元年・一八一八）刊の岩崎灌園《かんえん》著『草木育種《そうもくそだてぐさ》』により急速に世間に知られるようになり、切花の栽培などにも応用されたことを明らかにしてきた。これらを踏まえて、唐むろと併用され、和風温室としてよく登場する「岡（暖）むろ」の構造を明らかにし、合わせて変遷をたどっていく。

『金生樹譜別録』

まず、岡むろを図化した園芸書である『金生樹譜別録《きんせいじゅふべつろく》』を見ていく。著者は「長生舎主人《ちょうせいしゃしゅじん》」とあるが、実は考証学者・栗原信充《のぶみつ》のことである。本書は、これまで刊行年不明として扱われてきた。「金生樹譜」という名を書名に冠するシリーズの一つ『金生樹譜　万年青譜《おもと》』が天保四年（一八三三）

六月の序、同じく『金生樹譜　松葉蘭譜』が天保七年（一八三六）六月の跋であり、『金生樹譜別録』に天保四年の長生舎主人（栗原信充）の自序がある板もあるので、天保四年以降の出板と考えられてきた。しかし、近年筆者は、古書店で「文政十三年庚寅八月」の刊記および発行書林の名が刷られる奥付をもつ板本を発見した。図42に掲げたのがこれである。「京都寺町通松原下ル　勝村治右衛門」をはじめとする京・大坂・江戸の三都における五名の書肆《しょし》名が列挙され、ほかの『金生樹譜』のシリーズが書肆から発行されたかどうかもあやしいのに対し、大掛かりに発売されたとわかる。実は、これとまったく同じ奥付を持つ板本は、甲南女子大学上野益三文庫本にもある。これらの存在により、刊行年不明と考えられていた『金生樹譜別録』が文政十三年（一八三〇）八月の刊行と判明したので、以下では、文政十三年刊行のものとして扱うこととする。

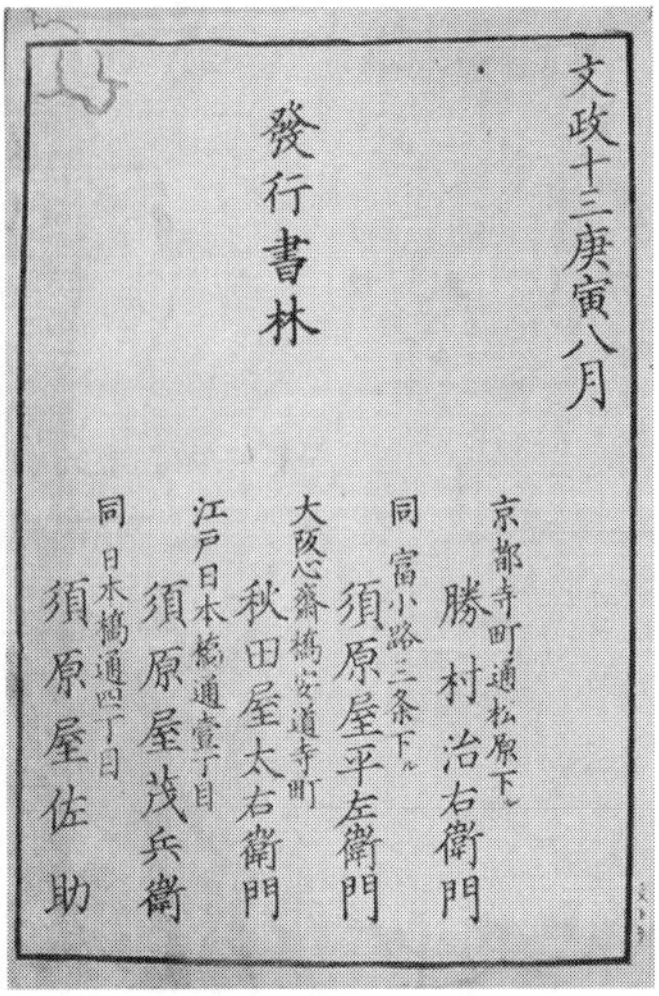
文政十三庚寅八月
發行書林
京都寺町通松原下ル　勝村治右衛門
同　富小路三条下ル　須原屋平左衛門
大阪心斎橋安堂寺町　秋田屋太右衛門
江戸日本橋通壹丁目　須原屋茂兵衛
同　日本橋通四丁目　須原屋佐助

42　『金生樹譜別録』奥付
（筆者蔵本）

　同書は、『草木育種』と同じく図を多用しており、江戸の園芸書の中では比較的よく知られている。唐むろと岡むろとをはっきりと区別した点で、本史料に勝るものはないので、少し長いが以下に引用する。

岡むろを作るといってもそれほどうるさい取り決めはない。幅九尺に奥行六尺ばかりの塗屋《ぬりや》（外壁を漆喰《しっくい》で塗り固めた建物）ひとつで足り、建てる方向は、南・西・東、どの方向へ向いていてもよい。岡むろを作るついでに軒下に唐むろを作ればなおよい。しかし、唐むろは、南向きでなければならない。岡むろで実際に栽培に適しているのは、万年青《おもと》、石斛《せっこく》、蘭、松葉蘭などである。唐むろでなければ枯れてしまうのは、冬の木の中では、霜や雪で傷んでしまう南天、百両金《たちばな》、千両、万両、福寿草、大蕉《そてつ》の類である。葉を観賞するもの、実が付くもののうちで、特に唐むろでなければいけないのは、扶桑花《ふそうか》、山旦花《さんだんか》、日々草、野牡丹、まつり花、使君子《しくんし》、天人果《てんにんか》、千年木《せんねんぼく》、きりんかく、石かく、さぼてん、浜おもと、はしかん木《ぼく》、松葉蘭である。

ただし、唐むろは、晴天のときには、障子だけを掛け日光に当て、八時（午後二時）からは障子の上に板戸を掛けてさらに薦《こも》を二重、三重にも掛けた方がよい。むろで早咲きさせるには、この唐むろに入れて晴天には障子越しに日光に当て、曇った時には薦を掛けて栽培し、花が咲いたら日光に当てて色付きがよいようにするとよい。唐むろで咲かない植物は、ほかのどのような方法でも咲くものではない。よく熟考しなさい。

ここでは、岡むろを「暖室」と表記し、むろの向きと大きさ、むろ内に安置する植物名を列挙する。岡むろは、「南向でも西向でも東向でも心次第」と北面以外ならどの方向に面していてもよく、入れる植物は、万年青・石斛・蘭・松葉蘭など主に葉や枝を楽しむ植物にすべしという。対して唐むろは南向きでなくてはならず、むろ内には扶桑花（ハイビスカス）・山丹花など花を楽しむものやサボテン・使君子など暖地で生育する植物を入れるという。ただし、松葉蘭だけは二つのむろに重複して記してあり、これは品種や生育状況による区別かと考えられる。また、唐むろを用いれば早咲きが可能であることにも触れ、逆に考えると岡むろではそれが適わないと理解できよう。

ところで、扶桑花（ハイビスカス）は、唐むろでなければ栽培できない植物として複数の史料に登場するが、次に挙げる『錦窠《きんか》植物図説』には、唐むろに収納しなければ生育しないという制限からその培養形態に影響を与えたことが記されている。

（扶桑花は）暖地ノ産ナレバ甚ダ寒ヲ畏《おそ》ル。初冬ヨリ暖室ニ入レザレバ育セズ。故ニ盆栽トナス。

「盆栽トナス」とは、現代の私たちがイメージする松などのいわゆる大自然を凝縮した盆栽ではなく、江戸時代後期には「盆栽」を「はちうえ」と読ませ、植木鉢に植えて培養する形態を指すのが普通であった。十九世紀以降、鉢植による園芸植物栽培が大いに流行した点についてはすでに拙著『十九世紀日本の園芸文化』で述べたが、この一因にむろの普及という、栽培方法の変化があった点を教えてくれる貴重な史料である。

再び『金生樹譜』に戻るが、本史料は具体的な植物名は記すものの、岡むろでは大きさと建てる方向を記し、唐むろでは薦で覆うように注意するだけで、大きさの記載がない。これは、読者層に、唐むろの建て方に関してはある程度理解が進んでいることを前提にしているためと考えられる。唐むろの仕様については、すでに文化十五年刊『草木育種』においで図および文章化がなされており、文政十二年（一八二九）刊『草木錦葉集《そうもくきんようしゅう》』にも詳記があるので、さらに多くを語る必要を感じなかったの

43

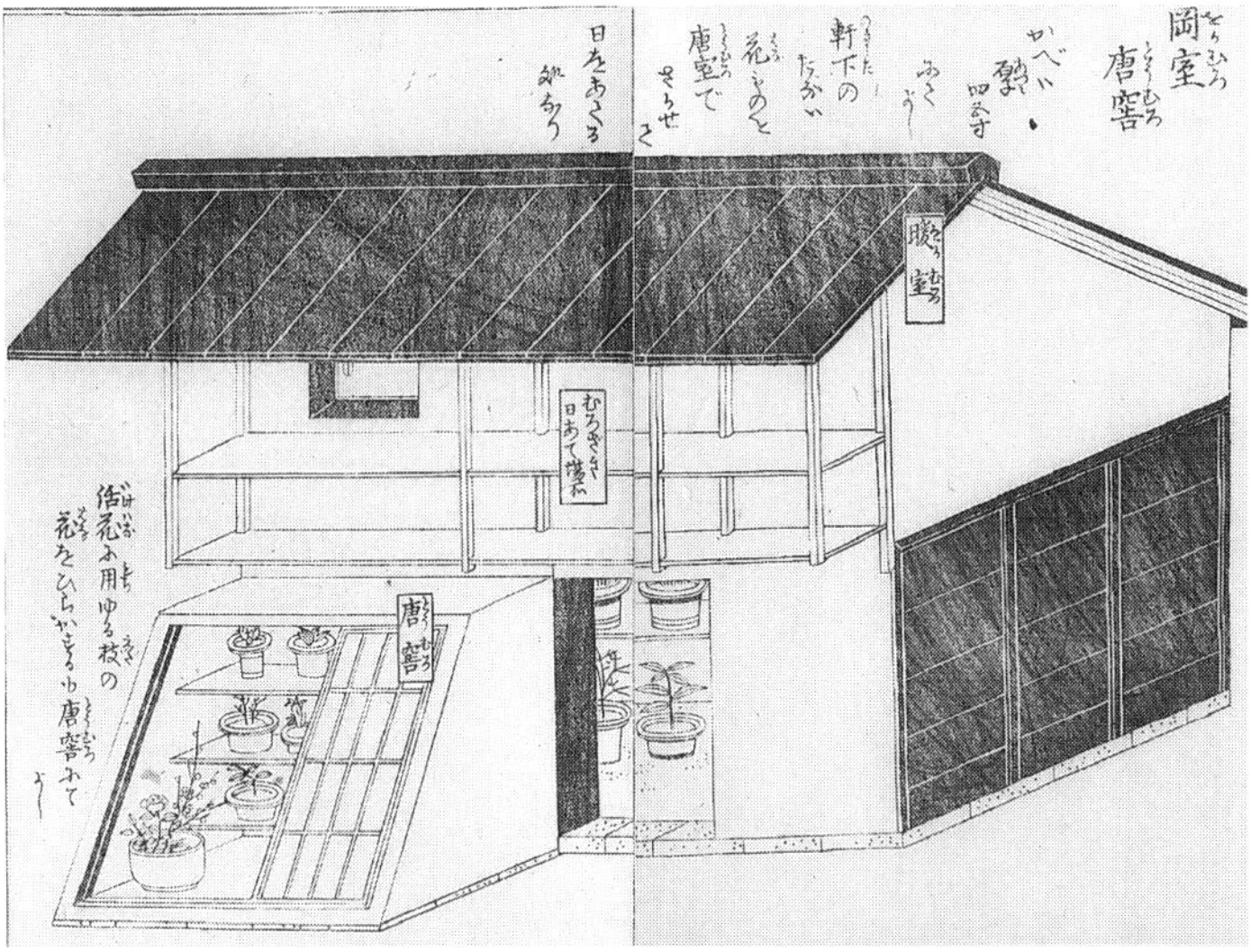

44

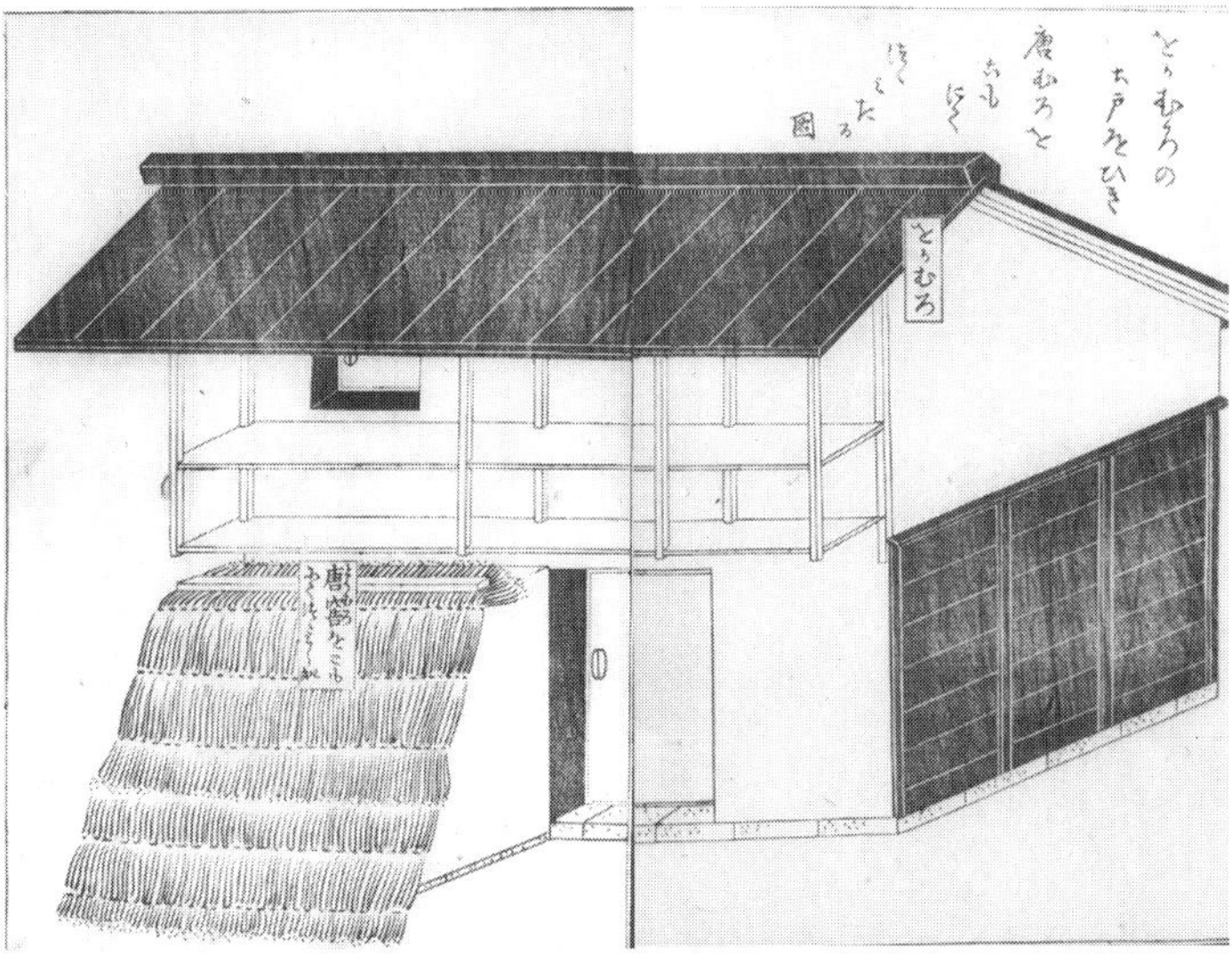

43 扉を開けた岡むろ，**44** 扉を閉めた岡むろ（『金生樹譜別録』）

であろう。そのかわり文章量に比して図の量は多く、岡むろ・唐むろだけで二点の図がある。図43・44がそれである。左下が唐むろ、その後ろの建造物が岡むろである。図43の岡むろの注記は、

かべ（壁）は厚四五寸にてよし

軒下のたなは花ものを唐室でさかせて日をあてる処なり。

唐むろの注記は、

活花に用ゆる枝の花をひらかするも唐窖《むろ》にてよし。

とあり、図44には「をかむろの土戸をひき唐むろをこもにてつゝみたる図」とある。以上の通り、見開き一丁ずつ二丁（四頁分）を図に費やしているが、注記のみで本文中では図に対応する説明はない。そこで以下では、図を読み解くことでむろの構造を探ってゆく。

第一番目に、出入り口であるが、唐むろは南面しなければならないので、岡むろも自然と南向きに建てられ、南側に図43のとおり引き戸が描かれている。しかしこれでは、南向きに建てたにもかかわらず、戸の幅に南向きのスペースが割かれてしまい、合理的な設計ではない。唐むろを移動させ、南向きの立地を充分に活用できるよう（採光・保温のため）、障子張りなどしてその外側に扉を設けるほうが合理的である。その状況がよくわかるのが、明治十八年（一八八五）刊、篠常五郎《しのつねごろう》著『万年青培《おもとばい》養秘録《ようひろく》』掲載の「むろの図」である（図45）。手前側に障子を開けた内部構造を見せ、中には棚が三段吊られている。このことから推し量ると、『金生樹譜別録』の図は、後の時代に図45のような合理的構造になる以前の段階だと考えられる。

45 『万年青培養秘録』のむろの図

次に大きさであるが、『金生樹譜別録』本文では「幅九尺に奥行六尺ばかりの塗屋」と岡むろの大きさを記すが、この数値は、おそらく幅九尺、奥行六尺を示したのみと考えられ、高さに関しては記載がないと判断した。よって図43・44より岡むろのおおよその高さをはじき出すと、約八尺(約二・六メートル)と推定できる。岡むろに寄り添うように設置されている唐むろは、岡むろの約半分の大きさに描かれているので、高さは四尺(約一・三メートル)、幅は四尺から五尺、奥行三尺ほどと考えられる。この数値は、『草木育種』の挿絵注記の「高さ四五尺」「長サ(幅)二三間」「(奥行)四尺余」に比すと、高さは一致するが幅は半分になり、奥行もやや小さめである。

このように、岡むろと唐むろの大きさの違いをきちんと把握すると、史料の読み方も変わってくる。次に掲げる史料は、『金生樹譜別録』の後、天保十五年（一八四四）に制作された、馬場大助の図譜『蛮産衆英図説《ばんさんしゅうえいずせつ》　木之部』である。ここには、当時栽培がむずかしいとされた「巴豆《はず》」について、次のとおり詳しく記してある。

樹高サ一二丈、葉ハ煙草ニ似テ小ク長サ三四寸濶《ひろ》サ二寸許縦理アリテ薄シ。（中略）東都種樹家培養シテ偶《たまたま》花実ヲ見ルモノアリ。寒地ナレバ候。甚後《おく》レ六月中浣《ちゅうかん》ニ花ヲ開キ九十月ノ頃子熟ス。寒甚キ年ハ九月ノ初ヨリ暖室ニ納テ養ヘバ可ナリニ熟スト云。

この植物の高さは、一、二丈と、将来巨大になることをまず記している。もちろん、その大きさになったものを馬場大助が見たわけではないだろう。「東都種樹家」つまり江戸の園芸愛好家が栽培したものを馬場大助がたまたま花を見たという情報を載せ、寒さが厳しいときは、「暖室」に入れて養うとよいという伝聞情報である。さてここに登場する語「暖室」はもちろん、文字からいって岡むろだが、別の情報、つまり植物が長大になることから、岡むろと判断できるのである。

唐むろの高さの変化も重要である。『草木育種』より十一年後、文政十二年（一八二九）に刊行された水野忠暁の『草木錦葉集』が、この点に触れているので、以下に紹介する。「唐室作方附花の咲時節違ふ事」として唐むろの奥行、障子に勾配を取る点、壁土は徐々に塗る点など、詳細に記してある。

唐むろの奥行がありすぎるのはよくない。三尺（約一メートル）がよい。高さは一尺（三三・三センチメートル）が限度である。手前に置く障子は勾配を取り、坂状に立てるのがよい。特別に寒さを嫌う植物を入れるべきである。壁を作るときは、一度に土を多く塗りつけるのではなく、何回かに分けて重ねて塗るのがよい。寒さに弱い品は、奥に入れるのはよくない。手前の棚の上に置いた方がよい。土の上はよくない。夏、日蔭に置く品でも水が乾かなければ、手前に置いたせいで傷むようなことはない。橘などは、必ず日蔭に置く品であるが、夏も唐むろへ入れなければならない。このことから推して知られるだろう。

唐むろの障子を勾配を取らないでまっすぐに建てたら、収納できる品数は多くなる。だから舶来品であっても、それほど寒さに弱くない植物や蘭などは、障子を斜めに建てるには及ばない。奥行も多く取って、三尺五六寸（約一・三メートル）ぐらいでよい。唐むろへ入れた品は、舶来品に限らず元々の植物が育った風土と違うので、本来の性質を失って花の咲く季節が違う場合がある。蘭類はこれが甚だしい。

とあり、その後に「唐室へ入る品の心得」として、植物名を列挙している。ただし、図はない。唐むろの障子を斜めでなく、まっすぐに建てれば収納容積が多くなるので、植物を吟味して、こういった形も併用すべきと説く。『草木育種』や『金生樹譜別録』を応用したもので、実に賢い工夫である。

本史料において注目すべきは、唐むろの高さについて、「高さは尺を限る」とあり、一尺より高くすべきでないと非常に低い数値を示しており、今まで紹介した『草木育種』や『金生樹譜別録』が、四尺から五尺という値と大きな差が生じている点である。この差は、育成・養生させる植物の種類の問題ではない。あっさりと書いてあるので以前は気がつかなかったが、非常に重要なことである。これは、近代になって福羽逸人《ふくばはやと》らが提唱した低設式の温床のさきがけではないかと考えられる。唐むろは、本来花卉の保温・早咲きを目的に作られたが、応用されて、野菜の促成栽培に用いる温床へと変

46　水野忠暁『草木錦葉集』(豊島区立郷土資料館蔵)

化した。この温床の高さは、従来は高設式で、『草木育種』のように一メートルはある高いものであったが、明治十年代以降、西洋式のガラスを張った低設式と呼ばれた低いほうが促成栽培には適しているると、さかんに提唱されたのである。『草木錦葉集』の著者・水野忠暁は、野菜を作るわけではないが、低いほうが太陽の光を存分に吸収できることを、経験的に知ったのであろう。唐むろの場合でも、園芸愛好家の朝比奈は、栽培に熱心のあまり、経験的に唐むろの造作を考案した。水野も年季の入った熱心な園芸愛好家である。大きさを誤記するとは考えられず、結果的には、西洋式、近代的な低設式温床を、その理論までは記さないが、長年の経験から考案し、よい方法だと記録したのであろう。非常に興味深い記事である。

さて『金生樹譜別録』に戻ろう。図から判明する第三の点は、「むろざき日あて場所」とある、日照場所として岡むろに簡易的に外付けされた棚である。この棚に関しては、他の園芸書に記述が見当たらなかった。はじめに検討したとおり、戸の位置を変えれば日照場所は確保できるが、この措置をとらず、苦肉の策として棚の外付けを考案したのであろう。

また棚を外付けした理由には、水やりのスペースとした可能性も考えられる。しかしながら水やりのスペースは、実際に岡むろを使った経験がある花卉園芸業者によれば、岡むろ内で植物に水やりをしていたという。この岡むろにおける水やりに関しては、江戸時代後期の史料でも確認できる（後述）ので、外付けの棚は、これ以前の試行錯誤の時代の賜物と考えたほうがよさそうである。

以上の検討によって、これまで良質の園芸書と考えられてきた『金生樹譜別録』でさえ、他の史料と比較すると細かな点で合理性に欠ける記述が露見してきた。『金生樹譜別録』の巻末には、次のとおりむろの区別がむずかしいとある。

岡むろ、唐むろのほかに、あんどんむろ、障子むろ、ふかしむろなどあるが、唐むろには及ばない。穴蔵むろ、はきかけむろなどすべて思いつきであり、玄人でも岡むろと唐むろで充分まかなえるのである。

あんどんむろ、はきかけむろ、穴蔵むろ、これらの具体的なむろの名称は、『草木育種』にすでに登場していた。以前も述べたことだが、『金生樹譜別録』の著者・栗原信充は、岩崎灌園に対して、かなりライバル意識を燃やしていたらしく（拙著『十九世紀日本の園芸文化』）、むろの区別にしても、ライバルの著書を念頭に批判を加えていたにちがいない。ただし、今まで見てきたように、さまざまなむろの形態が登場したが、基本は、岡むろと唐むろであるという意見には、私も賛同できる。

『安政年代駒込冨士神社周辺之図』

以下では、『金生樹譜別録』成立からおよそ二十年後の様子を描いた、『安政年代駒込冨士神社周辺之図』より、植木屋の庭における植木むろの形態を考察する。本史料は、正確には書き込みを施す『安政年代駒込冨士神社周辺之図図説』（以下『図説』と略）と図のみの『安政年代駒込冨士神社周辺之図』（以下『図』と略）の二種類に分かれる。どちらも浅嘉町一丁目（現、文京区本駒込）から染井村

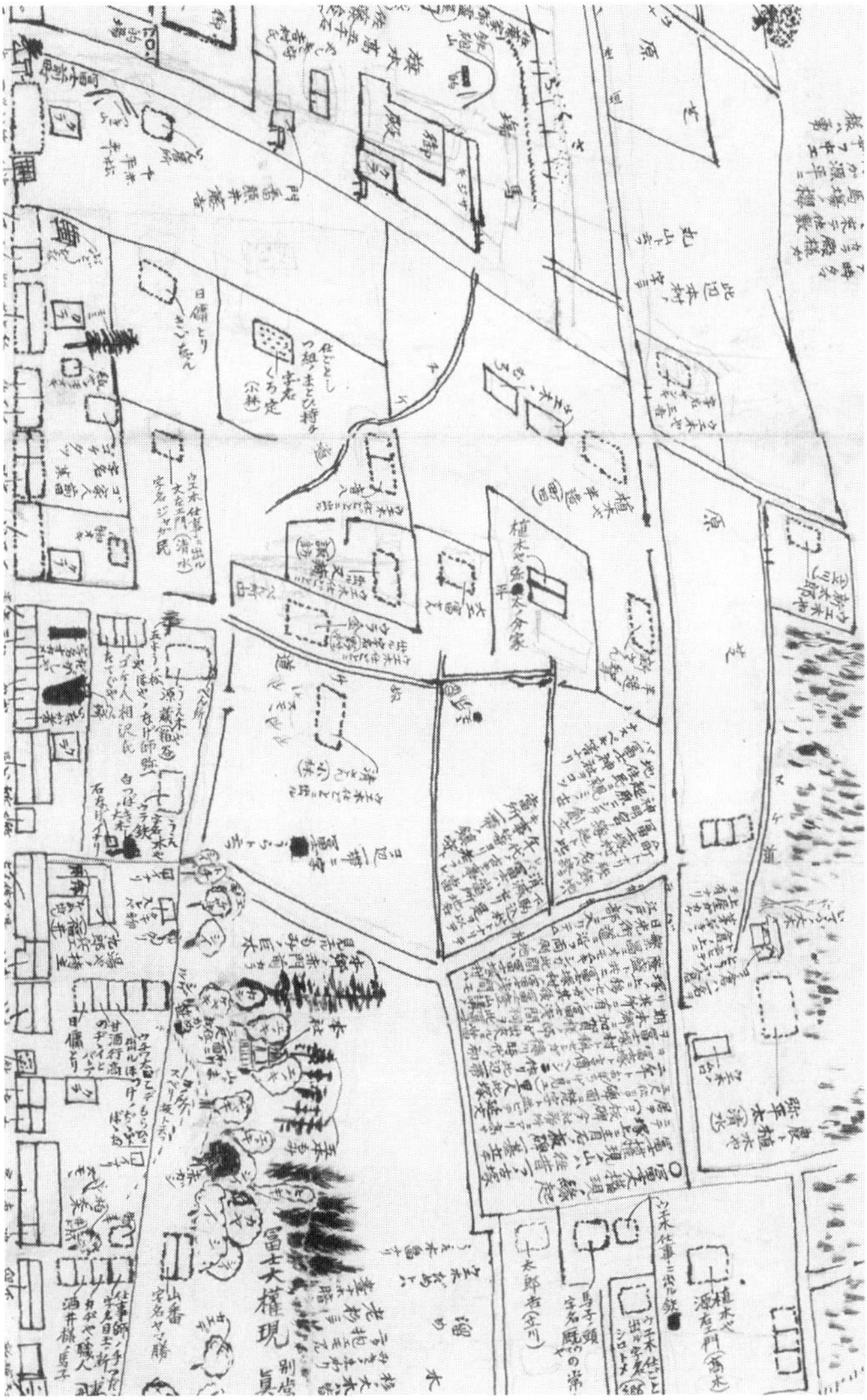

47『安政年代駒込富士神社周辺之図図説』（文京ふるさと歴史館蔵）

48　『安政年代駒込富士神社周辺之図』（文京ふるさと歴史館蔵）

（現、豊島区駒込）までの本郷通りの東西を図したもので、『図』と『図説』に同じ場所が示されて、それぞれ対応しているのが特徴である。作者は、嶋村八十八が昭和十年（一九三〇）七月に記したと書き込みがあるが、実際に原図を描いたのは八十八の父で、子供の頃の記憶を頼りに大正五年（一九一六）三月に書き上げたものである。八十八はそれを正確に写し取り巻子本に仕立てた。

『図説』には、「農ト植木や」と注記される弥平太（清水）の敷地に、岡むろと見られる「ウエ木ノムロ」と土蔵が描いてある。この土蔵は、とくに次の注記がある。

コノ倉ハ一名ヲとうふ倉ト云ヒテ倉ノ上ニ茅ぶきノ上屋ガカケテ有ナリ。

このように「とうふ倉」（図49）という珍しい特徴をもつ。茅葺きにする理由はここに示されないが、植木屋の庭なので植物栽培のための特別な措置と考えられる。温湿度管理を自然に行える利点を生かしたものであろう。土蔵を持つ植木屋はこのほかに、「農ト植木や　嘉平次（高木）」、「農ト植木や　源之丞（内海）」であり、「農ト植木屋」の注記のある者に限られることが判明した。この「農ト植木屋」とは、

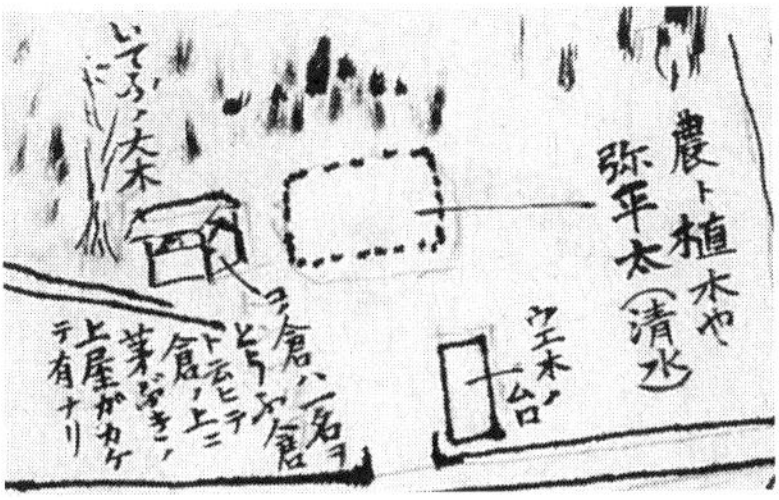

49　とうふ倉と「ウエ木ノムロ」

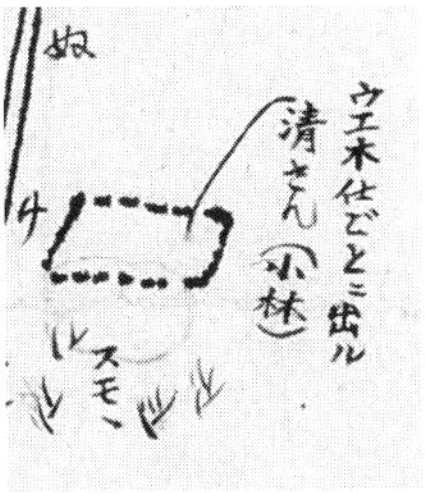

50　植木仕事に出る

まさに農間余業としての植木屋を端的に表す語であり、周辺の武家屋敷に植木を供給できる地域的特徴を示すものである。

書き込みによると、植木屋は本郷通り沿いの東側に多い。しかし、駒込富士神社（現、文京区本駒込に現存）を過ぎる付近から通り沿いの町家が減り、柳沢家下屋敷（現、六義園）以北では通りの東西両側に植木屋の書き込みが見えはじめ、同時に植木屋の占める面積が広くなる。風景画では、この地帯はゆるやかな丘陵地帯のように描かれ、ここに都市の面影を見いだすのは困難である。

『図説』には、「植木仕事に出る」という書き込み（図50）が多いことが注目される。これらの植木屋は、農事の合間に植木業を営んだ者であろう。本郷通りより少し引っ込んだ位置に広大な田畑を持っていた植木屋である。

以下では、このように植木屋が集住する地帯を描いた『図説』の注記と『図』を照らしあわせて、岡むろか唐むろかを特定したい。

まず、弥平太は「ウエ木ノムロ」（図49）、半造は「ウエ木ノむろ」（図51）、孫右エ門は「ウエ木むろ」（図52）とそれぞれの庭に注記がある。これらの注記により植木むろとの判断が可能である。図51の半造

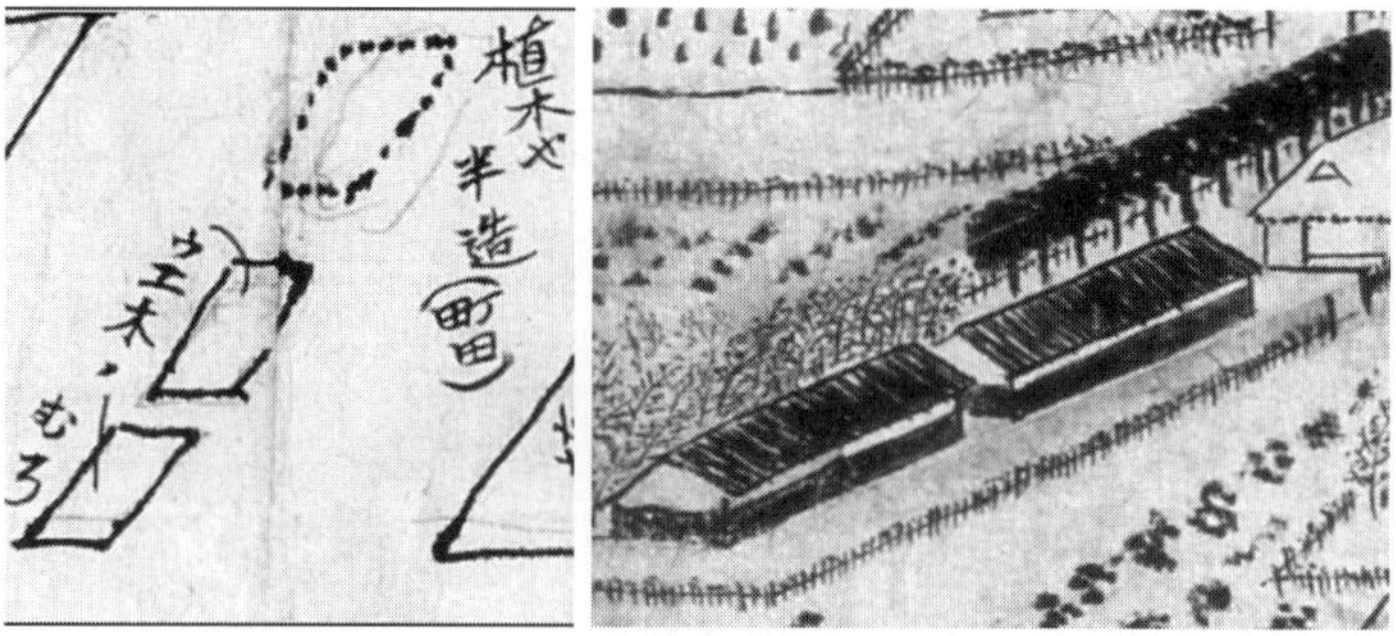

51　半造「ウエ木ノむろ」

の庭にある植木むろ二棟の屋根は黒く塗られていることから板葺きと考えられ、左右対称の切妻になっている。この左右対称の棟は、東西に長く広がっており、建物の片側はすべて南を向いている。これらの点から、半造の庭の建物は岡むろと考えられる。しかし、孫右エ門のむろ（図52）は、屋根が黒く塗られている点は半造の庭と同様であるが、左右非対称になっている。この形式は、『金生樹譜別録』の岡むろと同じであり、太陽を有効利用するため片側半分を削ったものと考えられ、『図』において南西方向を向いていることもこの点を裏付けていよう。

『図説』に「むろ」と注記がなくても、『図』を仔細に見ると半造・孫右エ門と同じ形態の建物が、弥五郎の庭に二棟、太郎吉の庭に一棟発見できた。これは半造や孫右エ門の蔵と同形式であることから、植木むろであることは間違いなく、やはり南あるいは南西に向いている。

ところが、さらに別の種類の建造物も植木屋の庭に描かれているのである。図53に掲げた与一の庭にある建造物がそれである。これは、屋根が黒く塗られておらず、庇に相当する部分が、茅葺

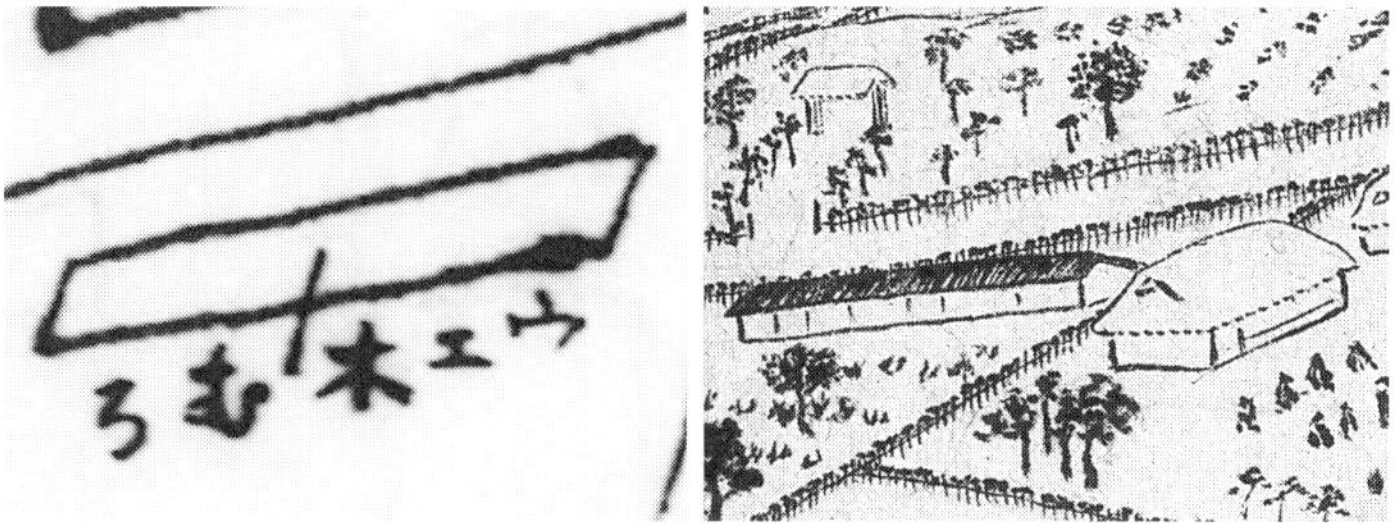

52　孫右エ門「ウエ木むろ」

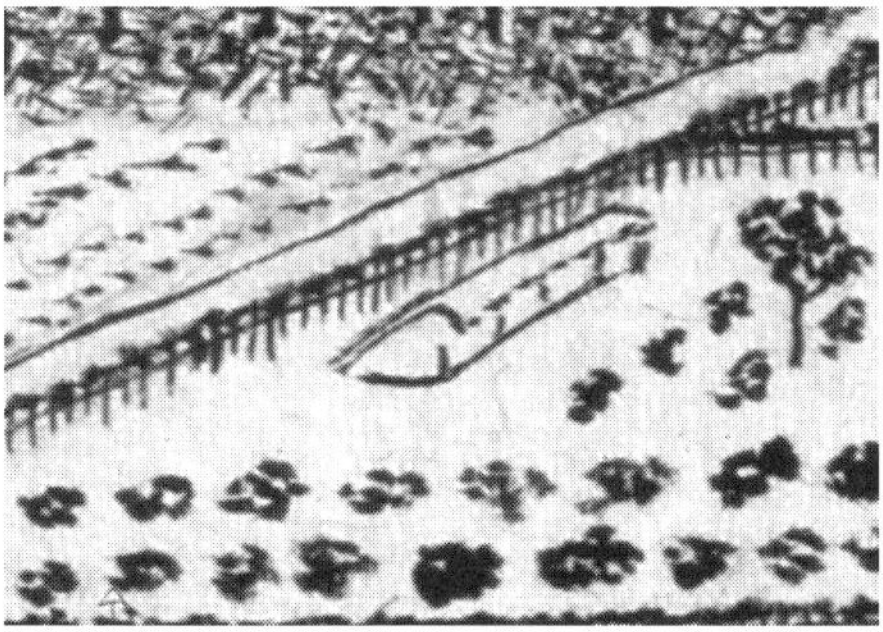

53　与一の庭の建造物

54　「赤坂御庭図」の唐むろ．口絵 2 の部分（和歌山市立博物館蔵）

き屋根と同じ点線の縁取りで描かれているので、茅葺きか薦をかぶせた表現と思われる。側面から見たときに直角三角形をしたこの形は、唐むろによく似ている。これと同じ形式の図は、全部で四か所に描かれ、すべて同じ方角を向いていた。以上から、これらの建造物は唐むろと判断したい。しかし、ここで大きな問題がある。唐むろは、傾斜して障子をはめる部分が南向きでなければならないが、今回唐むろと判断した建造物は、すべて傾斜部分が北向きになっており、理屈に合わない。ただしすべて同じ方角を向いている点、また、一例を除いてすべて植木屋の庭に描かれる点などから、唐むろ以外に相当する施設は考えられない。かつて私は、作者が誤って描いたと判断していたが、傾斜部分を障子の面と考えた誤認であった。図54の「赤坂御庭図」の唐むろの図を見ると、障子の上に覆いかぶせるように、むしろを背後に傾斜して立て掛けてある。この傾斜面は、当然障子と反対側の北側を向くことになる。障子は南面しているので、ちゃんと理屈にあっているのである。

では、『図』に描かれた直角三角形の建造物が唐むろであるならば、ほとんど同じ形をしながら屋根だけが黒い、図52の孫右エ門の庭の建造物は唐むろなのか岡むろなのかの疑問が湧いてくる。確かなことはいえないが、与一の庭の建物と異なり、すべて同一の方角を向いてはいない点から、岡むろの別の形態と考えたい。

唐むろでも大きさや材質がさまざまであったが、岡むろに至っては、建てる方向・大きさ・屋根の形・細部の造作・用途などどれ一つとして同じものはなかった。しかし、基本的に栽培や防寒用の植物温室としての機能という点では共通していた。ところが、幕末にむろが身近になると、別の用途が生まれる。次にはこうした点を見ていきたい。

『南総里見八犬伝』に見る岡むろ

さて、『金生樹譜別録』の図によって、岡むろの形態を知った。こうした岡むろが、実は珍しくはなかったことを証明するために、以下では、文化十一年（一八一四）から天保十二年（一八四一）まで足かけ二十八年もの歳月を経て完成した、全百六冊の大長編小説、滝沢馬琴作の読本《よみほん》『南総里見八犬伝』から岡むろの記事を紹介したい。

該当箇所は第八輯巻一の第八十三回・八十四回で、初板は天保三年（一八三二）に刊行された箇所である。場面は、第八十三回の後半部分、江戸の北郊で「穂北」（一説に足立区保木間付近を指すといわれる）の郷士・氷垣残三夏行《ひがきざんぞうなつゆき》に、犬飼現八《げんぱち》と犬村大角《だいかく》の二犬士が盗賊として無実の罪に問われることから始まる。その家の主人や家人は、完全に盗人と誤解し、犬飼現八と犬村大角が激しく抵抗したため、怒った主人の氷垣夏行がまず処刑を命じる。それを助けるのが、この夏行の娘「重戸《おもと》」である。図55は、その場面である。中央にいて、身を挺して無意味な殺生をやめてほしいと懇願するのが重戸である。これにより処刑をあきらめた夏行は、仕方なく身柄を拘束することにとどめることにして、

その盗児們《ぬすびとら》を那里《あしこ》なる。盆樹室《うゑきむろ》に閉篭《こめ》て。緊《きび》しく鎖《とざ》して。一両名《ひとりふたり》。迭代《かたみかはり》にうち戍《まも》れ。

と、二人を植木むろに閉じ込めるように家人に命ずる。「緊しく鎖」すとあることから、成人男性二

55 『南総里見八犬伝』の重戸

人を閉じ込められるだけの大きさだと判明し、よって『八犬伝』に登場する植木むろは岡むろを指すとわかる。そして連行される途中の様子を作者・馬琴は、次のように表現する。

倶《とも》に時運《じうん》を天に侭《まか》して。恪《かく》ても再《ふたゝび》争《あらそ》はず。牽《ひか》るゝ随《まゝ》にうち連立て。盆樹室に赴くを。人僉《みな》送るそが中に。世智介《せちすけ》と小才二《こさいじ》は。撲傷《うちみ》に堪ず。棹棒《よりぼう》を。杖に衝《つき》つゝ「足引の。山あり水ある庭ながら。二三十歩の程をしも。人な笑ひそけふばかり。千町《ちまち》を過《よぎ》る心地す。」と呟《つぶや》きつ面《つら》を醜《しこ》めて。怨《うらめ》しげにぞ辿《たど》りける。

運を天に任せ植木むろに堂々と連行された二犬士に対して、連行する側の「世智介」と「小才二」という氷垣家の使用人は、二犬士に抵抗された際に負った打ち身に我慢できず杖を突きつつようやく歩くといった体であった。この恥ずかしさのため、通常なら二、三十歩の距離を「千町」、すなわち非常に長い距離を歩いた心地がすると歎く。ここでは、登場人物の心情を語る小道具に、庭の情景を用いた点が面白い。舞台となった氷垣夏行の庭は、「山あり水ある庭」という山水をもつ本格的なものであるが、植木むろは、母屋からわずか二、三十歩離れた場所にあることもこの一文から知られる。

ここで断っておくが、「読本」（稗史《はいし》）は、史実にのっとって時代や場所を設定するが、風俗は執筆時と同時代のものを描写するという慣行がある。「八犬伝」の時代設定は応仁・文明年間（一四六七～八七）、舞台は関八州《かんはっしゅう》が主な舞台である。しかし、挿絵の女性の風俗は江戸時代後期の錦絵と同一であり、作品の文中には江戸時代後期以降流行した、居合抜きや歯磨き売りの見世物など、「八犬伝」執筆時と同時代の風俗が巧みに織り込まれている。これゆえに、当該部分の植木むろがある庭の様子は、作品世界の年代、戦国時代ではなく、江戸時代後期に存在したものを描写したととらえなければならない。

続いて第八十四回前半は、この二犬士を捕らえた夏行の娘「重戸」が、父に内緒で犬士たちを密かに助ける場面である。

然ば重戸は折を得て。独《ひとり》奥より出て来つ。四下《あたり》を屢《しば》〳〵見かへりながら。携たりし袱包《ふろしきつゝみ》を。且《まづ》書院なる縁頬《えんかは》の。戸袋に推隠《おしかく》して。外面《とのかた》見出す声潜《ひそ》やかに。「夢介《ゆめすけ》、壁蔵《かべざう》、其首《そこ》にやをる。快快《とくとく》来よ。」と喚立れば。盆樹室の頭《ほとり》に土居《ついゐ》て。張番したる両個《ふたり》の小厮《こもの》は。「応《おう》」と答《いらへ》て共侶《もろとも》に。遽《いそがは》しく出て来ぬるを。重戸は招き近づけて。

重戸は、すきをみて周囲に注意しながらふろしき包み（犬士たちの荷物）を書院の縁側に面した戸袋に隠す。それから庭に向かって「夢介、壁蔵、そこにいるか、こちらへ来なさい」と呼びつけ、植木むろの番をしている二人をむろから遠ざけようと画策する。

この部分では、主人の住居空間である書院の縁側から声をひそめても充分届く位置に、「盆樹室」があることがわかる。植木鉢の意味の「盆」という語を含む「盆樹室」は、馬琴の造語で、鉢植植物を収納する建物とただちに連想できる、巧みな表現である。この後、重戸は、自分が見張っているからと告げ、夢介と壁蔵の両名の見張りを追っ払い、二犬士救出を始めるのである。

重戸は心いそがれて。出し遣《や》りつゝ戸袋なる。袱包《ふろしきつゝみ》を掻拿抱《かいとりいだ》きて。閃《ひら》りと下《をり》たる縁頬《えんがは》より。はやくも伝ふ巻石《とびいし》に。裳《もすそ》引して潜《ひそ》やかに。盆樹室に近着て。帯の間《あはひ》に隠したる。鍵を取出つ。戸を推開きて。

重戸は急ぎ戸袋に密かに隠していたふろしき包みを抱いて縁側に降り立ち、飛び石をひそやかに駆け抜け、植木むろに近づき帯から鍵を取り出し戸を推し開ける。この記述からは、書院からむろまでは飛石が置かれたことや、むろには鍵が掛けられ、推し開かなければならない戸だったことがわかる。おそらくこの場合、観音開きのように真中から左右に開くのではなく、推さなければならないほどの重い引戸と考えるほうが自然である。そして、戸や鍵は壊せないほど頑丈な造りであったのだろう。

この頑丈な植木むろの扉を開け、中の二人の犬士に向かった重戸は、脱出を勧める。

恭《うや〳〵》しく二犬士に。うち対《むか》ひ声を密《ひそ》めて。事急なれば詳に。告まゐらする暇も侍らず。嚮《さき》に奴家《わらは》が父親《てゝおや》にいひつるよしを聞給ひけん。竊《ひそか》に出てゆき給ひね。（中略）願ふはお身《み》達《たち》這《この》室の。壁を内より突毀《つきこぼ》ちて。背門《せど》より出てゆき給へ。奴家は又這室を。鎖して髪をふり乱し。倒れて人の来ぬるを俟《また》ん。

声をひそめて、「先ほどの私の父親の様子を聞きましたでしょうか。このままでは命が危ないのでここから出られた方がよいでしょう」と告げ、脱出手段として壁を内側から突き崩し、背戸（裏門）から逃げるよう提案する。重戸自身は、植木むろの扉にもとどおり施錠して髪を振り乱して倒れたふりをして人が来るのを待ちますという。二犬士は、この計画を承諾して、早速脱出を図る。

四下《あたり》を見かへるに。盆樹《うゑき》を担ふ枌《あふこ》あり。是究竟《くつきやう》と拿抗《とりあげ》て。力を極めて室の壁を。突摧《くだ》くこと三尺《さんざく》ばかり。又大角も手伝ふて。綷《こと》よく拵へたりければ。共に重戸にうち対ひて。再生の恩。知己の義を。演《のぶ》る間《ひま》なき辞別《いとまごひ》。猶予《ゆよ》して人に知られじ。と思ふ心のいそがれて。詞《ことば》短き秋の日の。暮て隈なき月影は。潜《しの》ぶに便り蘆垣の。蔭に添ひつゝ出てゆくを。重戸は霎時《しばし》目送《みおく》りて。手ばやく室の戸引よせて。鎖しをしつゝ縁頬の。頭近くかへり来て。鬢掻乱《びんかきみだ》し櫛笄《くしかうがい》を。捨て地上に臥《ふし》てをり。

周囲を見渡すとむろの中に植木を運ぶための枌《おうご》（天秤棒）が置いてある。これはちょうどいいと取り上げ、壁に三尺ほどの穴を開け脱出に成功する。むろ内には、二人の人間のほか植木を運ぶ道具が置かれ、もちろん鉢植の植物も収納されていたと考えられ、その広さがうかがわれる。脱出に成功した二犬士を見送った重戸は、手早くむろの戸を引いて鍵を閉める。前述のように、観音開きの扉を引き寄せたとも考えられるが、引戸を閉じたと考えたほうが土蔵形式のむろであれば、自然であろう。

以上の『八犬伝』のむろは、鍵を閉め、重い戸をもつ点、収容面積の広さなどから考えて、かなり頑丈な造り、土蔵に近い形式と考えられる。図45の万年青だけを収納するむろは、当時高価格で取引された万年青が盗まれないような措置を講じた結果選ばれたものである。『八犬伝』で活躍する女性の「重戸」の名は、「重い戸」と、植物名「万年青」を掛けているのに気がつかれただろうか。重戸の夫の名「有種《ありたね》」も、種子発芽を促す唐むろを連想させる名であり、さらにいえば重戸の父の名「夏行《なつゆき》」も夏が行き過ぎる意、つまりむろが主に使われる冬を暗示するとも考えられる。『八犬伝』には、「八房」を逆さまにした「房八」、「八房」を分解して再構築した「力二」や「尺八」、「犬」を逆さまに読んだ「沼藺《ぬい》」など、登場人物の名にそれぞれ隠されたアナグラムが多い点は、従来から指摘されている（高田衛『八犬伝の世界』など）。「重戸」は重い戸を有し、さらに万年青を収納する植木むろそのものを暗示した語と考えてよかろう。

さて、以上が『南総里見八犬伝』に植木むろが登場する場面であるが、『八犬伝』自体が超ロングセラーになったため、本編の執筆が終了した後も、別の作者による続篇やダイジェスト版など類書が多く出版された。笠亭仙果《りゅうていせんか》作、歌川豊国《うたがわとよくに》等画『犬の草紙』全四十九編（別名を『雪梅芳譚《せつばいほうだん》』）もその一つである。『八犬伝』本編にある馬琴の冗舌な考証などは省略し、話の筋だけをかみくだいた文章にしたものである。挿絵・口絵・表紙・見返しは新たに描き直され、図・内容ともオリジナルの作者・

馬琴の意向とは無関係である。しかし、本編とほぼ同時代の作品なので参考になる部分も多く、とくに、本編にはない豊富な挿絵が貴重である。

安政元年（一八五四）に刊行された『犬の草紙』第三十二編下では、植木むろの場面の挿絵が三点も描かれている。図56が、植木むろの外側で重戸が夢介・壁蔵の両名に話しかけている場面で、背後にむろの側面が描かれている。植木むろとわかりやすくするためか、地面にも数鉢の植木が並べられている。図57では、むろの戸が開かれ、中の様子がわかる。三段に棚を吊っていて、所狭しと鉢植が並べてある。

余談ではあるが、この図を見て、ある植物好きのご婦人は、「こんなところなら閉じ込められてみたい」と感想を漏らしていた。万年青・松葉蘭など、今では古典園芸植物として珍重されている品種が並べられ、使われている植木鉢も染付の凝った文様で、現代ではちょっと入手しにくい高価なものである。この感想を改めて考えてみると、たしかに盗人を閉じ込める空間としては不適切な場所である。

図58が、植木むろの壁を枴《おうご》で壊して脱出している瞬間である。むろの正面は扉が頑丈なので、側面を壊している。図56では、書院側の側面が描かれ、図58では裏門側の側面が描かれている。むろが庭のどこに配置されているか本編ではわかりにくかったが、こうして図化されると具体的にイメージを結びやすい。

本書八三頁の扉図は、『犬の草紙』の口絵である。左側の重戸の背後の植木むろは、まるで暖炉の

56

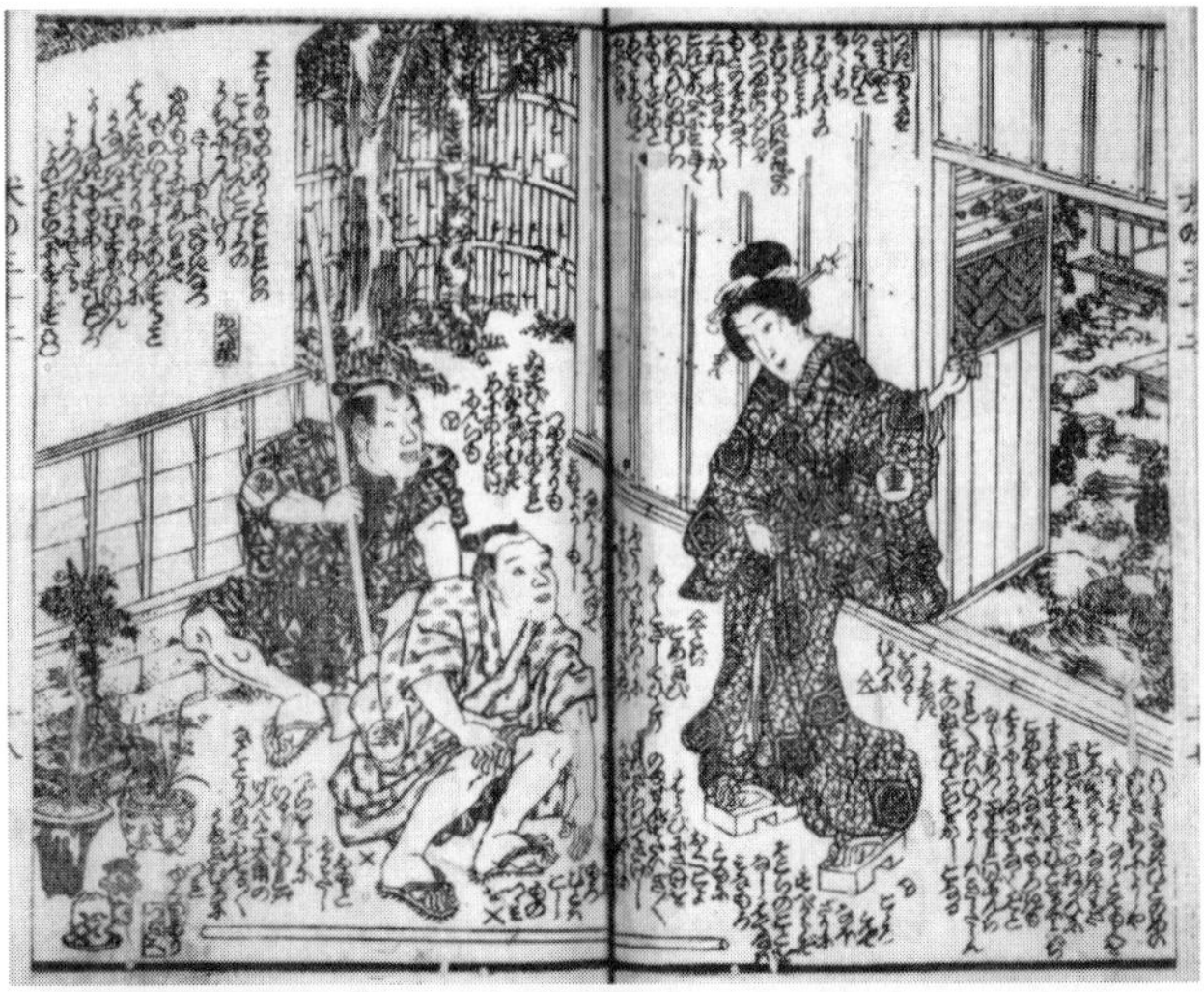

57

56　植木むろの外側，57　植木むろの内部
（いずれも『犬の草紙』文京ふるさと歴史館蔵）

58　植木むろを破壊する犬飼現八（『犬の草紙』文京ふるさと歴史館蔵）

ように描かれ、一見石造と見まがう。しかし、むろの間口のひび割れたような文様は、陶器や磁器を描くのに用いられている技法で、この場合はあり得ない。画家が飾りとして縁どったと考えられる。ただし、蔵の下層部の石積みは、通常の土蔵でもこうした造りがあるので、可能性はあり、今まで紹介した図56～58でも下部は石造として描かれていた。

なお、『犬の草紙』の挿絵には朸《おうご》が描かれていないので、図59に朸の使用例を紹介した。歌川広重（二代）が描いた「東都三十六景」シリーズの「本郷通り」という錦絵である。本郷加賀藩上屋敷赤門前（現、東大赤門前）で、桜と松を運ぶ植木屋が休憩中の図柄である。この二本の樹木を運ぶために横にわたしているのが朸である。また、図60の『江戸名所図会』にも、豆粒大の人物が二人、樹木を運んでいる場面があるが、これも朸を用いている。このように樹木を運ぶために朸は不可欠の道具であった。

江戸後期のベストセラー小説『八犬伝』で植木むろの記述を見つけたときは大発見だとして少々興奮した。「読本」という当時よく読まれた形態の文学作品に使われるほど、岡むろは普及していたとわかり、非常に興味深い事例である。しかしながら、この穂北の豪族は、植木屋という設定でないにもかかわらず、このように多くの植木を栽培する温室を所有している点を、作者・馬琴は何も説明し

59

60

59「東都三十六景 本郷通り」，60『江戸名所図会』(文京ふるさと歴史館蔵)

てくれていない。一体どのような意図があって、植木むろに閉じ込めるという設定を考えたのであろうか。

前述したとおり、『八犬伝』は戦国時代が舞台であるため、郷士の庭に、比較的高価な植物を保管する植木むろがあるのは歴史的にもおかしく、読本の特徴である、衣装などと同じく岡むろも、執筆時と同時代のものを描写したと考えてよかろう。

この穂北の氷垣家とは、盗賊扱いされるという最低の出会い方をしたが、後に嫌疑が晴れると、八犬士のよき理解者、後援者となる。武器を揃えたり連絡場所を提供したりと、協力をおしまず、江戸における八犬士の本拠地になる。

『八犬伝』第九輯巻三では、穂北の家に犬江親兵衛を除く七犬士が揃った場面が描かれる。八犬士は、植木むろの段でもそうであったが、各場面に二人程度が登場して活躍することが多く、こうした群集図は、『八犬伝』の中でも珍しい（図61）。この図では、床の間に注目してほしい。床の間には花銘を持つ（鉢に札が差してある）梅花の鉢植が飾られている。季節は、二月下旬である。明らかに犬士を歓待するために植木むろを使用した早咲きの梅を飾ったのであろうと推測される。

また『八犬伝』第九輯巻二十一では、八犬士が大広間に勢ぞろいし、床の間には葉蘭（はらん。馬蘭ともいう）が生けてある（図62）。生け方は、葉蘭の葉先をひねり九枝に仕立ててある。これは、明治十六年（一八八三）刊行の花道書『活華早教諭《いけばなはやさとし》』にある葉蘭の生け方と、左右が異なるだけでよく似ている（図63）。氷垣家は、植木むろを持ち、さらに花道にも関心が高かったということがわかる。

61

62

61　床の間の梅，62　床の間の葉蘭（『南総里見八犬伝』文京ふるさと歴史館蔵）

作者・馬琴が、このような園芸文化的に高い水準を氷垣家に持たせる意味は何であろうか。

馬琴は、実は無類の園芸好きであった（丸山宏「滝沢馬琴の庭造りと家相」、飛田範夫『日本庭園の植栽史』など）。しかしながら、江戸市中を転々とした馬琴は、自宅の庭にむろまで置けるスペースはなかったと考えられる。

自宅にむろを設置し、花道も嗜《たしな》み、床の間付きの立派な大広間を持つ、悠々自適の園芸三昧の暮らしができるのは、もう少し身分が高い階級、旗本がこれに該当するのではないかと考えられる。

同時代の旗本には、変化朝顔を愛した竹本要斎《たけもとようさい》・鍋島直孝《なべしまなおたか》（杏葉館）、花菖蒲の新種を生み出した松平左金吾《まつだいらさこんご》（菖翁）、梅を愛した春田四郎五郎《はるたしろうごろう》、植物図譜を著した馬場大助・貴志孫大夫《きしまごだゆう》など、趣味の園芸とはいいながらプロ顔負けの品種数を誇った人物が少なくない（平野恵「小石川植物園旧蔵『梅花図譜』について」）。品種をある程度集めるためには、当然その栽培に熟知していなければならず、植木むろもこうした裕福な旗本の庭には備え付けてあったにちがいない。

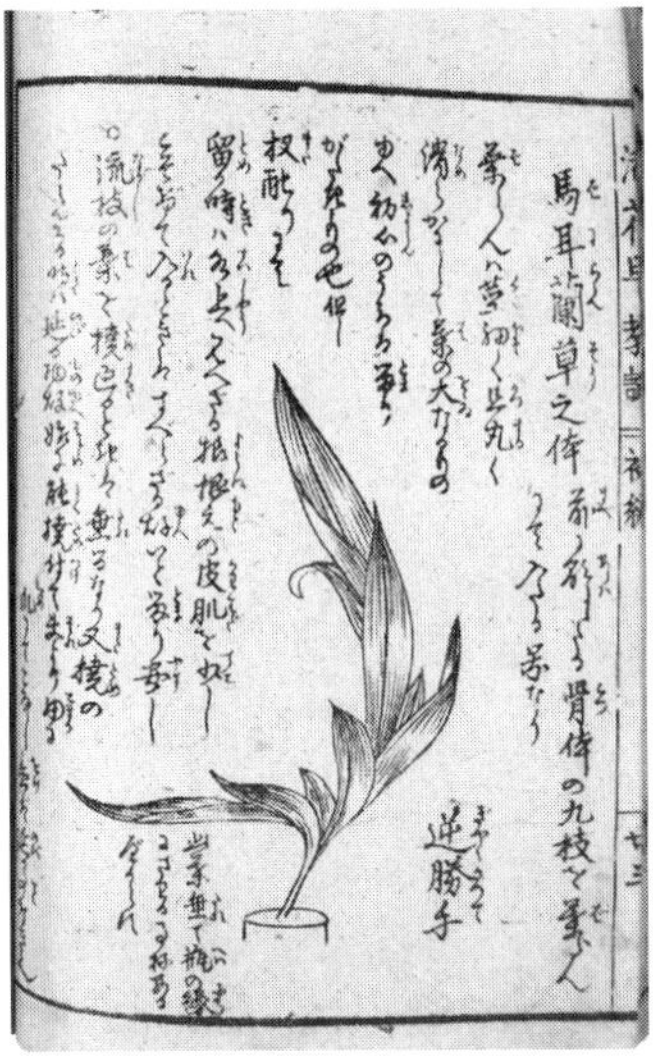

63　葉蘭の生け方（『活華早教諭』）

馬琴は、このような庭を目にする機会を得、あこがれ、八犬士のよき理解者でありパトロンとして設定した氷垣夏行を、園芸愛好家たる旗本のイメージになぞらえることにしたのではないか。多くの家人を雇い、山水がある庭を所有し、政治力もあり、生活にゆとりがあるため園芸に金と暇を費やせる人間、それは馬琴の時代であれば、旗本クラスに幾人ものモデルがいたのである。このイメージを採用することによって、登場人物にリアリティを持たせられるため、積極的に作品に採り入れたと推測できる。

また、植木むろがある穂北という架空の地は、保木間ではないかといわれているが、この付近、現在の足立区西新井駅付近は、江戸時代から花卉園芸のさかんな地域でもあった。

『江戸名所図会』巻之七「葛飾」の説明に、葛西のあたりは、人家の庭や畑や畦などにも、四季の草花を植えて並べているため、芳香がいつも満ちている。土地の人間は、季節になると、草花を切り、江戸の市中の花屋に出して、売買することがよく行われている。

との説明と図（図64）がある。ケシと思われる花などが咲き乱れており、農家の副業として花卉産業が発達していたことがよくわかる。馬琴は、『江戸名所図会』の刊行当初に読後の感想を漏らしており、こうした地域情報も、当然熟知していたと考えられる。

以上、読本から史実を検討してきたが、用いる史料として信用度が低いという意見もあるかもしれない。そこで、馬琴の園芸趣味をそのまま『八犬伝』に反映した別の例を次に紹介したい。

馬琴の日記、文政十年（一八二七）六月四日条には、

一、当春予たねまき候朝がほ、今朝より花ひらく。但るり八重、同茶台等也。

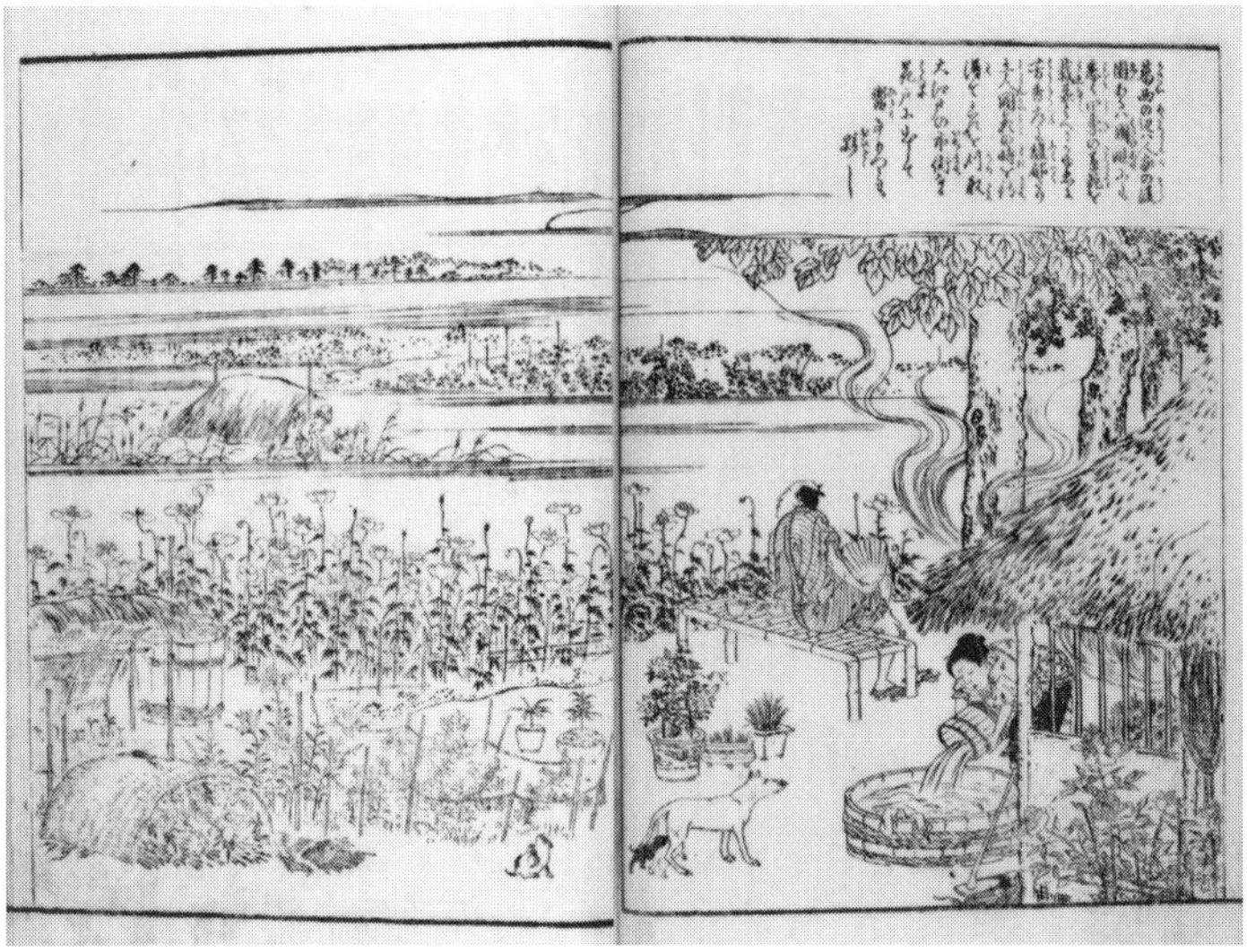

64　『江戸名所図会』葛飾（文京ふるさと歴史館蔵）

と、自庭で変化朝顔を栽培していたことが記録されている。この栽培癖が如実にあらわれているのが、『八犬伝』第九輯巻之二十三、第百三十五回「渥美浦に便船紀二六を送る」の一節で、蜑崎《あまさき》十一郎照文の自宅を描いた挿絵である（図**65**）。ここには、鳥かご・虫かごも描かれ、絵師は柳川重信である。馬琴は自作の批評を書簡を通して受けており、その批評に対しても再度応じ、自作の苦労話などを洩らす場合も多い。とくに馬琴は、本文だけでなく、挿絵にもうるさく注文をつける人で、挿絵の出来不出来をことのほか重視していた。図**65**の挿絵に対しては、天保十年（一八三九）十一月晦日付の殿村篠斎《とのむらじょうさい》評（「八犬伝九輯下帙中　篠斎評下」）に対する答え（「天保十一年八月四日馬琴答評」）の中にそれが見いだせる。

65　蜑崎十一郎照文の家（『南総里見八犬伝』文京ふるさと歴史館蔵）

66　床の間の朝顔．図65の部分

○又紀二六が安房へかへり来ぬる段に、照文の宿所の出像《さしえ》に蛍篭あるを咎めて、時節のとり合せにハあるべけれども、この家にハか丶る物を弄ぶべき小児なし、といハれしハ精の又精にてよくも見られたるかな。しかれども、小児なけれバこれらの物なかるべきにあらず。蛍・松むし・鈴虫ハ、大人・君子及婦女にも愛する者、間《まま》これあり。

評者・殿村篠斎が、蛍用の虫かごを挿絵に描くのは、子供がいないこの家にはふさわしくないと述べたのに対し、馬琴が虫を愛でるのは子供に限ったものではないとたしなめている。書簡では朝顔に触れていないが、図65の部分図（図66）のとおり、座敷の奥に配された朝顔鉢は、虫を愛でるのと同じように風流を愛した登場人物にふさわしい点景として描かれている。それも通常の朝顔ではなく、一つの茎から白い色とおそらく青い色の別々の花を咲かせる変化朝顔である点に、作者の意図を感じないではいられない。このように、『八犬伝』の中には、近世文化を考える上で重要な要素が作者によってちりばめられており、文芸面だけでなく歴史資料としての使用が可能である点を強調したい。

第六章　帯笑園のむろ

沼津原宿「帯笑園」

これまで江戸時代後期の江戸地域の史料を見てきたが、以下では、駿河国沼津原宿（現、静岡県沼津市）の植松家の庭、「帯笑園《たいしょうえん》」からむろの記事を探索する。

植松家の庭園「帯笑園」は天正二年（一五七四）の作庭とされているが、いわゆる「庭園」の類型からはみ出した、他に例をみない特徴を兼ね備えている。まず、この点を中心に述べていく。

帯笑園に触れた著名な記録に、文政九年（一八二六）四月六日、ドイツ人医師P・F・シーボルト（一七九六〜一八六六）の『江戸参府紀行』がある。

ここで、私は、原（Hara）に非常に有名な植物園があると聞いたので、ドクトル・ビュルガーと先発し、数時間後に原に着いた。日本風につくられたこの庭園は、私がこれまでにこの国で見たもののうちでいちばん美しく、観賞植物も非常に豊富である。入口には木製の台があり、いくつかの岩を配し、植木鉢には人工的に枝ぶりよく作ったマツの木がある。人に好かれているアンズ・サクラ・クサボケ・エゾノコリンゴ・カンアオイ――ラン科の植物は地面にきちんと並べて植えてあった。また近くにはツツジが群れをなし、遠くにはツバキやサザンカがあり、石をけずって作った小さい池の周りにはコリンクチナシやシダが生えていて、色とりどりのコイがこれに生気を添えている。とくに好かれる庭木や飾りになる植物は特別の床に植えてあった。すなわちボタン・ユリ・サクラソウ・キク・センノウなどであり、たくさんの美しいカエデの種類やその変種はちょうど葉をひろげて、様々な明暗を示し、心地よい森となっていた。庭園の中央にはこざっぱりした亭《ちん》があって、飾りの花々（ヒメシャクナゲ・ナンテン・ナギなど）に囲まれている。また温室もあり、その中でヤブコウジ・カンアオイや琉球産のものなどたくさんの植物が、初春の寒気から保護されていた。もう片方の側にはカシワ・イチイ・イトスギ・サクラ・アンズなどの林があって、瀟洒《しょうしゃ》な亭に通じ、非常に愛らしい灌木や喬木がこれを囲み、四季を通じて居心地がよい。

「原に有名な植物園があると聞いた」シーボルトは、ちょうど春の時季ということもあって多くの植物を目にする。マツ以下の植物名の列挙に努めるのは、彼の興味を惹いたのがこの植物の豊富さのためであった。また、園内施設についても説明がある。「入口には木製の台があり」というのは、植物を愛でるため、あるいは休憩のために設けられた腰掛け「浴馨榻《よくけいとう》」のことである。「とくに好かれる庭木や飾りになる植物は特別の床に植えてあった。すなわちボタン・ユリ・サクラソウ・キク・センノウ」と、図譜や番付が板行され流行した近世後期の特徴や、園芸品種の豊富さを誇った植物、牡丹・桜草・菊についても洩らすことなく記録している。

そして、「温室もたくさんあり、ヤブコウジ・カンアオイや琉球産のものなどたくさんの植物が、初春の寒気から保護されていた」と多種類の植物の育成を可能にした、寒さを防ぐ施設「温室」に触れている。このときシーボルトは、「winter house」の語を用いる。これは、唐むろを指すと考えられる。ヨーロッパに日本の多種多様な植物を持ち帰ることを望んでいたシーボルトは、日照時間が短いオランダで育成することが念頭にあったため、このような施設に関心が高くなるのは必定であった。

時代が飛んで、近代になるが、明治十七年（一八八四）四月三日、当時東京大学生物学科二年生であった白井光太郎《みつたろう》（一八六三〜一九三二）は、駿河、江ノ島の採集旅行に出掛け、同行した植物学助教授（当時）であった松村任三《じんぞう》（一八五六〜一九二八）らから聞いた様を次のように記録している。

此日松村、大久保（三郎）の両君は蒲原、原の辺へ採集に行かれ、原の植松与右衛門の家を視察せられたり。此家は有名なる植木屋で、数代金満家で、徳川時代には東海道往来の大名も此家に立寄りて植木を見たとの事である。今日でも植木の手入に日々人夫八人宛か丶り居り、温室として土蔵二棟を充て置くと云ふ。今でも桜草の変種六百種を養ひ居るとの事で、珍草奇木を多く所蔵するより頗る有名であると語らる。（「駿州江の浦採集旅行日記」）

伝聞ではあるが、植物病理学を専門とした白井光太郎も、シーボルト同様に桜草などの花の種類の豊富さと、保管庫として用いられた土蔵形式の温室二棟に注目している。ここで興味深いのは、白井光太郎は、帯笑園のことを「植木屋」と見なす点である。シーボルトも白井光太郎もともに、一度も「帯笑園」とは呼ばず、それぞれ「植物園」、「植木屋」あるいは「金満家」として植松家を紹介している。「帯笑園」という固有名称を有する庭園という理解ではない。シーボルトはヨーロッパにおける植物園をイメージし、東京の植木屋に取材していた白井光太郎は植木屋と、各人が勝手に判断した。明治期に改めて写されたと考えられる帯笑園の規則「小園内制」によると、

植物を販鬻《はんしゅく》するの意なし。価直を論じ玉ふるを制す。

と、植物を売買する意志はない、値段を問うてはならない旨が、植松家の内規にあった。しかし、売買こそしないが、参勤交代の途次に訪れた大名や公家らは、代価として金子《きんす》や国の名産品を下賜しており、まったくの無料奉仕であったわけではない。

このように植松家の庭は、京の古刹に見られるいわゆる名園ではなく、もちろん大名庭園でもない。最も近いのは、近世後期から明治期にかけて、行楽客を集め、立札や柵を設けて植物を観覧させた植物園のさきがけともいうべき、江戸の植木屋の庭であった。

このことは、「帯笑園」という名に端的に表れている。植松家六代蘭渓《らんけい》（一七二九？〜一八〇九）から依頼されて命名した漢学者・海保青陵《かいほせいりょう》（一七五五〜一八一七）は、『狐白裘《こはっきゅう》』に、

楼（学山楼《がくさんろう》）、亭（望嶽亭《ぼうがくてい》）、榻（浴馨榻《よくけいとう》）、房（常春房《じょうしゅんぼう》）、二井（灌花露《かんかろ》・沛雨洞《はいうとう》）らが欣然《きんぜん》として翁（蘭渓のこと）を迎え、これらの施設が点在する庭園そのものが、怨みや怒り、患い、苦しみを払

い、大いに楽しませてくれる。この楽しみを与えられた者は、翁の徳に報いたいと感謝するであろう。これがゆえに翁は富み栄え、長生きして楽しんで笑えるのである。すべては皆花のおかげなのである。

という意味の漢詩を寄せた。この漢詩は寛政三年(一七九一)に書かれ、「翁」とは植松家主人の蘭渓を指す。漢詩によると文字どおり笑いを帯びるという意で命名されているが、最後に「花のおかげ」(原文「花報也」)と、樹木や草ではなく、わざわざ「花」を掲げている点に注目したい。実は「笑」という語には、「花が咲く」という意もあり、漢詩の作者、海保青陵は、人が笑うことと花が咲くことの両方の意味をもたせたのであろう。そして、伝統的な庭園とは異なり、「帯笑園」が花主体の新しいタイプの庭であることもその名称は示唆するのである。

帯笑園の植木むろ

さて、こうした花が主役の帯笑園を構成する施設のうち、本来ならバックヤードとして観客に見せない部分であるにもかかわらず、訪問客がしきりに気にした施設が、これまでにも登場した植木むろ、つまり和風温室である。植松家には、おそらく幕末に制作されたと思われる「帯笑園之図」と、植松家の日記がのこっており、これらの史料から、当時の日本式の温室、植木むろの具体的な使用方法が次第にわかってきた。

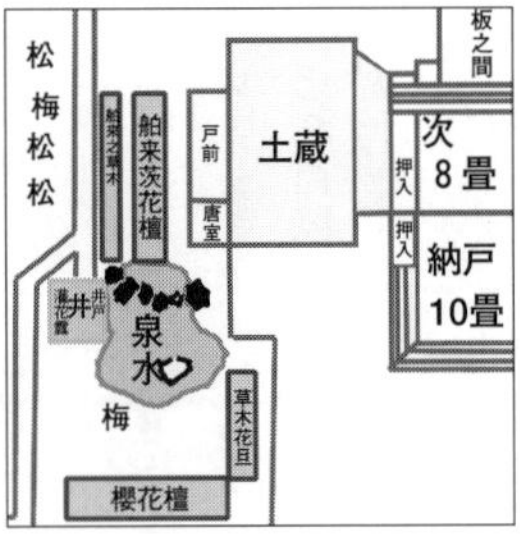

67　舶来茨花壇

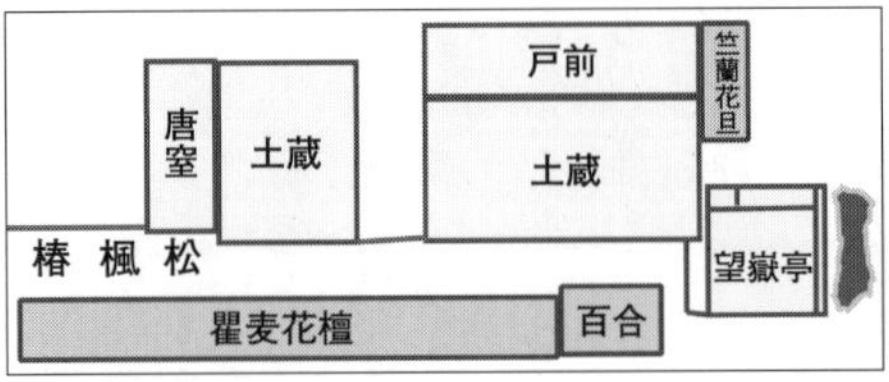

68　瞿麦花壇

「帯笑園之図」（口絵10）には、当時使われていたフレーム型の唐むろと、塗家形式の岡むろがきちんと区別されて記されている。唐むろは南向きに二基建てられ、この周囲には暖国に育つ植物や花物の花壇があった。図の、園内北東部分、居宅につながる土蔵の前と、中央部、望嶽亭と浴馨榻の間の土蔵前に各一棟ずつ建てられ、「唐室」「唐窒」の文字が認められる。いずれも土蔵前に設置され、『金生樹譜別録』の体裁と同じである。これは、運搬の利便性のためである。唐むろは、障子越しに太陽光を取り入れ、とくに寒さに弱い植物の保湿や切花の早咲きを目的に南面するように建てたことは前にも述べたとおりである。本図をわかりやすくするため、私が文字を起こしたものをいくつか紹介する。北東部の唐むろの周囲には、「舶来茨花壇」などおそらく暖国に育つ舶来植物の花壇があり（図67）、中央部の唐むろの近くには「瞿麦《くばく》」すなわちナデシコと、その北隣にはユリの花壇がある（図68）。

もうひとつの温室の形態である岡むろも二か所に記される。園内西側の道路に面した「窒　常春房」と、その南側の土蔵四棟が建ち並ぶ端に位置する「窒　蔵春洞」である。どちらも「春」の語を用い寒気を凌ぐための施設であることを示すが、むろに名前を付けること自体が非常に珍しい、稀有な例である。「常春房」の語は、漢学者・海保青陵が名付けたもので、寛政三年（一七九一）に書かれた「常春房記」に園主・植松与右衛門（六代蘭渓）が命名を依頼した旨がある。そこには、「房命曰常春隕乃棲」、つまり「常に春を保つ場所」という意味でこのむろの名を付けたとある。このとき海保青陵は井戸や腰掛けにも名を付しているが、「蔵春洞」には触れられていないので、「蔵春洞」はこれより後に建てられた新しいものと考えられる。嘉永六年（一八五三）九月二十三日の『植松家日記』（以下『日記』と略）に、

朝より曇天東風吹大ニ冷気、富士山之積雪如寒中白し、昼頃より追々晴来西風少々吹、最早寒冷相催ニ付松葉蘭等新窒江入れ申候。

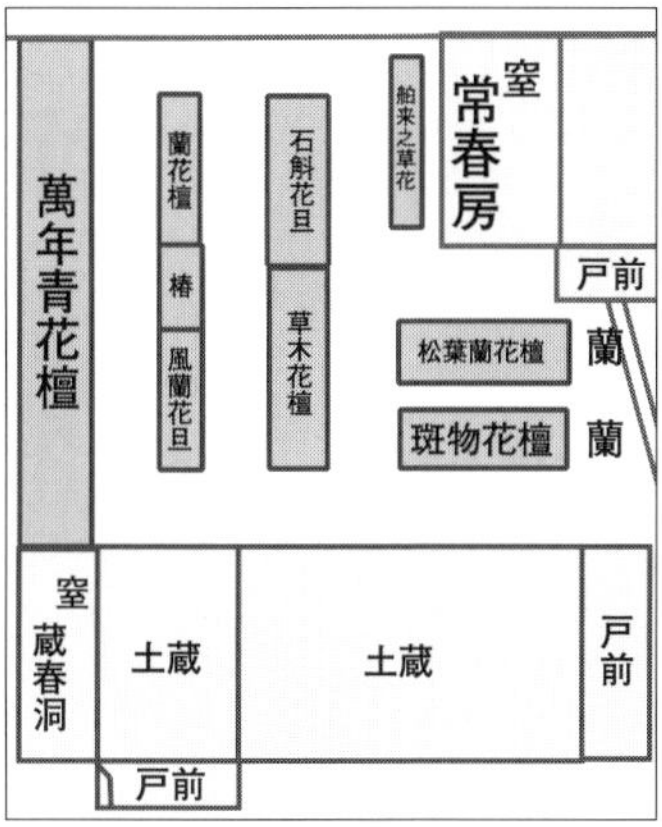

69　蔵春洞と常春房

秋とはいえ冬季のように富士に降雪があったかなり寒い日であったので、もう寒くなったからとして松葉蘭などを新むろへ入れたとある。この記事からは、気候に応じてむろの使用を決定している様がうかがえる。当主は、八代秀敬（号、蘭丘）の時代である。「新窒」という言葉が登場するので、これが蔵春洞を指すと考えられる。したがって、「帯笑園之図」の成立もこれ以降ということになる。むろへ松葉蘭を入れるのも、図69で判明するように蔵春洞は真ん前の常春房ほど近くはないが、松葉蘭

花壇にほど近い位置にあるので都合がよく、やはり「新窒」イコール「蔵春洞」と考えてよいだろう。

このように、唐むろが花の育成を主目的にしたのに対し、「蔵春洞」などの岡むろは松葉蘭や斑入植物など当時高額で取引された園芸植物の保管に用いられていた。松葉蘭は、帯笑園では代表的な植物で、品種名として「帯笑園縮緬」があったほどである。天保七年（一八三六）六月序跋、長生舎主人（栗原信充）による『松葉蘭譜』には名称と形態が記録されるだけであるが、翌年成立の『三河松葉蘭譜』（近代の写本）や、同年秋刊、玉青堂撰・貫河堂画『松蘭譜』には「帯笑園縮緬」の図がある（口絵11）。このように松葉蘭だけの図譜が複数制作されるほどこの植物は人気があり、そのすべてに「帯笑園縮緬」が掲載されていた。帯笑園にとって、代表的な園芸植物であったことがうかがえる。

図69を見ると二棟の岡むろの間には、松葉蘭のほか、万年青・蘭・椿・風蘭・石斛《せっこく》・斑物花壇がしつらえてある。いずれも葉を楽しむ植物で、当時から高額で取引されていた（椿は花以外にも斑入り葉が珍重された）。そのためであろう、嘉永七年（一八五四）八月十九日の『日記』に、

朝より大雨南風大時化《しけ》ニ相成、松葉蘭其外室江仕舞申候。

とあるとおり、雨風がとくに強い日は傷みを防ぐため、ただちに松葉蘭を収納できるよう、花壇のすぐそばにむろを設置したと考えられる。このような記事はほかにもあり、前年の嘉永六年七月十一日には暴風雨のためむろに松葉蘭を仕舞い、同年の九月二十三日には、霜が降り非常に寒くなったので、松葉蘭やそのほかの植物をむろに取り込んでいる。以上『日記』の記事は、すべて松葉蘭の保管にかかわるので、「蔵春洞」のことと考えられる。

『日記』の嘉永七年十月十五日条は、水やりについての記事である。

此日ハ室之植木江水を致し候て見事也。

「見事」と評したのは、むろ内の植物に対してであろう。ここで、『金生樹譜別録』の岡むろに外付けの棚を、試行錯誤中の過渡的な段階であるとした点を思い出してもらいたい。帯笑園の水やりの記事は、簡単な文章ではあるが、植物をむろから室外へ取り出す作業や棚について触れていないので、むろ内で水やりを行ったと考えられる。

以上のとおり現存する『日記』のうち嘉永年間の記録では、むろの記事はわずか四例であった。しかし、松葉蘭や悪天候の際の取り入れに注目すると、「むろ」と明記されないが、おそらくむろを使用したと思われる例を発見した。嘉永六年（一八五三）五月十八日に、

朝より大雨無風、誠ニ珍敷大雨ニて流る雨水ハ如川、昼過より南風ニ相成時化模様ニ相成浪立候間植木等取入候処（後略）

と、珍しいくらい大雨が降り、昼過ぎより南風に変わり、大時化になりそうな気配があったので、植木を取り込んだとある。沼津は、周知のとおり駿河湾に面し、海に非常に近い。潮風が植物によい影響を与えるとは思われず、防護のためむろに収納したのであろう。

また、同年七月十一日も同じように大時化となり、風蘭などを残らずむろへ納めたとある。

松葉蘭だけではない。同年三月二十日には、

朝より大雨東風、四ツ時分より追々南風ニ相成大時化也、桜草不残隠居江取入。

と、強風大雨の日に「隠居」という建物の内部へ、桜草を残らず取り込んでいる事例も記録されている。「隠居」とは、園内南部の「靄春堂《あいしゅんどう》」をもつ、母屋とは別の居住空間を指すと考えられる。『日記』によると、「隠居」は、桜草に関する記事に登場することが多い。すなわち、悪天候の場合、松葉蘭はむろへ取り込むが、花が盛りの時季の桜草は、花を散らさない目的の緊急的な措置であったため、むろ内には収納せず、「隠居」が選ばれたのであろう。

客をもてなす空間としての温室

帯笑園では、以上のような寒冷や暴風雨を凌ぐ以外に、ほかに見られないむろの利用の記述があった。それは、むろの特性、風雨に強い造りを生かしたもので、客をもてなす空間としての機能である。庭の見学者がくつろぐための施設は、「浴馨榻」という腰掛、書画を愛でる楼閣「学山楼」、富士山を望める「望嶽亭」などがあるが、悪天候の際には屋外で庭を鑑賞したり、屋内で書画を愛でたりするのが不可能な場合も多く、時には見学を断ることもあった。

文久二年（一八六二）十一月七日の長門藩主夫人一行の訪問時には、

折悪敷西風烈敷園中之掃除も出来兼誠ニ困入候。（「植松家文書」）

と述べているとおり、強風の際の見学は掃除もできないので、歓迎できることではなかった。

実際に断った例としては、嘉永六年四月九日の『日記』に、朝より雨東風吹、八ツ時より大雨風、此日は多紀安琢様雲州より御帰府、拙園御一覧被成度由被仰候処、余り大雨故御見合ニ相成。

と、あまりに大雨だったので見合わせたとある。

同七年八月二日の『日記』には、

此朝芸州様御通行御立寄被為遊度由、御沙汰有之候得共雨中故御断申上候。

と、広島藩の一行が旅の途中に立ち寄る予定であったが、雨であったので断った旨が記されている。

園主・植松家と近しい間柄ならば、悪天候でも「小店」（どこを指すか不明）という建物に招いたと、嘉永六年三月十八日の『日記』にある。

東風余程有之、小店ニて夕飯差出。

同月二十二日の『日記』にも、

朝より曇天時々東風吹（中略）中里村利七殿、与七殿一同田地賄方之義ニ付被参、牡丹一覧、小店ニて酒出し。

と、夕飯や酒をもって饗応したことがわかる。あるいは、同年三月二十一日の『日記』に、

朝より曇天東風吹（中略）坐敷ニて酒出し茶漬等出し。

と、母屋の座敷でも接待しているし、同七年三月二十六日のように、

其内追々大雨ニ相成、坐敷江案内致酒并茶漬等出し申候。

という例もあった。同じように「納戸」でも食事の饗応があった。ただし、納戸とはいえ十畳敷の部

屋で、庭に面している母屋の南端のため、風景を充分に楽しめた。嘉永六年三月六日の『日記』に、

朝より曇天風在尤東風故寒し。(中略)四ツ半頃より菱屋主人被参、納戸ニて茶を出又昼飯も出し申候。

とあり、同七年三月二十四日には、

西南風甚敷吹出し諸花共大ニ痛申候。(中略)茶飯納戸ニて一同席也。

同年閏七月十七日には、

追々雲出南風吹出浪立風弥吹候故雨雲吹払、(中略)麗々老人被参、納戸ニて茶菓子出し申候。

と、茶飯や菓子を出して客をもてなしていた。このように天候が悪いときにくつろげる場所として、「小店」「坐敷」「納戸」など、いくつかの部屋が用意されていたことがわかる。しかし、これまでの事例は、どちらかといえば近しい人間を急きょ招いた場合であった。東海道を往来する身分の高い方に、「納戸」で茶漬けはありえない。こうしたとき客をもてなす空間としての役割を果したのが、和風温室の岡むろであった。このことがわかるのは、次の二つの例である。

一つは、嘉永六年十月二十六日の『日記』にある。肥前島原藩士で歌人の瀬戸久敬《ひさたか》が、岡むろ「常春房」のなかで歌を詠んだくだりである。

朝より快晴無風、今朝も寒気甚敷候、追々曇天ニ相成時雨ニ催候、九ツ過島原御藩瀬戸久敬先生立寄庭中一覧、為土産月之雫壱箱持参一首之歌を添、

信濃路をのほりて更科の月みつ、

くたりさまに月の雫といふものゐらするにそへて
君か為もてくたりつる更科の月の雫も氷ぬるかな
神無月廿あまり六日　　久敬

常春房にて
万代も春を常盤にかこひつゝ冬かれしらぬ宿そこの宿

この日は、寒気厳しく雨さえ降り始めたが、庭見学の礼として土産品「月の雫」を進上された。その場所が岡むろであったのである。招かれた久敬は、往路は信濃路を通って更科（信州北部の地名）の月を見たのち、おそらく江戸で用を済ませ、帰路は東海道を通ってここ沼津原宿で「月の雫」という土産品をいただいたことに興をおぼえて一首披露する。君のため更科の月をもってくだった紀行であったのに、月の雫として凍ってしまうほど寒いという歌であった。さらに常春房の内部が、多くの年月の春をいつも保ち続ける冬枯れを知らないこの宿、と、文字の上では沼津原宿を褒めた歌をも詠んだが、実質的には常春房そのものを褒め上げている。「常盤にかこ（囲）ひ」「冬か（枯）れし（知）らぬ」とは、いつまでも緑のままで収納でき、冬越しできて枯れないという岡むろの特徴を詠んでいる。

もう一つは、慶応二年（一八六六）十月二十日、むろの内部で茶を振舞った記録である。勘定吟味方改役の坂本柳左衛門ほか二名の役人が立ち寄った際のことであった。

慶応二年丙寅十月廿日御立寄、誠ニ大風ニ而園中之望嶽亭も戸を明ケ候義も難相成、窒ニ而御茶差

上申候、京都清水之陶工六兵衛御供ニ而立寄、武蔵野と申盞壱箱所贈候。

この日は、大変な大風で、庭園の目玉である「望嶽亭」の戸を開けることさえも叶わず、「窒」にて客人に茶を供し、そのとき同行した京清水の陶工による「武蔵野」の銘を持つ盃の贈答がおこなわれた。実はこの茶を飲む行為は、土産品贈答の際に行われ、この場で見学者が帯笑園内の鉢植植物を「御所望」することもたびたびあった、必要不可欠な儀礼なのである。この儀礼の場として、好天候なら学山楼や望嶽亭が選ばれたであろうが、悪天候の場合は、重い戸で風雨を凌ぐことが可能でありかつ園内中央部にある岡むろが、居住空間である座敷などよりも適していたのである。

こうした内容の記事は大変珍しく、ほかに例を見ない。このように帯笑園には、鉢植植物を見せるために、温室を大いに活用していた。近世後期には、植木を陳列して販売し、アミューズメントパークのように菊人形や風呂なども兼ね備えていた江戸の植木屋の庭でも帯笑園と同じようなことが行われていたのだろうと想像できる。しかし、残念ながらこれを物語る史料はなく、帯笑園は、江戸時代では特異な例といわざるを得ない。

学者間の情報

植松家は、参勤交代の大名や随行員をはじめさまざまな人々が訪れるが、その中でこれまで言及されていない本草学者を次に採り上げる。美濃大垣の本草学者・江馬《えま》春齢《しゅんれい》（一八〇六～九一）は、天保十四年（一八四三）、江戸へ出張に赴く途中、六月十二日に当園を訪れ、詳しい記録をのこす。

原駅に着く。駅長植松与右衛門は、文墨を好み名家の書画数十幅を所蔵し、また植物の栽培をよくする。かつて亀齢軒は私に、ここを通過するときは必ず訪問するとよいといっていた。それゆえ、門前の茶屋を介して訪問した。主人が接遇し、別亭に至り茶菓をもって饗され、帖を出してきて書画の揮毫を請われた。私は、医業の外には技芸がないことを示して辞退し、姓名を書いたにとどまった。それから園中の草木を見学した。屈子花（ニウメンラン）が開花したものや細葉の薔薇・マツバラン・ナゴランなどが数鉢あった。この地は温暖なるゆえに、寒さを恐れるものがよく生育する環境にある。帰るときに臨んで、礼をするにも物がなく、たまたま持参していた「セリヤーハン〔蛮産鱧腸艸〕」一鉢をこの礼とした。（『東海紀行』）

京の華道家・亀齢軒《きれいけん》（一七七八～没年未詳）から、あらかじめ帯笑園を見学するように言われて実現した訪問であった。帯笑園の名声がまず京に届き、ここから美濃の江馬春齢に折り返して情報が達したのである。帯笑園の客は恒例として様々な手土産を持ち寄った。春齢もこの慣例にならい、セリヤーハン（オランダセンニチ）を渡しているが、この植物は、その年京の本草学者・山本亡羊の塾、山本読書室主催の物産会に出品されたばかりの、珍しい品種であった。

このように、あたかも植物園のように珍しい植物が集まるのが、帯笑園の特徴である。嘉永六年（一八五三）二月九日の『日記』によると、帯笑園は彦根藩家中より蓮を根分けしてほしいと依頼を受けるが、その際「筑州侯より拝領蓮」である「天竺斑蓮」「紅櫓蓮」「白重臺蓮」という三種の蓮も差

し出し、

昨年兼々御契約申上候蓮九種外ニ筑侯より拝領之蓮三種幸根分仕置候間、此度今村忠右衛門様江御渡し申上候間、御入掌可被下候、且兼て中上置候筑州侯より拝領之蓮は他江出し候義は致兼候得共、御家様之儀は別段之義ニ付献上仕候間、右之御含ニて御披露被下間敷候。

と、拝領の蓮は他所へ出さない約束だったが今回特別に譲るといい、このことは他言無用に願いますと、愛好家の自尊心をくすぐる書簡を送っている。蓮のもともとの持主「筑侯」「筑州侯」は、本草大名として著名な福岡藩主・黒田斉清《なりきよ》(一七九五～一八五一)が思い浮かぶ。この時には死亡しているが、すでに岩崎灌園《かんえん》(一七八六～一八四二)著『本草図譜』巻七六に「天竺斑蓮」が描かれているので、前々からあった品種とわかる。

時代は遡るが、文化元年(一八〇四)七月十五日、京の本草学者・小野蘭山は帯笑園を訪れ、

蘭蕉　ダンドク　植松与右衛門園中ニ、紅花黄花二種。茎ノ高サ一丈余アリ。
冬瓜　カモウリ　長サ一尺余、径リ四寸許。一頭微シ狭シ。又一種長サ一尺許、径リ五寸許、甚ダ枕ノ形ニ似タリ(『駿州勢州採薬記』)

と記録する。このときは、「採薬」というフィールドワークのため、しかも幕命で訪れたのであるが、現代とは異なり、野生のものだけでなく珍しい園芸植物も調査の対象であり、その植物の観察に徹している。

また尾張藩医でシーボルトの門人・伊藤圭介(一八〇三～一九〇一)とその四男、恭四郎(一八五四～

一九一二）も、明治三年（一八七〇）十二月四日、名古屋から東京へ向かう途中ここを訪れ、

舶来之草木多シ　椰子　龍眼　護謨（ゴム）　榕樹　黒丹等アリ（『東遊記行』）

と五種の植物名を挙げる。この東京行きは、圭介の小石川植物園仕官が目的の旅であり、紀行文にはわずかしか登場しないが、圭介本人も同行している。前に引用した江馬春齢と圭介は「学友」であり、植物を介した学者間の情報交換によって帯笑園は広く知られるようになっていた。そして、彼らは一様にどのような植物が園内にあるかに深い関心を示した。

私は、近年古書店より『吾妻日記』という史料を購入したが、これは、伊藤圭介・恭四郎とこのとき同道した、中野月嶠《げっきょう》による記録の写しであるとわかった。明治三十五年（一九〇二）十月の成稿であるが、内容は、明治三年十一月二十八日に、圭介に同道して東京へ行くことになった中野月嶠が名古屋を出発してから、東京に滞在中の翌四年二月までの記録である。図は彩色を施され、写本とはいえ記録としては申し分のない出来である。

『吾妻日記』における帯笑園の記述は、伊藤恭四郎の『東遊記行』より具体的であり、十二月四日の記事には、

△原宿植松与右衛門方江立寄リ色々植木ヲ見ル。此辺の豪家也。其内一ツ二ツを左に誌す。

去ル巳極月此家類焼ス。普請中也。

とあり、去る巳年の十二月に、植松与右衛門宅が類焼した情報を付記する。これは、前年の明治二年巳年のことであろう。別の丁には、

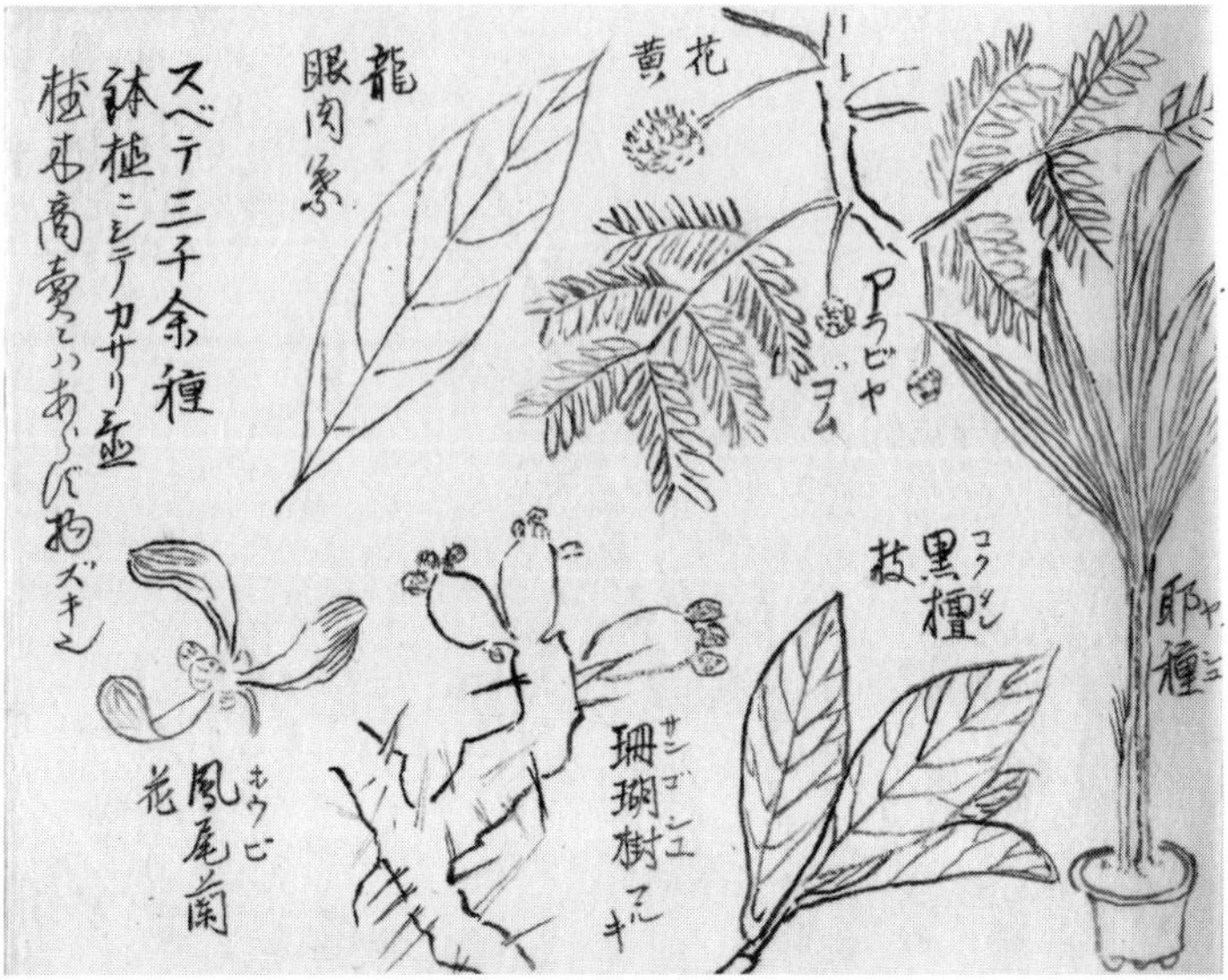

70　『吾妻日記』

植松氏性《(ママ)》名録ヲ出シ植木ヲ見ル人ノ名前ヲノゾム。去年外国人冨士登山ノ節此家ニ立寄シトテ、レッテル文字ノ名誌シアリ。

と、外国人までもこの家に立ち寄ったことが記録される。

同書には、記録者・中野月嶠の原図を丁寧に写したであろう伊藤小春（圭介の娘）の図が随所にみられ、圭介が月嶠を同行したのは画家としての才を期待したためと思われる。帯笑園の図も挿入され、

耶種《ヤシュ》
アラビヤゴム　花黄
黒檀《コクタン》枝
珊瑚樹《サンゴシュ》マルキ
龍眼肉　葉
鳳尾《ホウビ》蘭　花

スベテ三千余種。鉢植ニシテカザリ置。植木商売ニハあらず、物ズキ也。

との注記がある。三千種とはものすごい量である。植木屋ではなく、物好きつまり、愛好家であるというが、植木屋とはいわないだけで、植木を売り物にしていたことは間違いない。

植松家には、園芸書『草木錦葉集』の広告文がのこっている。『草木錦葉集』は、前にも紹介したとおり、唐むろを低く定めるという、経験的に得た技術に長けた水野忠暁の著書で、斑入り植物図譜として美術的にも価値がある。この書物が刊行されるより前に、広告を入手していた点が興味深い。広告の主眼は、現在評価が高い、斑入り植物図譜の巻ではなく、緒巻の栽培法の部分にある。植松与右衛門（時代からいって七代孚丘）がこの広告文を所蔵していたのは、出版される前から購入の意志を持っていたからと考えられよう。広告を届けた人が江戸に住んでいたことは間違いない。『日記』に頻繁に登場する植木屋・惣十か、文化十一年（一八一四）二月に菊苗の売買をした江戸巣鴨の植木屋・斎田《さいだ》弥三郎《やさぶろう》か、あるいは定期的に植松家へ書画の表装を届けに来る江戸の経師屋・三吉の可能性がある。植松家はほかにも本草学者・岩崎灌園による武蔵国江戸の物産書『武江産物志』の附録『武江略図』を所蔵しているが、これも板行・販売された書物であった。帯笑園の名を冠する松葉蘭の一品種「帯笑園縮緬」を記録した栗原信充も江戸在住の人である。以上のように、江戸との情報のやりとりが、この類まれなる庭園に影響を与えたといってもかまわないであろう。

なお帯笑園は沼津市原地区に現存しているが、往時の面影は失われ、わずかに旧園内の望嶽亭跡の沓脱石《くつぬぎいし》と皆川《みながわ》淇園《きえん》撰文の石碑が残るのみである。

第III部

身近な温室へ

東海名勝蒲郡常磐館風景　丘上温室ノ一部

第七章　近代温室への模索

岡むろのガラス

十九世紀後半に活躍した本草学者や植物学者は、開国、次いで明治維新というめまぐるしく変わる社会状況のもと、海外から新しく渡来する膨大な量の舶来植物によく通じていなければならなかった。その一人、九十八歳の長寿を誇った尾張藩医・伊藤圭介は、尾張藩士たちの本草グループ「嘗百《しょうひゃく》社《しゃ》」に参加していた本草学者で、覚書やスクラップした資料が今でも大量にのこされており、この時代の園芸状況を教えてくれる。若いころ、文政十年（一八二七）に江戸へ旅行し、宇田川榕庵宅に滞在、岩崎灌園や巣鴨の植木屋・斎田弥三郎《さいだやさぶろう》と交流し（平野恵「十九世紀江戸・東京における採薬対象地域の研究」）、その後長崎でP・F・シーボルトに教えを請い、文政十二年、リンネの二十四綱による植物分類法をわが国で初めて図とともに紹介した『泰西本草名疏《たいせいほんぞうめいそ》』を刊行する。こうした本草・博物学上

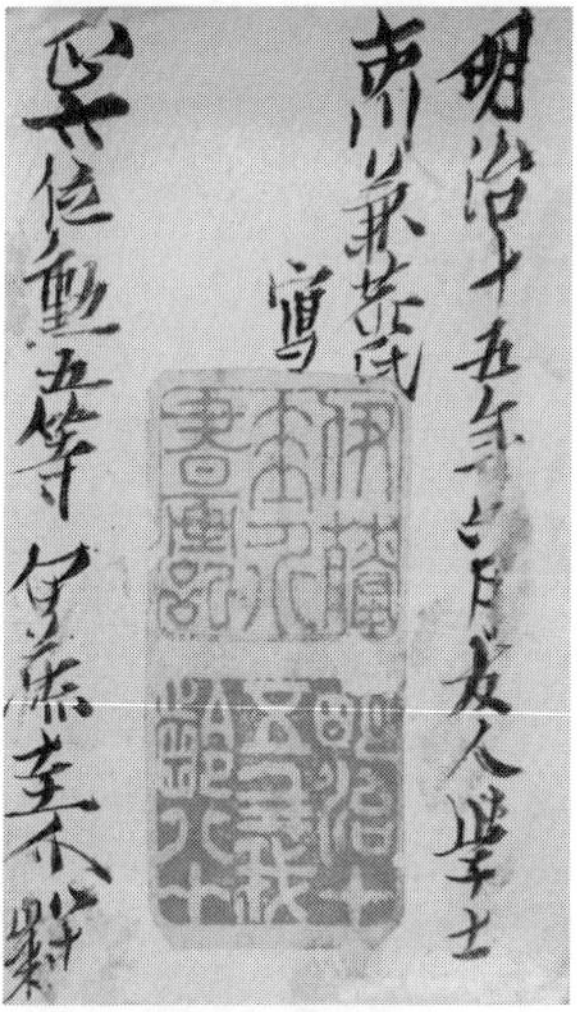

71　伊藤圭介．明治15年，80歳の時の写真（名古屋市東山植物園蔵），72　図71の裏面

の業績が認められ、文久元年（一八六一）から幕府の洋学研究機関である蕃書調所《ばんしょしらべしょ》の一部署、物産方の役人として、尾張名古屋から江戸へ出向する。この間に課せられた業務のひとつに、舶来植物の栽培があった。圭介は、幕府役人であったので遠隔地へは行けなかったが、江戸近郊を積極的に採薬してまわり、フィールドに出て採取した植物を枯らさないためにも、より先進的な温室が不可欠であった。

圭介は、文久二年に助手として、田中芳男（一八三八〜一九一六）を江戸へ呼び寄せる。芳男もまた、嘗百社の社員であり、江戸近郊を採薬しその目録化を果たしている。田中芳男は、同年に物産方に持ち込まれたアメリカから輸入した種子・苗を、「冬《とう》室」で培養したと、後に回顧録である『田中芳男経歴談』で次のとおり述べている。

その年（文久二年）の九月にアメリカから種物が来ました。種物が来ても始末が付かぬから物産所に渡された。これを見るとその品物は、蔬菜《そさい》・穀菽《こくしゅく》の種子が六十余種伝わってきたのである。そこでまず目録を編成して、それからそれを播くことになったから、早く地面を拵えようということで、鎌入れをして空き地を掘り返して、そこへどうかこうか種子を下ろすことを始めました。ところが、中には少し暖めてやらねばならぬものもあるから、温室を拵えねばならぬ。それでその時分の温室は全く日本風の冬室というものであって、それでどうかこうか栽培しました。

と、「冬」の字を当てているが、「唐むろ」のことを指すのはまちがいない。伊藤圭介は、文久三年に、地元名古屋へ帰ってしまったが、田中芳男はそのまま江戸に滞在し、実質的に栽培業務の統括をしていた。さらに、その年の三月には遣欧使節が帰朝し、彼らの持参した植物の種子・舶来植物が次第に多くなった。このように栽培すべき貴重植物が増えてしまったので、温室の新築が急務となり、同年八月、蕃書調所の物産方に新しい温室を建設したい旨の文書「亥八月十二日申立岡窖之図并地所」（東京都立中央図書館蔵）が次のとおり提出された。

73　田中芳男

亥八月十二日申立岡窖之図并ニ地所左之如し。

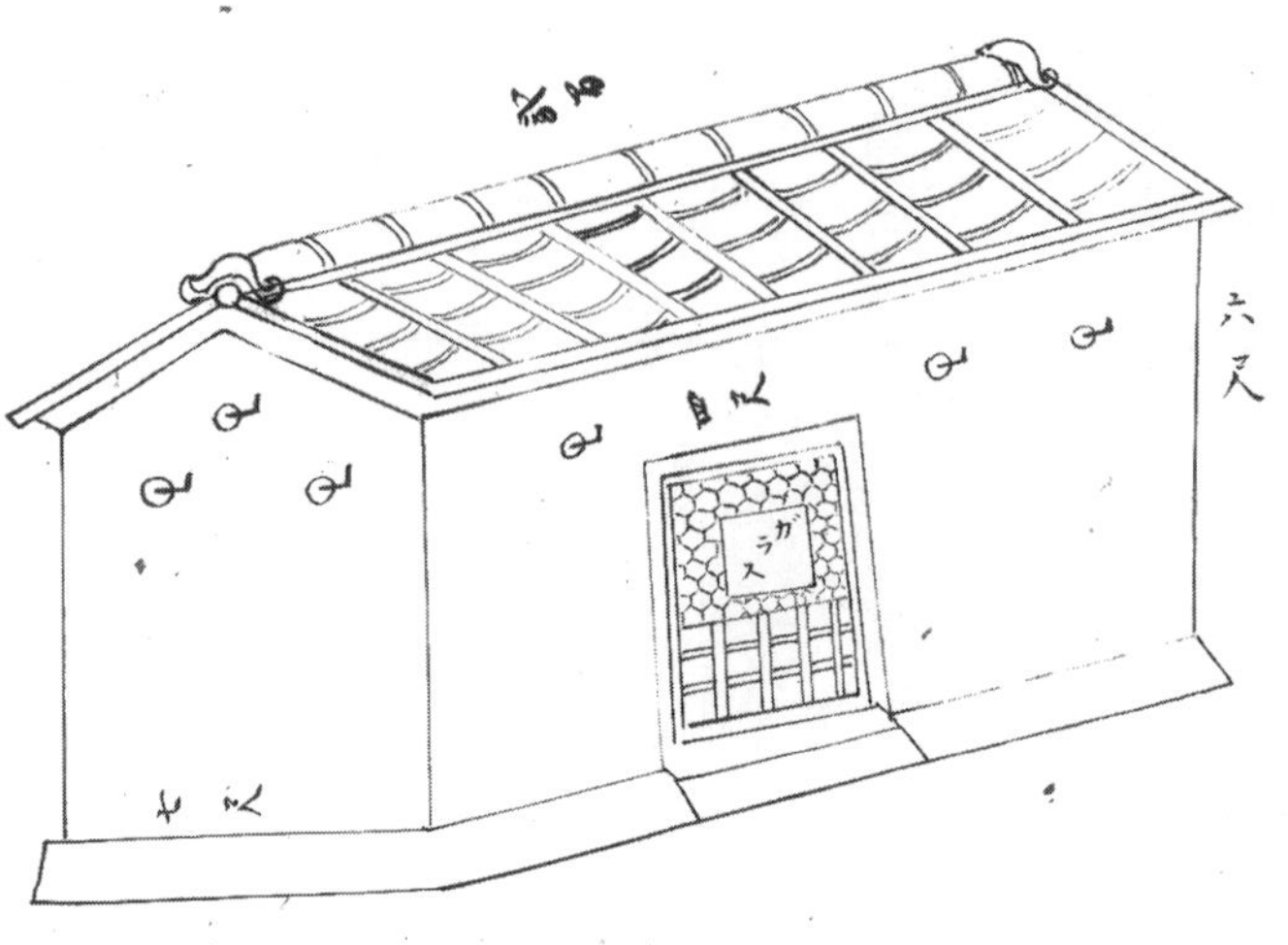

74　ガラスを張った岡むろ（東京都立中央図書館特別文庫室蔵「亥八月十二日申立岡窖之図并地所」）

窖土蔵 梁間七尺 桁行弐間 高サ六尺 戸口四尺 右図面之岡窖、早速御建被下候様、尤園中にては地所無之故、冬窖之西、木戸外ニ而南向に御建被下候様仕度候。以上。

亥　八月　物産方

「亥八月」は文久三年八月のことである。幅七尺、奥行き二間という大きさで、既存の「冬窖」の西に、南向きに建てたい旨を明記する。前掲田中芳男の言葉どおり、「冬窖」、つまり唐むろも、すでに物産所内に設置されていたことも、この古文書から裏付けられる。加えて、本史料には図**74**のとおり図面も付してある。「窖」ということれまでにない文字で和風温室を指し示しているが、それは、むろの中央のガラス製の扉が、ほかに類例がない特異な形をしていることと無関係ではないだろう。前に掲げた『万年青培養秘録』（図45）や口絵12・13の『竺蘭伝来富貴草』に見られる障子の代わりに、当時まだ珍しいガラス戸を使用したものと思われる。

口絵12・13は、嘉永元年（一八四八）に刊行された『竺蘭伝来富貴草』の挿絵であり、ゆとりのある二段の棚に松葉蘭が置かれ、瓦の屋根と前面の障子が認められる（口絵12）。本文には次のとおり、詳しい使用法が記されている。

霜が降りる頃からむろに収納し、周囲を壁にして前方を障子にし、夜は戸を閉めるようにする。常に東南の太陽を受けるようにするべきである。むろに収納している間は、（収納してから）五、六日目に鉢のまわりから水を注ぐとよい。枝や葉に水がかからないように気をつけなければならない。八十八夜が過ぎたらむろから出し、二十日前後の間に、油粕を少しずつ加える。あるいは肥やしを入れなくてもよい。雨は何日あっても大丈夫であるが、水を切らさないように気をつけなければいけない。但し春の寒さが厳しいときは、むろから出すのが遅くなっても構わない。

とある。このように内部に障子、外には戸という二重構造であった。口絵13では、よしずをロールスクリーンのように上げ下げできる構造も示されており、防寒と保温の両方を兼ね備えようとしていたことがわかる。第五章で紹介した明治十八年刊行の『万年青培養秘録』に載っているむろは『竺蘭伝来富貴草』と同じように障子が内部に張られ、瓦の屋根を持ち、棚が三段になっている（図45）。

蕃書調所物産方の「窖《むろ》」は、残念ながら内部構造がわからないが、『万年青培養秘録』や『竺蘭伝来富貴草』のむろで障子を用いたのと同じ理由で、なるべく太陽光を採り入れ、かつ鉢植の運搬の手間を省くためにガラス戸にしたのではないだろうか。物産所の岡むろは、遣欧使節団が持ち帰った植物の生育のために、新技術として導入されたと考えられるが、発想は、江戸時代後期の松葉蘭や万年青専用の障子をはめた岡むろと何ら変わることはなかった。

文部省博覧会事務局の温室「煦塘」

さて、幕末期にようやくガラスを使用した岡むろの登場を見、この五年後に、日本は明治維新を迎える。前近代以上に、ガラスの重要性は認識されてはいたが、まだ高価なものであったため、費用の捻出に四苦八苦した。そうした例が、次に掲げる博覧会事務局の「煦塘《くとう》」をめぐる公文書に見られる。ウィーン万博に向けて発足した博覧会事務局は明治六年（一八七三）に文部省博物局と合併し、文部省所有の植物が、博覧会事務局へ移管されることとなった。以下の公文書は、このときの記録である。

まず、八月十三日、博覧会事務局から「草木暖塘煦塘新築ノ伺」が出される。

昨年各県から提出された植物のうち暖国産の品は冬は文部省博物局へ預け、同所の「煦塘」の内で防寒していたが、今年の春、博覧会事務局と文部省博物局が合併し、文部省からこれらの植物を博覧会事務局へ引き取ることになり、かつ文部省の「煦塘」は師範学校で取り壊し（！）てしまったので、今年の防寒のために「煦塘」と「暖塘」を別紙図面の通り、当局の庭内へ新規に建築したい旨を大蔵省へ掛け合った。これをうけて、次の回答があった。本件は、本来なら予算のなかでやりくりをつけるべきであるところ、これでも建築できないとのことであれば、さらなる増額を関係部署に掛け合うのにも、時期的にすぐというのは難しい。大蔵省の決定を待つにも、日程が迫っている問題もある。特に、「暖塘」は、通常の営繕と違って完成するまでには長い日数を要するので、このままでは工期が遅れてしまう。それでは不都合なので、この新築の経費約百五十円を、小石川薬園における薬草代より立て替えて、当局の経費で建築し、後ほど新築にかかった費用を返還していただければと思い、絵図を添えて申し上げる。

博覧会事務局との合併にあたって、貴重な植物を含めた資料を取り上げられてしまった文部省は、面白くなかったのであろう、いやがらせのように、既存の温室を取り壊してしまうという暴挙に出た。そこで急きょ冬に向けて、温室の製作にかかることになったが、予定していた事業でないので、その費用の捻出に困り、なかなか許可が出ないので、小石川薬園（原文のママ）の薬草代から一部立替の案を出したが、これも以下のとおり、後日この公文書に付された貼紙によって否定されたことがわかる。

（貼紙）「博覧会事務局の予算はすでに成立し、今回は追加予算も計上している（だから追加は難しいだろう）。もっとも、この経費の件は、一応土木寮へ照らし合わせて渡すよう、大蔵省へ伝達したので、本文にあるとおり、薬草代を昨年の冬以来の分五百四十一円あまりにつき、大蔵省へ納めるべきである。

但し、各課局日常の什器は、臨時買上の品物の場合、代金二百円までは、その課局長が検査し、直ちに通達して、用度課より受け取る手筈である。今回のような建築費は、たとえこの範囲内の金額であっても、規格外の出費になるので、許可を得てから着手したい。

と財務課長と庶務課長の印を捺した貼紙が付され、突き返された。

このように願い出たにもかかわらず、建築は一向に着手されなかった。ところが、十月十日に至って、事は急に進み、大蔵省から特別に予算が下りることになった。以下は、その記録である。

過日申出があった暖塘・煦塘のことは財務課長・庶務課長より付箋をもって裁許があったことは承知している。しかしながら右の処分は遅延してもう期日も迫ってきたので、付いてはかねてからの手続き通り、早速建築工事に着手すべきである。今後は裁可のとおり、伺いを立てて着手すべきであるが、落成までは数日を要するため、工期が遅れては不都合につき、前文の通り費用百三十二円五十銭を大蔵省から渡すよう重ねて通達する。

とあり、博覧会事務局の希望どおり、二種類の温室の建築費が用立てられたのである。

その温室については添えられた図面二点によって、どのようなものか判明する。一つは、「暖塘」とあるが、図**75**のとおり、従来からある唐むろの形式である。寸法などが記されてあり、そこには、

暖塘　寸法内法

土台溝二筋

土台下土中へ四方並瓦一枚ツ、埋込

75

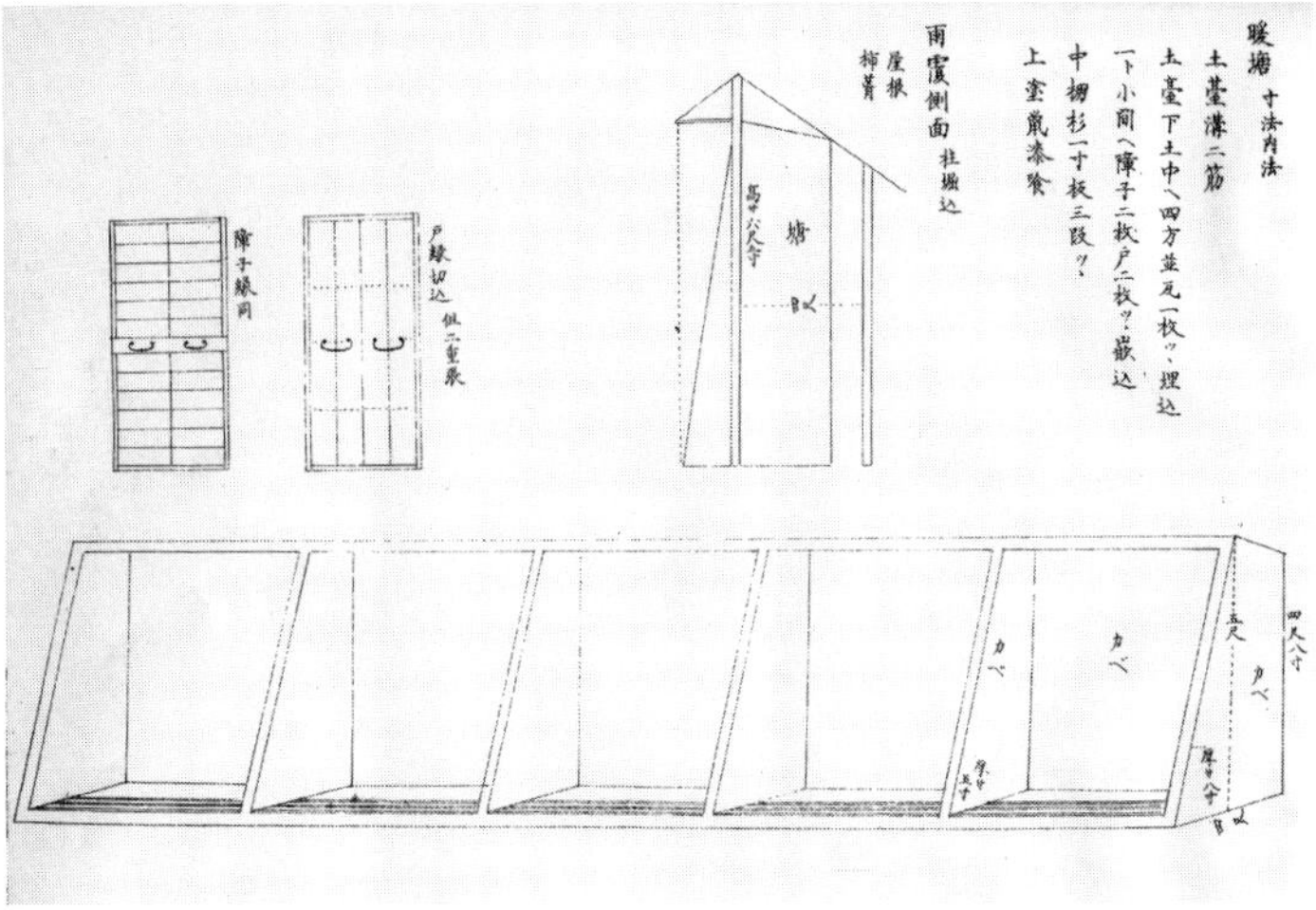

76

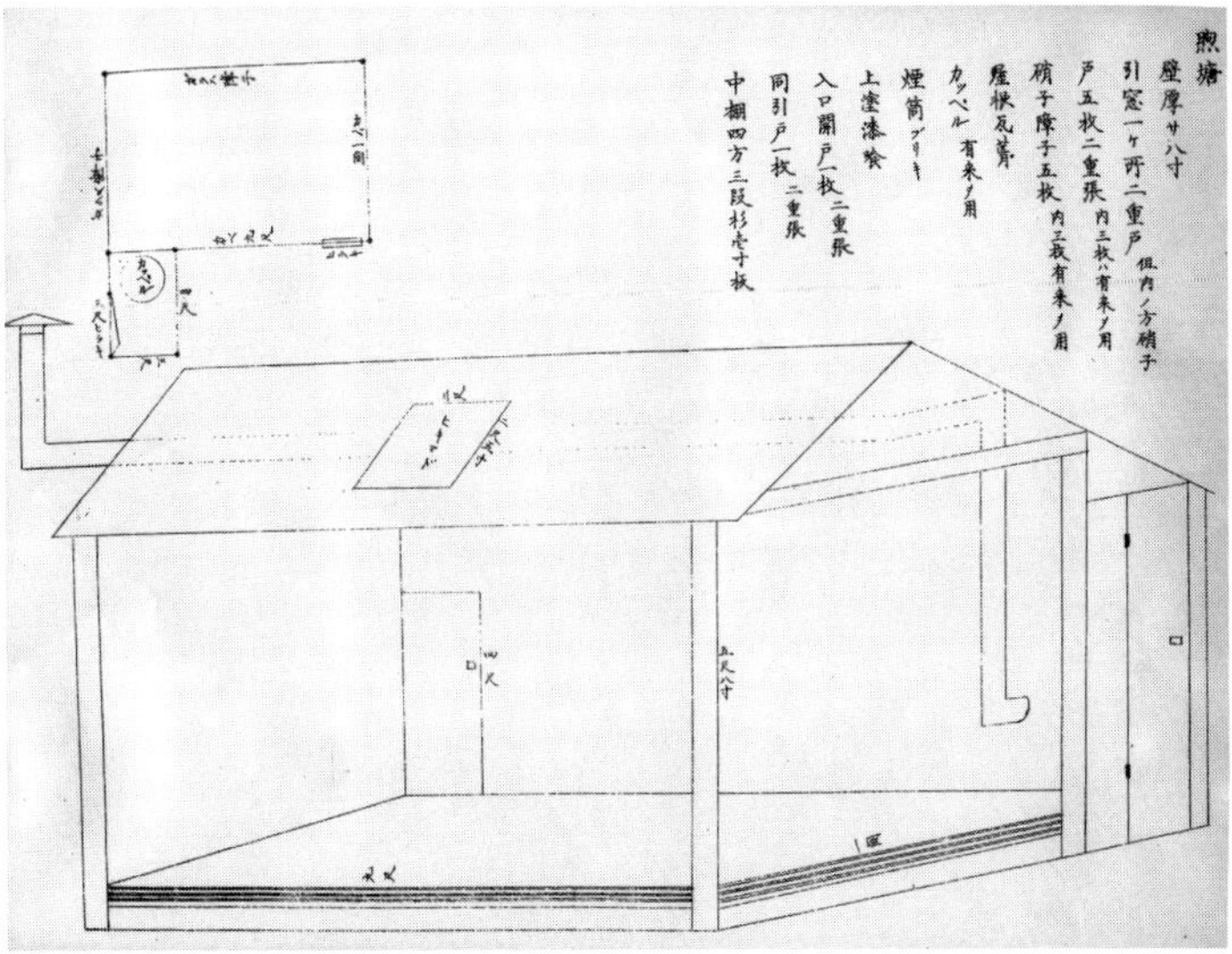

75　暖塘，76　煦塘
（いずれも「草木暖塘新築ノ伺」）

一ト小間へ障子二枚戸二枚ツ、嵌込
中棚杉一寸板三段ツ、
上塗鼠漆喰

とある。唐むろが五基連なった形で、『安政年代駒込富士神社周辺之図』で見たものとよく似ている（図53）。今まで紹介した図面には描かれていなかったが、当然、戸を掛けるために必要な溝もここには描かれている。また、付属する雨覆いの図面もあり、

雨覆側面　柱堀込
屋根
柿葺《こけらぶき》
高サ六尺五寸

とある。さらに戸と障子は、

戸縁切込　但二重張
障子縁同

とあり、菊の上家《うわや》を紹介した『大菊育艸《おおぎくそだてぐさ》』で二重に紙を合わせていた点を思い出させる（四三頁）。もう一点の図面は、「煦塘」（図76）で、次の付記がある。

煦塘
壁厚サ八寸

引窓一ケ所二重戸　但内ノ方硝子
戸五枚二重張　内三枚ハ有来ヲ用
硝子障子五枚　内三枚有来ヲ用
屋根瓦葺
カッペル　有来ヲ用
煙筒　ブリキ
上塗漆喰
入口開戸一枚　二重張
同引戸一枚　二重張
中棚四方三段杉壱寸板

立面図の上方に平面図が示され、高さ五尺八寸、幅九尺、奥行一間の室内と、四尺×三尺の付属部屋があることがわかる。二面がガラス障子で覆われた構造で、西洋風温室というにははなはだ心もとないが、これまで紹介してきた岡むろとは違い、パイプを使ってあたためるという点では、西洋のものと同じである。「煦塘」は「くとう」とでも読むのであろう。「煦」には「あたためる」という意味がある。

文中に登場する「カッペル」は、炊事用ボイラーや船の湯釜をcopperといったことから、ここではボイラーを指す。

また、ガラス障子五枚の内、三枚は有り来りのものを用いるとあり、なるべくリサイクルして、費用の節約を図ったことが知られる。棚は、江戸時代と同じで三段である。

わが国の温室は、明治初年に青山開拓使におけるガラス温室が最初といわれているが、その詳細はあまりわかっていない。石井研堂《けんどう》の『明治事物起原』は、『新聞雑誌』第八十七号を引用して（かぎ括弧内が引用文）、同六年（一八七三）のこの温室の様子を以下のとおり述べる。

「明治六年三月二十七日、皇太后陛下、開拓使青山御用地に行啓ありたり。邸中煉化石を以て長さ十五六間、幅三間程の室を築き、硝子を以て屋根を覆ひ、中に鉄樋を通し、外より湯を焚き、此温度室内に満ち、外国の草木数百種の花を発し……」これ植物温室の紹介としては早き方なり。レンガ造の温室で、屋根がガラス製であったという。屋根のみガラスなのか壁もガラスなのか不明であるが、鉄パイプに湯を通じるシステムで、確かに初の西洋式温室といえそうである。また、同じ『明治事物起原』には、成島柳北《りゅうほく》の『航西日乗』から、明治六年五月四日のロンドンの記事を引用し、草木穀菌等の博物場に遊ぶ。中にパアルムストフ有り。其の大なる巨屋の如く、玻璃を以て囲ひ、内に檳榔、椰子、竹等の熱帯産の物を栽培す。室内鉄管に湯を注し、昼夜暖気を通す。

と紹介する。パアルムストフとはpalm store（椰子庫）であろうか。青山開拓使のガラス温室と同じく、ガラスで囲い、鉄製のパイプで湯を通じあたためるシステムで、ヨーロッパではこうした温室がすでに建築されていたとわかる。ただし、このときは「温室」という語は用いていないことに注意したい。

明治六年に開拓使が発行した『西洋菓樹栽培法』には、

> 片側が低い底がない箱を、低い方を南側に向けて置き、これに細い砂を六七寸の厚さに入れて、一本に三、四個の芽を付けた枝を斜めに切り、二寸間隔で三月二十日前後に挿す。硝子板を張った蓋を閉め、あたたかい日は少し蓋を開き、空気を入れ、暑すぎるときは蓋の上に葭簀《よしず》を覆いかぶせ、夜間や風雨の時は蓋を閉じる。朝夕に水をそそぐと、根付きははやい。箱外へ移植する場合も温室中で挿枝したのと同じようにするとよい。

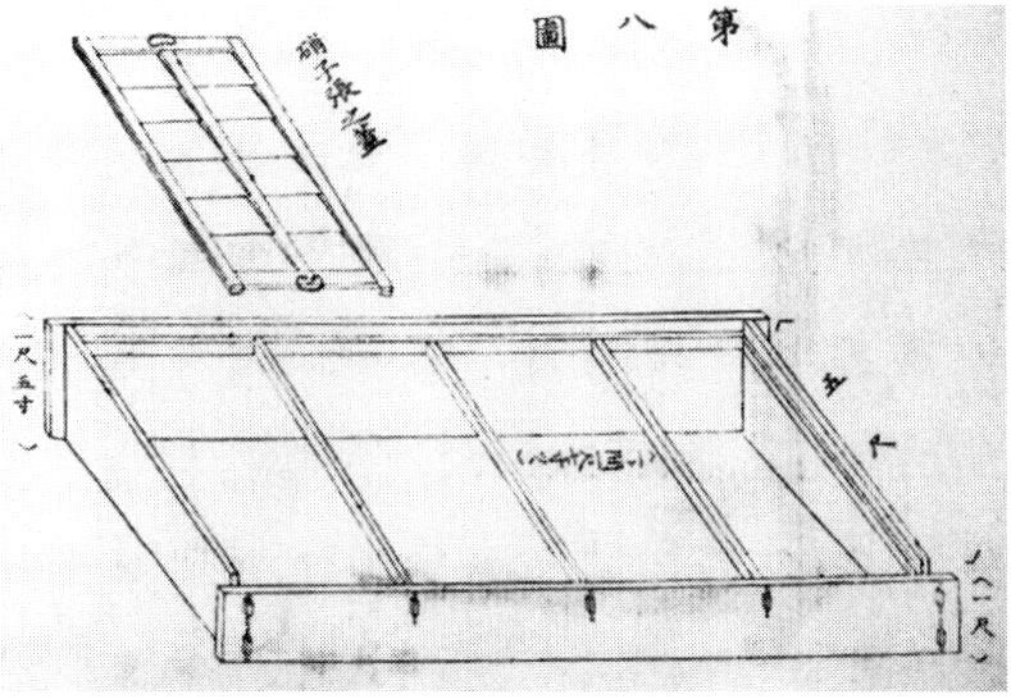

77　『西洋菓樹栽培法』の「温室」（岡山大学資源植物科学研究所分館蔵）

とある。これはフレーム型の説明であるが、ここではじめて「温室」という言葉が登場するのである。今の温室とは概念が異なるかもしれないが、木枠のガラス箱を「温室」といった。どちらかといえば、日本の唐むろに近い形である。

日本では温室を指す場合、「むろ」が用いられていたことは、今まで見てきたとおりである。西洋では、現在温室は、hot house、あるいは green house の語が通常用いられている。シーボルトは『江戸参府紀行』において、winter house を用い、田中芳男や小野職愨《もとよし》は、これを受けるかのように「冬むろ」の語を用いた（後述）。唐むろと、ガラス温室は、大きさがあまりに異なるので、別々なものと考えがちであるが、ガラスや障子をはめること、冬越しをさせる目的を持つことなど共通点が多く、ガラス温室のルーツは、「むろ」であるといえよう。

小石川植物園の温室

小野蘭山の玄孫である小野職愨《もとよし》による、明治七年から八年までの日記『公私雑記《こうしざつき》』は、小石川植物園の黎明期の日常が記してある。むろにも触れてあるのでいくつか紹介したい。

明治七年（一八七四）十一月十五日には、

此日植物園南辺ノ道路ヲ廃シ、陰地植木棚ノ右辺江新道ヲ築クコトヲ企ツ。

とあり、小石川植物園の整備が開始された様子がわかる。このほか、東側にある桃や果実を掘って、果樹園へ移植することや、洋種のバラの一部を路傍に植え替えることなども同日の日記に書きとどめられている。

十一月二十七日には、

冬室ノ前、向陽ノ処江アネモネ類数盆地中江埋メ置可申事、山岡仁平江托ス。

と、冬（唐）むろがすでにあることもわかる。

十二月七日には、

塘ノ二方ガラス障子空隙ヲ塞クコト并キナ（アカネ科の植物）ノ鉢植中棚ニ置キ、上ノ棚ヲキリ、日当リヲ専ラニスルコト。

と、むろ（塘）の二方のガラス障子の隙間を塞ぎ、キナの鉢植を中段の棚に置き、上の棚を切って日当たりをよくしなさいとある。ガラスをはめたのはいいが、隙間があっては温度が低くなってしまう。また、もともとは三段の棚だったのだろうが、背が高い植物は二段にして、結局下の段は使用しなくなったと考えられる。新しい施設を見よう見真似で作ったはいいが、実際に使用してみると欠陥が見つかり、それを何とか使えるものにしようとする黎明期の様子がよくわかる。

日記の欄外に、覚書を示した貼紙が数点あり、その中のひとつ、

一、塘之大焼一件　久保氏より庶務科江掛合。

は、むろが火災にあったという記事である。前に、博覧会事務局への移管にあたり、むろを破壊したとの記事があったが、その報復であろうか、などと考えてしまうが、火鉢を使用するので、おそらく失火であろう。十二月十七日の、

暖塘ノ内火鉢ノ上へ土瓶ヲ載セ蓋ヲ去リ、蒸気ヲシテ室中ニ満タシムルコト。今晩ヨリ行フベシ。

が、火鉢の使用例である。「冬室」の語で唐むろを示しているので、「暖塘」は岡むろと判断できる。しかし、実際は、火鉢の上へ土瓶をのせて今晩から室内に蒸気を満たすべしとしているので、『草木育種』に図入りで紹介された「行灯むろ」だったと考えられる。明治初年であっても、江戸時代後期と何ら変わらない様子がうかがえる。

明治八年（一八七五）三月二十八日には、

今日葡萄霜障《ヨケ》ヲ取去ル。

これは、温室ではなく、ブドウ栽培のために霜除けという処置を施したことがわかる早い例である。このころの小石川植物園は、同八年には駒込の植木屋などから、分科園へ植えつけるべき植物の購入や運搬など忙しいさまが日々記録されている。植物が増えればおのずから、それを栽培する施設、温室もひとつでは足りなくなるであろうことは想像できる。

同年四月二十五日には、

クラマ氏ヨリ借入クリインハウス返済、如何之事ヲ訪フ。

と、ドイツ人クラマ（一八一六～九四）から「クリインハウス」、すなわち「グリーンハウス」（温室）というタイトルの書物の返却について問い合わせを受けている。これは、J・S・ヒバードの編集した雑誌 *The Floral World and Garden Guide* のことではないだろうか。同誌には、"a Complete Manual for the Management of the Garden, Greenhouse, and Conservatory" という特集号があるらしい（未見）。こうした書物に関心を抱き、西洋の温室の用法を研究しようとした様子がうかがわれる。

同じ年、明治八年の伊藤圭介の日記『錦窠翁日記《きんかおうにっき》』には、小野の『公私雑記』と呼応するかのように、新たに完成したむろと、その中の植物の鑑定をクラマに依頼した旨が記される。

『錦窠翁日記』の八月二十四日条には、

ムロ場所引合。

とあり、むろの場所を決めたと記される。同年十二月十五日条には、クラマ此方宅へ参候由之処、留守ニ付植物園へ来ル。ムロ中之草木鑑定。
又明後日来り、十時頃鑑定致呉候趣約束。

と、クラマに植物の鑑定を依頼するが、残念ながら、翌十六日には、

鑑定出来不申。

と、クラマによる鑑定は不能だったこともわかる。

この後の小石川植物園の記録では、賀来飛霞《かくひか》の『植物園暖室植物目録稿』がある（大分県立歴史博物館所蔵）。表紙に、「明治十二年二月」とあり、このころ成稿したものである。植物園とは、小石川植物園（現在の東京大学理学系研究科附属植物園）のことで、小野職愨や伊藤圭介が記録にのこした明治七、八年頃に整備された温室内の植物目録である。明治八年に、圭介がドイツ人クラマに鑑定を依頼するも実際は行われなかったことは前にも述べた。その後、温室内には新たに購入したものを含め、数と種類が増えたために、目録が必要となった。そこで、圭介と親交があった賀来飛霞に白羽の矢が立ったのであろう。賀来飛霞は、大分出身の本草学者で、明治十一年に伊藤圭介に招かれて、小石川植物園の係となった人物である。

目録化された植物の数は、のべ三百十六種、重複をのぞくと二百六十四種程度になるという（邑田裕子ほか「賀来飛霞と小石川植物園」）。目録には、ホクシャ・チャラン（茶蘭）・ヒギリ（赬桐）・シクンシ（使君子）・フトモモ（蒲桃）など、すでに江戸時代後期に岡むろや洞窟型むろや唐むろで栽培されていた植物が大半を占めている。こうした植物が明治初年に官立の植物園で栽培されていたという事

実は、当然、同じ頃に開催された大小の博覧会にも出品されたと考えられ、一般庶民の眼に触れるべく、小石川植物園の片隅で出番を待っていたのである。

なお、現在、小石川植物園には、ガラス温室以前の和風温室の模型二点が保存されている。ひとつは「大坂室《おおさかむろ》」といい、板塀の建築物で、岡むろの形態をなしている。内部の棚は一段である。もうひとつは「煉瓦室」といい、煉瓦で覆われた建築物である。内部の棚は二段にしつらえてある。どちらも、一方向がガラス張りであるが、屋根からガラスを葺きおろした形ではなく、ただ戸にガラス戸がはめてあるだけである。どのように使用されたかは不明であるが、パイプや煙突がないので、火鉢で暖める程度であったと考えられる。

西洋式のガラス張りの温室は、明治以降急速に導入されたように見えるが、費用の問題から、製作にはなかなか着手できなかった。ただし、書物の上での知識は明治十年代に蓄積されていったと考えられる。文部省によって翻訳されたイギリス人ウィルレム・チャンブル著『百科全書』シリーズに、明治十年（一八七七）刊『温室通風点光』（木村一歩訳）があり、翌年刊行の『花園』（大井鎌吉訳）では、green house に「暖室《おかむろ》」の語をあてている。

このほか、初期の温室としては、明治八年の内務省勧農寮の施設、新宿御苑温室が挙げられる。明治九年にはアメリカ人ルイス・ボーマーが札幌に温室を一棟建設し、同十五年二月には横浜にボーマー商会を設立してここにも温室を建設した。明治二十三年二月七日に、横浜植木商会が設立され、ボーマー商会より大温室を譲り受け、新宿御苑の蘭科植物の栽培を委託される。なお、新宿御苑は、明

78　大坂室模型（小石川植物園蔵）

79　煉瓦室模型（小石川植物園蔵）

治二十六年から二十九年（一八九七）にかけて、加温式の西洋温室を完成させている。このように初期の西洋温室は、園芸業者が外国人の手を借りてつくるか、あるいは公共機関でしか建設できなかったのである。

温　床

和風温室は十八世紀から十九世紀までの約百年間に、穴蔵、半地下のむろ、崖に作るむろ、唐むろ、行灯むろ、岡むろなどと、改良を加えられ変化してきた。とくにフレーム型の唐むろは、時とともに変化し、さらに応用が加えられて、野菜の温床と形を変えて近代を迎える。次には、唐むろの変形で、旧態依然としていた温床に対して、近代化を進める側からの意見を見ていきたい。

岡山大学蔵『蔬菜苗床実況』は、明治二十二年二月、当時、農書編纂係であった練木《ねりき》允絹《いんしゅう》が、東京近郊の農村に赴き、老農に聞き取りした結果を文章化し、その苗床等を図解でわかりやすく示した復命書（命令による調査の報告書）である。調査の目的は、かつて都市江戸に供給するために盛んに行われた、各地域の野菜の促成栽培の方法を調べ、老農の知恵を聞き取り、農政改革に役立てるためであった。同じような調査報告の結果は、『農務顛末《のうむてんまつ》』などに多く記録されているが、時すでに遅く、福羽逸人《ふくばはやと》の提唱する低設型温床が発表され、練木が調べた内容は、もう時代遅れとなってしまった。しかしながら、明治二十年代の伝統的な農法を知ることができ、しかも本史料自体が稿本のため練木自身の図が挿入され、同時代の農法、ひいては幕末の促成栽培の姿を、一層具体的にイメージできる。そこで、以下では、ナスを例にとって、幕末から変わることなく行われていた明治初期の促成栽培のやり方を見ていきたい。

冒頭には、

蔬菜の栽培は、都市近郊が盛んである。特にその精巧を極めるのは東京の近郊に及ぶものはない。私は、農書編纂掛にあって、田中議官の命令にしたがって府下より足をのばして二、三の近県に行き、根菜・葉菜・蓏菜・香辛などの苗床法と床中早作の実態を聞き取り調査した。この結果を記載して、数十種にわたる蔬菜苗床法などを得た。

と、練木が明治二十二年二月に記した、本調査の目的とあらましが述べられている。

本史料は、全部で四冊に分かれており、第一巻は、「東京府下砂村新田苗床図及説明」および「神奈川県下西吉祥寺村独活床図及説明」、第二巻は「千葉県下市川新田早生床図及説明」、第三巻は、「仝上大橋村根芋及三葉芹床仝上」と「東京府下金町村細根及葱図及説明」、第四巻は、「仝上雑司谷村茄子床図及説明」と「仝上早稲田茗荷床図及説明」と、全部で七地域の調査の復命書である。練木は、まず明治十九年二月に砂村新田に行き、三月九日に西吉祥寺村、同月十一日に市川新田、翌十二日に大橋村、同じ日の帰り道に金町村、五月十二日に雑司ヶ谷村、明治二十年四月一日に早稲田村をそれぞれ訪れている。

ナスは、砂村新田と雑司谷新田の二か所に記録されているが、以下では、砂村新田のナスの栽培方法を、『蔬菜苗床実況』第一巻から見ていく。

明治十九年二月二十三日、蔬菜苗床等取調の命を承り、まず砂村新田、石小田新田等に到り、一、二の農家に就いて床場を見学、かつその方法を尋ねた。しかしながらおおむね虚言が多く、信用できない。ここを後にして、八右エ門新田に到り、鈴木多兵エを訪れた。問答を数時間行い、床場を写生し、合せて同人の説を記録した。そもそも砂村新田は、東京府管下南葛飾郡の南隅にして、東京を距てることわずか八キロ程度である。地形は平坦で、村落はおおよそ四キロくらいの長さである。南は東京湾に面し、北は小名木川南岸に沿って、その中間に海部新田・又兵エ新田・八右エ門新田等の十数村があり、俗にこれを総称して砂村という。気候温暖、土地豊穣にして、水田に適し、また交通の便もよい。これらのことから、春には各村で蔬菜の苗を培養し、農家の重要な副業の一つである。故に農家は富み栄えて、他の地域が及ばないほどである。

まず、調査地域の気候や交通の便などの概要から始まる。これは、他の地域でも同様である。続けて、具体的な栽培法が述べられる。第一図のように、外を囲い、

中間に横六尺、縦は適宜にして、周囲三尺ごとに杭を打つ。二段に結んだ横木に藁を建て、折り返して結ぶ。あらかじめ気温の放散を防ぐためである。これに一回使用したゴミを投じ、平均して足でよく踏み付けて約五寸くらいの厚さにして、冷水をそそぐ。量はおおよそ二坪に付き一荷半を限度とする。しかし、ゴミの乾きぐあいによって増減してはいけない。なぜならばその水量の多少によって蒸発の温度に過不足が生じるからである。ゴミを入れるのは、二層にして、高さ

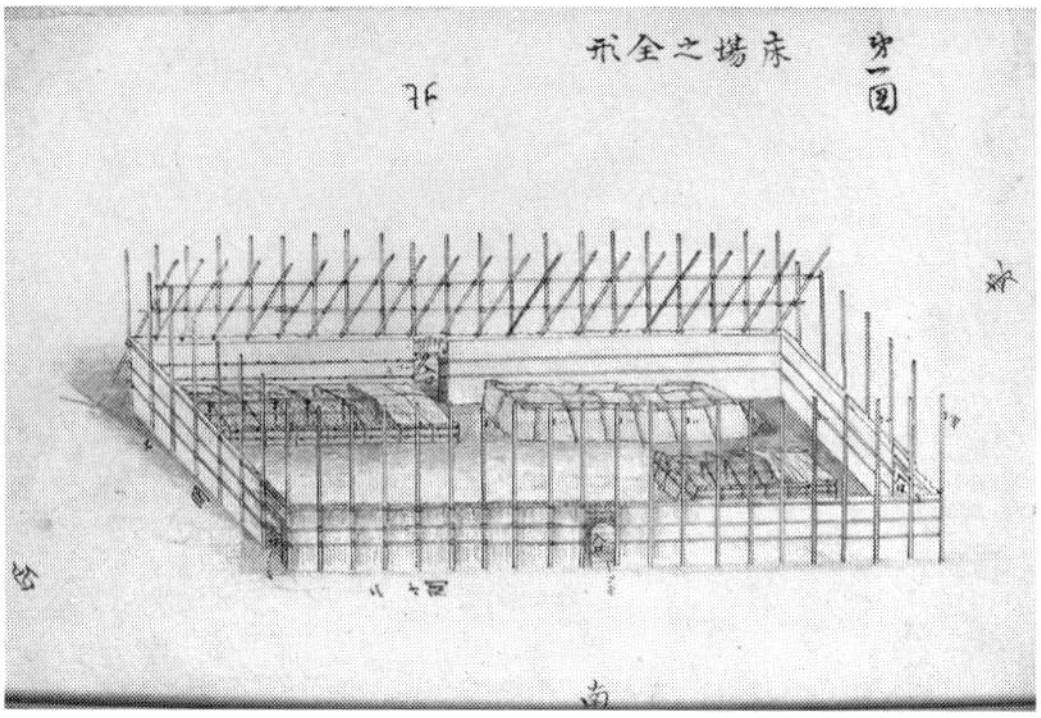

80　「第一図　床場之全形」

81　「第二図　朝夕雨天ハ藁薦ニテ被覆シタル図」

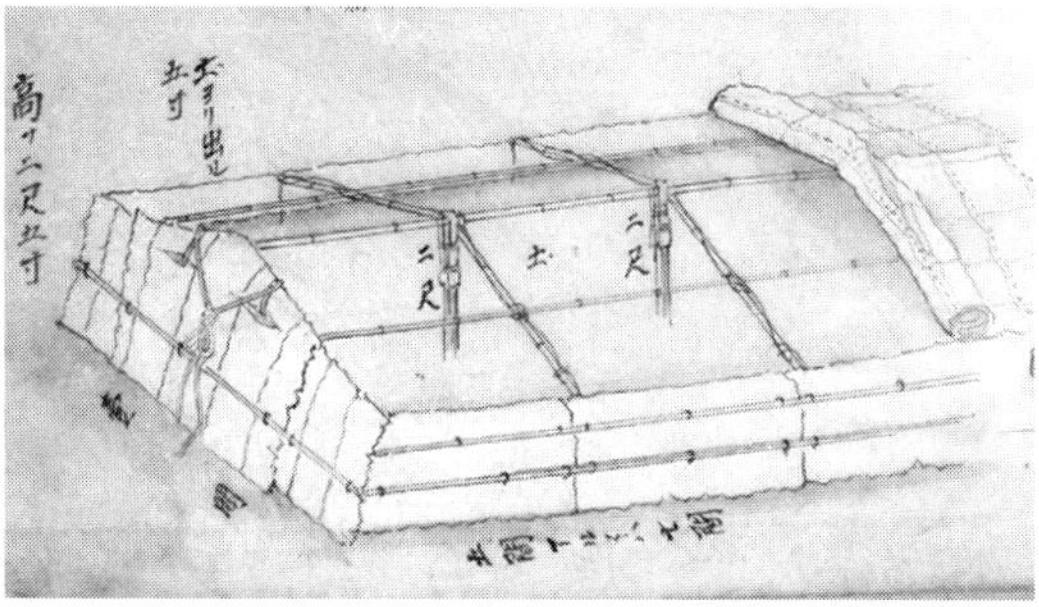

82　「第三図　晴天ノ日白紙ニテ覆ヒタル図」
（いずれも『蔬菜苗床実況』第一巻．岡山大学資源植物科学研究所分館蔵）

およそ一尺八九寸程度にして、その内部の周囲に、貫木《ヌキギ》様のものを当てて、また中央に、縦一行六尺くらいの間隔で杭を建て、横に勾配を取って竹を結び付け、なおゴミの使用を経て、細かな土となったものを篩い入れる。（中略）このようにして、一両日程度、温度の過不足を検査し、適温を得た後に初めて種を播く。胡瓜・冬瓜に必要な温度は、華氏百三十度（摂氏五十四度）内外とし、茄子はやや低く百十五度（摂氏四十六度）内外とする。もしその温度が過ぎるときは、直ちに冷水をそそいで、冷やさなくてはならない。

以上が、「第一図」（図80）に至る説明で、苗床を形作るまでである。

種を播いた後は、その上にむしろを敷いて、なお藁や薦などで上に蓋をする。厚くした方がよい。その形、家屋の如くにして、なお外囲に藁・薦を立て掛ける（第二図）。発芽したらむしろを撤収する。晴天の日は午前十一時より上蓋を除去して、さらに障子あるい紙を覆って日光に当てるのがよい（第三図）。日光に当てる際、必ず第二層の防風のための葭簀《よしず》を上げて、冷たい風を防がなくてはならない（第四図）。

種を播いた後の保護の仕方である。むしろで覆ったり蓋を取ったりと、従事者が行わなければならない手間を図入りで説明する。図は、文末に一括して載せる。

最後には苗の移植について触れている。

時々苗葉の乾湿を検査して、乾き過ぎるときは、直ちに如露で水をそそぐこと、日に数回に及ぶ。午後四時頃になれば上蓋をする。日々このようにして、およそ三十日を経過したら、第一の移植期となる。その後なお三回の移植をなし、大体十日目を区切りとする。その移植は、必ず、新たな床を必要とする。その製作方法は、前と同じでよい。このようにして、適温を得れば種播きから約六十日後に、別の畑に移すことになる。しかし、もし霖雨（長雨）等にあって何日も上蓋を撤収できないときは、苗の成長が遅くなるので、移植期も非常に遅れることがある。しかしこれは至って稀なことである。

苗床を少なくとも三回移植しなければならず、冒頭に述べた苗床作りを繰り返すのである。『蔬菜苗床実況』は、この後、ナスの価格などを聞き取り、その採算性を問題にしている。

　このような野菜の温床は、ナスだけでなく、キュウリ・カボチャなどにも用いられた。岡山大学資源植物科学研究所分館所蔵、明治二十二年刊『植物図譜』には百二十八種の野菜が描かれ、簡単な栽培法が印刷してある。この中に、「温床」と書いて、ふりがなを「いきれどこ」と記し、ここで培養す

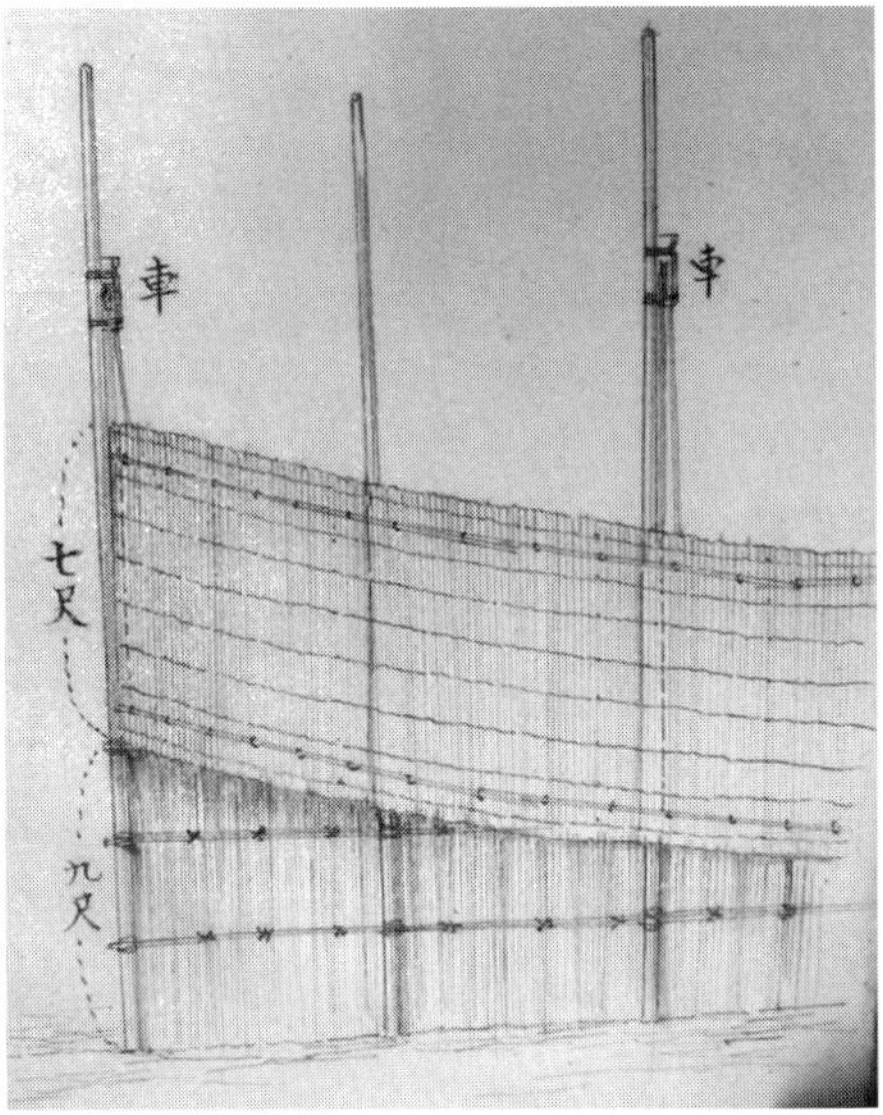

83 「第四図 防風ノ為メ葭簀ヲ挙ケタル図」（『蔬菜苗床実況』第一巻．岡山大学資源植物科学研究所分館蔵）

るという説明のある野菜が数点あった。「いき（熱）れ」とは、むれるような熱気をいう。口絵14に掲げた青茄子の項では、

三月下旬温床ニ撒蒔《イキレドコ》シ、一度移植シ後畑ニ植出シ、二度人糞ヲ施シ、七月中旬ヨリ十一月頃迄ニ次第ニ採ルベシ。調理ハ奈良漬ヲ良シトシ又煮食モ妙ナリ。漬茄トナスベカラズ。

と、温床に播いてから、もう一度移植するよう説いている。

砂村のナスの苗床は、明治二十七年（一八九四）七月に『日本園芸会雑誌』第五十六号にも紹介され、この伝統技法に当時の農政関係者は非常に関心が深かったことが知られる。しかし、その関心は、実は古い技法を否定するためのものであった。『園芸会雑誌』には、

以上苗床の構造及仕立方は、従来我邦に行はれし中にても、最も行届きたるものなれども、之を西洋の温室に比すれば、未だ遠く及ばざる所あり。我邦の苗床は塵芥を以て温度を保たすを以て若し其の注意を怠るときは忽ち失敗を免れず。然るに温度の平均を保たしめ、且つ室内の空気湿気を計り、取扱人の働も便なるを以て苗の生育に宜しきのみならず、大に手数を減ずるの構造なり。我邦に於ても在来の法にのみ安んせず、彼の優れる所を取り、多くの手数を要せずして仕立得べき簡易なる方法を工夫すべし。

と、一度は誉めておきながら、西洋式温室に比較して、手間がかかり過ぎると指摘し、もっと工夫せよという。これをうけて、翌二十八年の『園芸会雑誌』第六十三号には、「蔬菜の促成栽培用温床の改良に就て」と題して長文が載せられ、西洋式と日本式の違いを延々と述べる。あまりに長文なので、

要点を以下に示す。

> 改良温床の従来温床に比して異なる点は、藁囲と油紙障子に換ゆるに木框と玻璃障子を使用すること其一。又従来は地上に高設したれども改良法は木框だけを地上に表はし、発熱物の原料並に植土共地表以下に埋堆して低設となすこと、是れ其二。又発熱の原料は従来使用したるが如き塵芥若くは単に藁のみを用ひずして、馬糞寝藁及木葉の混和物を使用すること、是其三なり。

と、これまでの温床を「藁囲《わらがこい》と油紙《あぶらがみ》障子」といい、新しい技法を「木框《きがまち》と玻璃《はり》障子」という。木枠にガラスで覆った形式は、まず熱の放散が防げる。また今までは地上の高い位置に設置し、防風のため藁で囲うなどの措置をしていたが、改良型は木枠だけを地上に置き、低い設置場所にできる。このことにより、囲いの手間もなく、温度の放散も防げるという利点がある。さらに、熱源に塵芥か藁のみを用いていたが、これは一時的に高温になるが、持続性が低い。この熱源のための材料を、馬糞・寝藁・木の葉の混合物に変えると、劇的に高熱を発することなく、高温の持続性は塵芥よりも数倍保つという。そして、この持続性のおかげで何度も移植をしなくてもよくなり、人件費の節約になると強調する。

この木枠ガラス式の低設型温床は、図84に掲げた福羽逸人の著『蔬菜栽培法』で詳しく説明される。

> 低設温床ヲ構造センニハ、先ヅ第三図ニ示スガ如キ玻璃障子ヲ具セル木框ノ造ルヲ要ス。此木框ハ大小種々アリト雖モ普通軽便ナルハ幅四尺長サ一丈二尺、後部ノ高サ一尺三寸、前部八寸、其四隅及中央前後各二寸角ニシテ、長サ一尺二三寸ノ柱ヲ付シ、螺旋鉄ヲ以テ、其板ニ留ムベク、

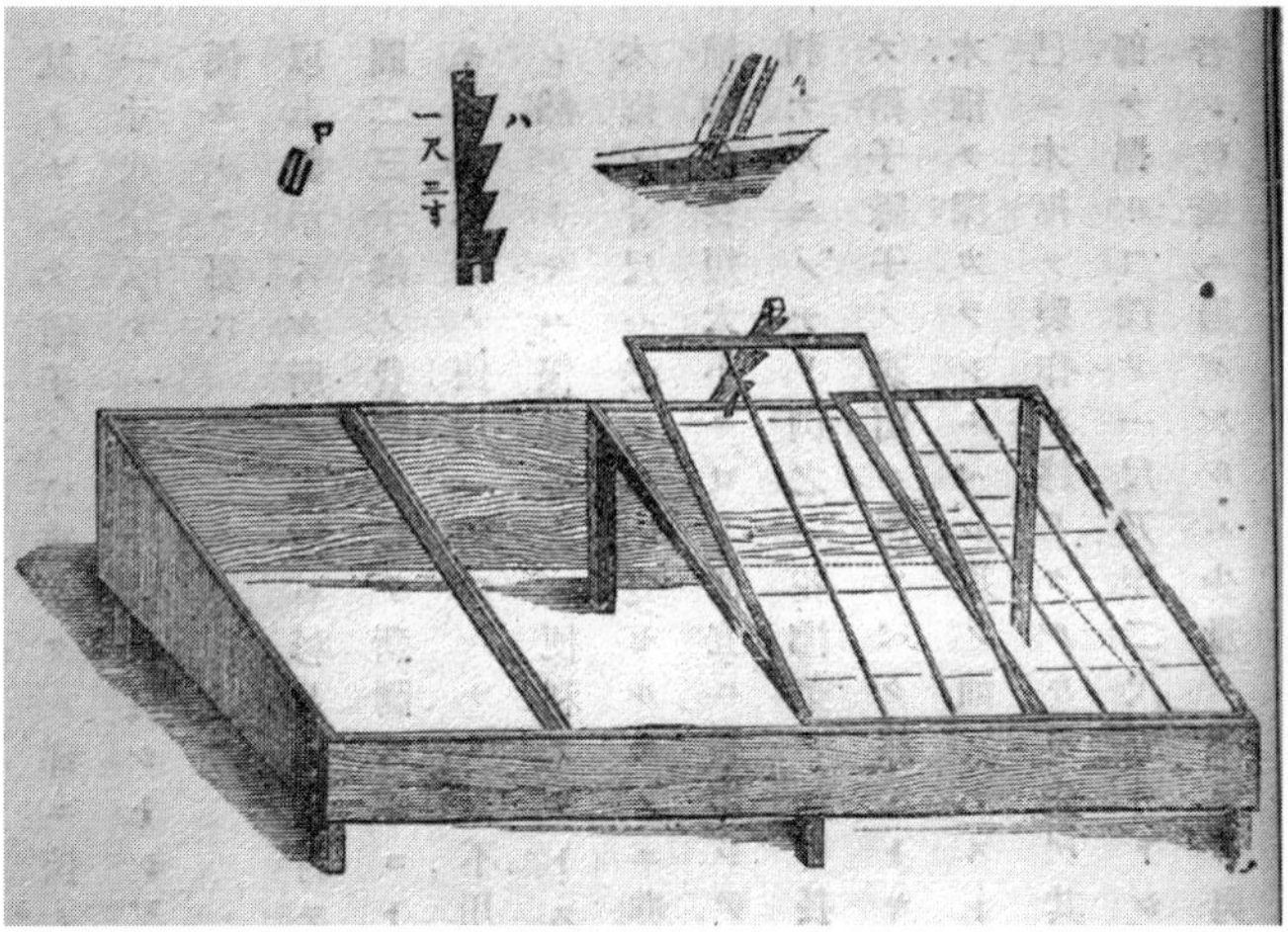

84　低設型温床の図（『蔬菜栽培法』）

又板ハ杉或ハ扁柏ニテ八分乃至一寸ノ厚サアルモノヲ使用スベシ。
又図上ニ示スガ如ク三尺毎ニ幅一寸五分、厚サ一寸二分ノ角材ヲ架シ、其表面ニ第三図（イ）ノ如ク小溝ヲ鑿チ、降雨ノ際障子ノ間隙ヨリ漏滴スル水ヲ流出セシムルノ便ニ供ス。障子ハ幅三尺ニシテ、縦ニ二条ノ支材（厚一寸、巾一寸）ヲ架シ、之ニ硝子板ヲ嵌着ス。硝子板ハ重ナリヲ三分トナシ、亜鉛板ノ小片ヲ第三図（ロ）ノ如キ形状トナシテ硝子ノ相重リタル部ニ挟ミ「パテ」ニテ留ムベシ。但障子ノ縁ハ幅一寸五分乃至一寸八分、厚サ一寸二分位ヲ良シトシ、又第三図（ハ）ニ示スガ如キ支器ヲ以テ障子ノ開閉ニ便スルヲ要ス。

ガラスが高価である点以外は、それほど複雑な装置ではない。枠に溝を設けて雨水を流し、ガラスの結合に亜鉛板とパテを用いて密閉し、ぎざぎざのついた支えを用いてガラスの開閉に便利な工夫が施してある。

同書の初版の発行は、明治二十六年（一八九三）であるが、私の手元にある本は、第十九版、明治四十一年（一九〇八）である。これをもってしても、多くの人々に読まれた画期的な方法であったことがうかがわれる。

第八章　二十世紀の幕開け

二十世紀を迎えた明治時代後半期は、今まで見てきた明治時代前期とは異なり、実質的に西欧化・近代化が果たされた時代といえる。温室の歴史を俯瞰すると、明治三十六年（一九〇三）に第五回内国勧業博覧会が大阪で開催されたことが最も象徴的な出来事である。全部で五回開かれた内国勧業博覧会のうち、第五回目が最大規模であった。現在創業百周年を迎えた、たとえば「旭硝子」や「日本種苗」など花卉園芸界に関連深い老舗企業が二十世紀初頭に創業している。明治三十五年には農事試験場園芸部が静岡県興津町に設立され、大正十二年（一九二三）の京都府立植物園やその他日本を代表する植物施設も二十世紀初頭に相次いで創立された。江戸時代には、本草学者や植木屋が自らの研究や商売のために温室を記録し、大名庭園でも一部の人間しか温室で栽培された植物を見学できなかったが、二十世紀になると、庶民に開放された公立の植物園が登場し、洋蘭や観葉植物など、江戸時代とは異なる舶来植物のブームの到来によって、明治政府関係者や華族や企業人が温室の建設に携わるようになった。以下ではこうした流れを見ていきたい。

博覧会と温室

明治時代をとおして特筆すべき点は、通算五回開催された内国勧業博覧会の影響である。二十世紀に入ってからは、明治三十六年（一九〇三）三月一日から七月三十一日まで、大阪天王寺今宮で開催された第五回内国勧業博覧会が唯一であり、最大級であった。この博覧会が花卉園芸界に与えた影響は大きく、その特徴は、温室の充実である。

第五回内国博覧会会場には、総面積九十五坪あまり、総建築費九千百八十円あまりの植物温室が設営された。左右対称型の温室で、五室に区画され、中央室は真ん中の床部分に「椰樹香薫類」を植え、周囲の棚に「クロートン其他美葉植物類」の鉢植を並べた。左右の冷温室は果樹や蔬菜の組成栽培場とし、さらに左右の翼室は花卉盆栽など優秀品を陳列、このほか簡易植物室の標本室二棟も建設された。温室内の植物は、明治三十六年発行の『第五回博覧会紀念写真帖』によると、以下のとおりである。

右隅にあるは一、パニカム（本邦野生の小舟草の一種にして美なる観葉植物）。その向ふの棚にあるは二、アマラリ、ス、ヴヰタ、ハイブリド（燕水仙の一種、花は百合に似て種々の色あり）。その端にあるは三、パレノヲプシシス、シレリアナ（マニラ地方原産の蘭科植物、花は桜色香気甚佳）。其上に懸りたるは四、デンドロビューム、ノビル（石斛の一種に類し美麗の花を有す）。

85　第五回内国勧業博覧会の植物温室（乃村工藝社情報資料室蔵）

中央棚の上にあるは五、マランタ、ビーチ（多年草の一種、観葉盆栽植物）。左側棚の上にあるは六、鉄砲百合（欧米諸国温室用に多く輸出す）。左隅にあるは七、デンドロビュームモスシアタム（石槲蘭の一種尤も珍しき大株なり）。其右にあるは八、フイロデンドロン（米国熱帯地の原産気生植物にして葉状珍奇なり）にして、三、五、七、八は大隈伯の出品、その他は新宿植物御苑等の出品なり。

このように、伯爵・大隈重信や新宿御苑から出品された観葉植物、熱帯性蘭科植物を目玉にしていた。

この後、内国勧業博覧会は開かれることはなかったが、明治四十年（一九〇七）三月二十日から七月三十一日まで、東京上野公園と不忍池を会場とした東京勧業博覧会は、実質的には第六回内国

86　第五回内国勧業博覧会の植物温室内部（乃村工藝社情報資料室蔵）

勧業博覧会ともいえる規模で、国の補助を一切受けず、東京府と市民の寄付金によって開催された。園芸部門も相当の規模で、雑誌『園芸の友』第三年七号（明治四十年発行）では、特集号を組んでいる。これによると、「模範温室」という名称の温室や、東京園芸株式会社が出品した花壇も設営され、また「温室、温窖、促成框の模型、図書」という出品物の項目があり、温室を教材にした教育目的がうかがわれる。

東京勧業博覧会の温室には、農科大学の果樹、侯爵・鍋島直大や伯爵・酒井忠興《ただおき》の蘭科植物、牛込寛次の蕃茄《あかなす》（トマト）、小笠原島のバナナ等が出品された。温室は全部で五棟あり、そのほか温床も併置した。中央には亀甲形のグリーンハウス、すなわちコンサーバトリーがあって、人々の関心を大いに惹いた。このコンサーバトリーの建築については、前記『園芸の友』に、次のような説明がある。

屋根に磨きガラスを用いたのは、この中には主として熱帯地方原産の植物を培養するためだからである。高温を欲し、湿潤を好むという理由からである。その高さが高いのもまた同じ理由で、一般に熱帯植物は生長がはやく、長大となるからである。

このほか左側の部屋の屋根が片面形（片側を柱で支えられた傾斜屋根）と鞍形（両切妻屋根）の折衷式なのは、地中海産の葡萄など高温を要する植物でないからといい、右側の部屋が片屋根（片面形に同）なのは熱帯産蘭科植物だからだと、その構造の特質にも触れている。興味深いのは文末で、わが国では温室がまだ普及していないと嘆く点である。

試しにその出品物を見ると、酒井伯爵、理科大学、農科大学の出品は別として、ほとんどほかは、いうに耐えられないの観がある。これは我が国において未だ温室が流行していない点によるのであるが、別の面より考えれば、火急の計画だったので、博覧会の委員諸氏が二三の名家にのみ、声をかけて、わずかばかり蒐集したのだと蔭口が聞かれるのも無理はない。

ここで嘆かれているように、明治末年の時点では温室の普及率は低かったが、こうした博覧会において幾度となく温室の魅力が喧伝され、園芸技術の進歩はもちろんのこと、博覧会に出かけた一般庶民の意識が改革されて、大正年間には急速に普及するようになる。

華族と温室

明治六年（一八七三）に、文部省博物局の「煦塘《くとう》」で使用した板ガラスは、リサイクルしたものだったことは前にも述べたとおりである。このように、板ガラスはいまだ高価で、簡単には入手できなかった。明治六年創業の興業社や同十六年創業の品川硝子製作所などが製造に携わったが、いずれも数年で解散し、国産板ガラスの生産を軌道に乗せることは、産業界にとって悲願であった。そうしたなか、明治四十年（一九〇七）創業の旭硝子株式会社は、兵庫県尼崎や福岡県牧山に大規模工場を設けたことからわかるように、当初から板ガラスの大量生産を第一義とした会社であった。創業当初は、ベルギーなどヨーロッパからの輸入に頼っていたが、第一次世界大戦時にヨーロッパからの輸入が途絶えたため国内での生産が飛躍的に伸び、また輸出面でもアジア市場最大の供給元として業績を向上させた。大正五年（一九一六）には神奈川県鶴見に新たに工場を建設、長期化した世界大戦の影響で、アジアの板ガラス市場をほぼ独占した。この鶴見工場も大正十二年の関東大震災の被害を受けたが、震災復興のための建築資材として板ガラスの需要は激増した。旭硝子の社長・岩崎俊彌《しゅんや》は、自ら蘭の栽培に熱中し、尼崎の自宅の温室には洋蘭が咲き誇り、胡蝶蘭の実生に成功して学名ファレノプシス・アサヒ（Phalaenopsis Asahi）の名付け親となったほどである。

このように明治以降はじめて国産の板ガラスが軌道に乗った背景には、明治三十年代から華族や実

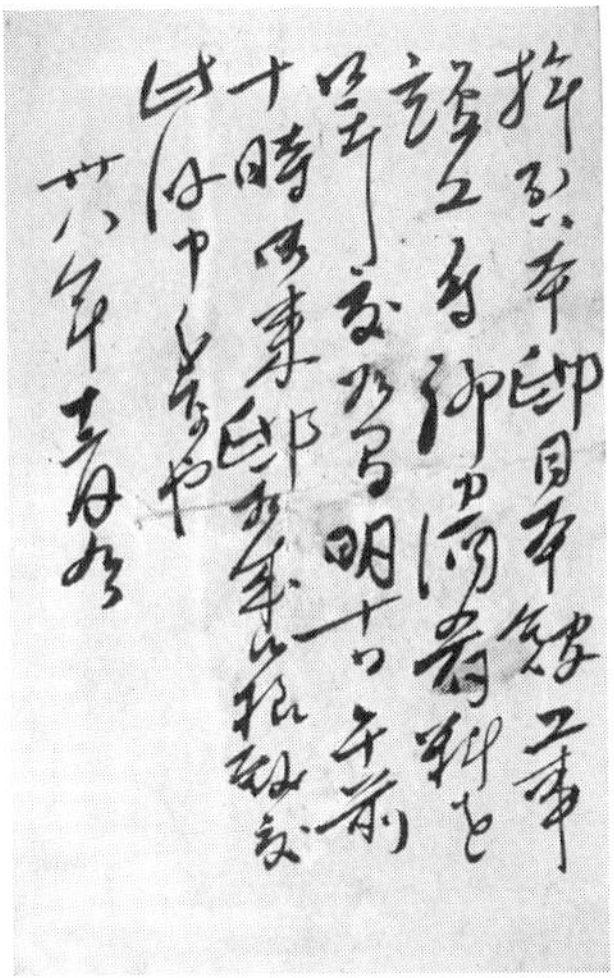

87　明治38年12月９日付葉書

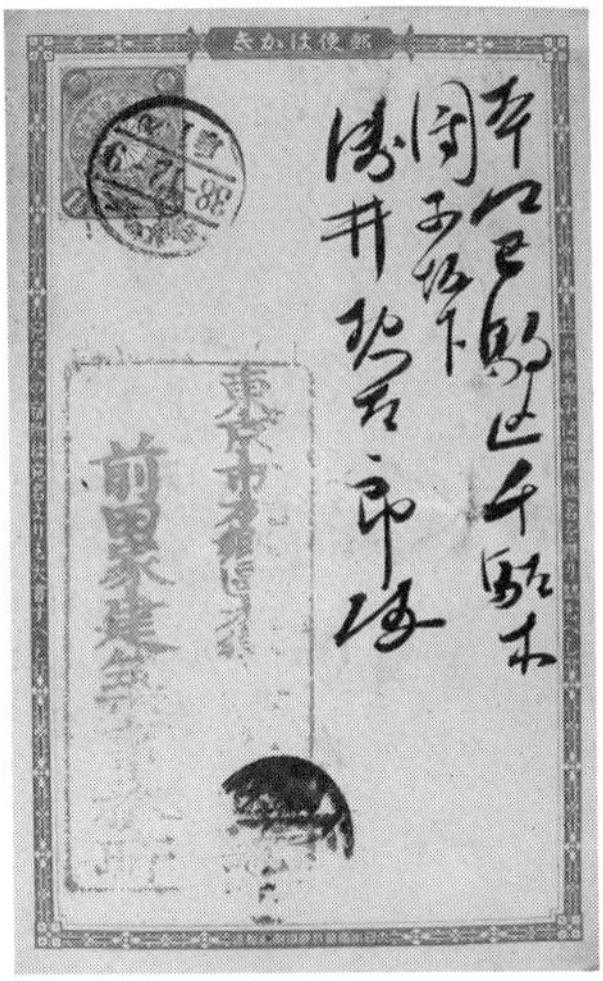

88　図87の宛名面

（いずれも文京ふるさと歴史館蔵）

業家の別荘や洋館の建築ラッシュも挙げられる。明治三十年（一八九七）発行の『日本園芸会雑誌』第八十一号は、次のとおり、植木の騰貴を招いたと報じている。

> 近来、庭園作りの流行と別荘の新設多きに連れ、大株物の売脚《（ママ）》よく、随て五六年以前に比すれば平均四割強の高直（値）を唱へ、躑躅、楓樹等の中背物は五割以上、灌木類は二割内外の騰貴なりといふ。

とある。別荘を新築すれば、当然付随する庭に手間をかけるようになる。この最たるものが相次いだ西洋風の温室の建設である。とくに、大隈重信邸の温室、酒井忠興邸の温室など、花卉園芸界にとって重要な建造物の作例もこの時代に集中し、これらの活動の中心には常に華族の存在が見られた。

明治三十八年、東京本郷の前田家は、和館・洋館の新築を予定していたが、日露戦争勃発のため洋館の竣工は同四十年五月に延期された（木下直之「前田侯爵家の西洋館」）。和館については、前田家建築事務所より団子坂の植木屋、浅井惣太郎宛の葉書（文京ふるさと歴史館蔵）によって、その様子が次第に明らかになった。浅井惣太郎は菊人形だけでなく、日本庭園の造園に関与していたのである。明治三十八年十二月九日付の葉書には、

拝啓　本邸日本館工事竣工ニ付聊カ酒肴料を呈し度候間、明十日午前十時御来邸相成候様致度此段申進候也。

とあり、竣工祝賀会の開催通知である。浅井惣太郎の園号は「植惣」といい、菊人形の大手四軒のうちの一軒として有名であった。また盆栽では「菊花園」と名乗り、明治二十五年（一八九二）三月十一〜十三日の三日間に開催された「美術盆栽大会」にも出品している（平野恵「浅井家蔵書から見た明治年間における東京団子坂の植木屋の特色」）。これまで植物は、菊人形興行ばかり言及されることが多かったが、植木屋本来の仕事ぶりがわかる史料としてこの葉書は重要である。明治三十八年六月二十一日、植物には、

樹木植替之ケ所有之ニ付、明廿二日午前八時半来邸有之度候也。

など、樹木の植え替えなどのために来邸を促す葉書が頻繁に届いている。同月二十四日には、植木の見積もり依頼、七月八日には、別邸の樫の移植見積書の催促、同月十三日には、通用門開設に差支えがある樫の植替えと、再度の別邸の樫移植の見積書の催促、同月二十日にも、樫移植の相談と立て続けに葉書が届いている。

そして、同二十三日には、五十五円という高値で依頼を決め、早く着手して、書類も出してくれとの執拗な催促である。

大久保別邸樫移植、五拾五円ヲ以テ至急着手有之、期限記入ノ証書差出シ相成度候也。

この前年の三十七年（一九〇四）十一月十一日には、竹の根が埋まっているので、掘り起こすための人員を一名寄越すようながしている通知があるのみで、翌年七月のような、頻繁な催促はない。完成が遅くなってあせっている様子が垣間見られる通知である。これらの葉書によって、竹の根の掘り起こし作業や通用門建設のため樫を移植するなど、新しい屋敷を建てるにあたっての、下請け的なこまごまとした仕事を植惣が担当していた事実がわかる。

また、同じく本郷の前田直行《なおつら》男爵邸の庭にも出入りしていたことがやはり植惣宛の葉書によってわかった。前田直行は、本家の前田侯爵家の家令を務めた人物で、本家の新館竣工後にその縁であろう、浅井惣太郎にやはり庭修繕などの手間仕事を依頼している。明治三十九年十一月八日付の葉書には、

過日御話致候私方庭修繕之義ハ、何時頃取揃られ申候哉、御尋申候也。

という庭修繕はいつ頃から取り掛かれるかの問い合わせをしている。同月二十九日から修繕を開始し、十二月二十五日には終了したらしく代金の支払いについて「庭作代金、明廿六廿七両日中相渡御渡可致候也」という通知が現存している。

植惣は、このほか駿河台の男爵・吉川家でも仕事をしており、明治三十八年六月十六日には、

垣根御繕候御依頼致度候ニ付、御来邸被下度候。尤も晴天ニナクテヨロシ。又松鉢植御預ケ致度

89　酒井家戦勝紀念温室（右は蔬菜温室）

事ニて人御差出被下候。

という、吉川家執事からの葉書がある。内容は、垣根の修繕と、松の盆栽を預けるための人の手配の依頼である。また四十年（一九〇七）三月十一日にも垣根の修繕、四十一年には庭石の修理を頼まれている。

このように、植惣の顧客には、華族が大きなウェイトを占めていたのである。

明治三十七年から三十八年の日露戦争の影響は、軍事色が強い品種名がつけられた（鳥取の凱旋桜、長野の魯桃桜など）ほか、月桂樹やソメイヨシノなどが戦勝記念に多く植樹された。明治三十九年五月には、凱旋祝賀会が新宿御苑で開催され（『福羽逸人回顧録』新宿御苑）、その前年十月には日露戦争戦勝を記念して酒井伯爵邸内に「戦勝紀念温室」が完成した。明治時代前期の温室として著名なものには新宿御苑と小石

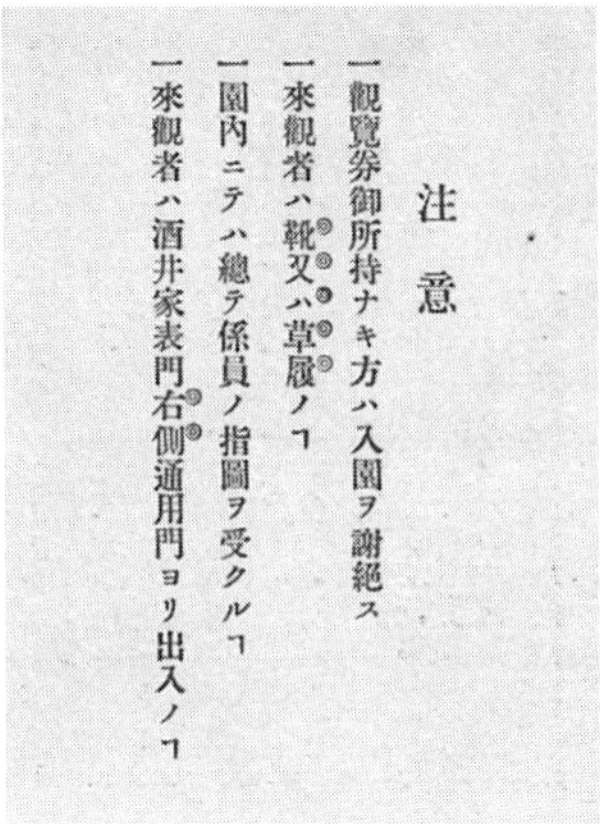

注意

一觀覽券御所持ナキ方ハ入園ヲ謝絶ス
一來觀者ハ靴又ハ草履ノヿ
一園内ニテハ總テ係員ノ指圖ヲ受クルヿ
一來觀者ハ酒井家表門右側通用門ヨリ出入ノヿ

91　図90の裏面

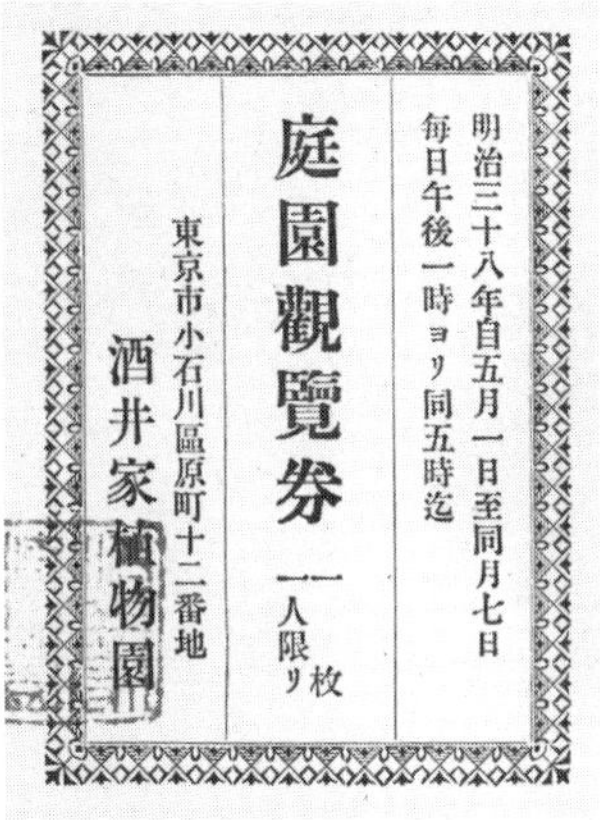

明治三十八年自五月一日至同月七日
毎日午後一時ヨリ同五時迄
庭園觀覽券
一枚一人限リ
東京市小石川區原町十二番地
酒井家植物園

90　酒井家植物園庭園観覧券
（いずれも文京ふるさと歴史館蔵）

川植物園があるが、どちらも十九世紀につくられた公共の温室であり、酒井伯が個人で建設した温室は、まずその性格からして異なっていた。

戦勝紀念温室の新築に先立って、同年五月一日～七日の一週間に限り、小石川区原町十二番地にあった酒井家植物園の観覧が一般に許される。このことがわかるのが、「酒井家植物園庭園観覧券」で、裏面には注意書として次の四か条が印刷される。

一観覧券御所持ナキ方ハ入園ヲ謝絶ス
一来館者ハ靴又ハ草履ノコト
一園内ニテハ総テ係員ノ指図ヲ受クルコト
一来館者ハ酒井家表門右側通用門ヨリ出入ノコト

とあり、入園者数を規制する観覧券の存在はもとより、靴や草履で来園せよ、係員の指示に従いなさい、通用門より入園せよといった指示は、下駄履きを嫌ったこと、春の花見のような無秩序な宴とは異なるという意識が垣間見える。表門は身分の高い人用であるため通用門から入るよう指図しており、市民に開かれた庭園とはいえ静粛に観覧することを強いた一文である。酒井家の温室といえば、当時は大隈邸に次いで名を馳せており、観覧者はぜひとも見たいと思ったにちがいない。多くの人が殺到することを見越して厳しい条件を課したのであろう。また、観覧券の存在は、あらかじめ入園者数を制限するための措置であったと考えられる。

この六年後、明治四十四年（一九一一）には、酒井家の園丁が主人の酒井忠興に取材してまとめた、秋元秋雨《しゅうう》（正四）編『酒井伯園芸談』が大倉書店より刊行される。同書によると、酒井邸には、明治三十三年七月に最初の温室を、三十六年に椰子室（パームハウス）を、三十八年に戦勝紀念温室をそれぞれ新築、四十年には品川の岩崎男爵の蔬菜温室を見学して、これと折衷させた蔬菜室を完成した

92　酒井忠興伯爵

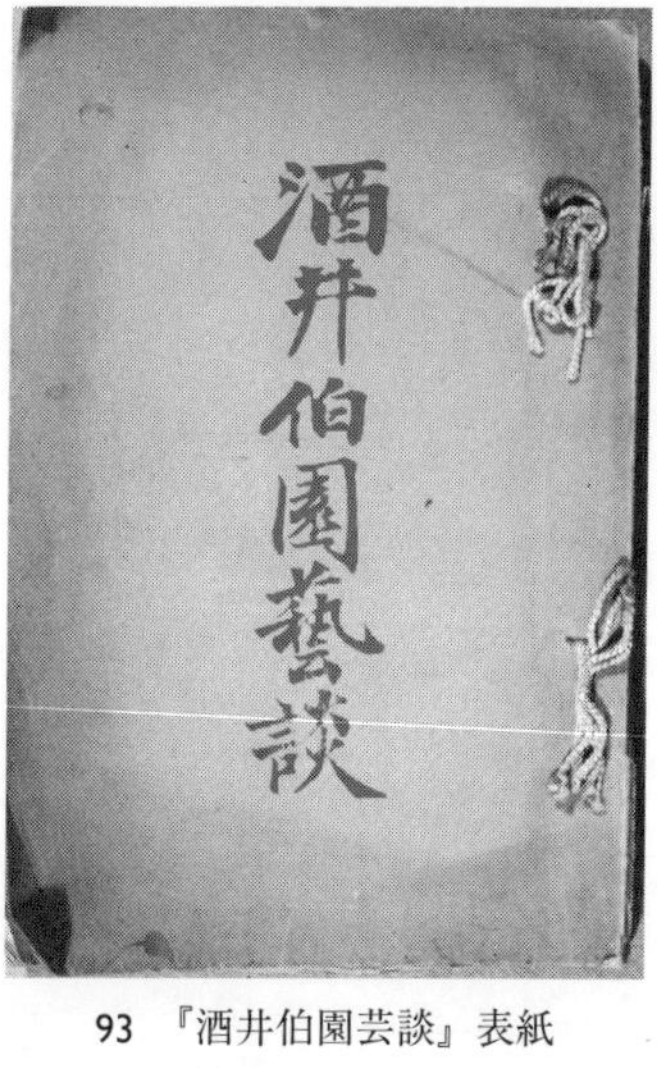

93　『酒井伯園芸談』表紙

94　酒井伯爵邸温室とパームハウス

95　酒井伯爵邸温室の内部

97 『球根植物培養法』表紙

96 酒井伯爵邸パームハウス内のバナナ

とあり、都合四棟の温室があったとわかる。口絵には、パームハウス内で結実したバナナや温室内部の写真などが掲載されている。両ガラスの温室内部の写真（図95）を見ると、屋根を支える躯体の材が思いのほか太いのがわかる。同書の蘭科植物についての解説は、『日本園芸会雑誌』に連載されたもので、酒井忠興の自信のほどがうかがえる文章である。

次いで大正元年（一九一二）、同じく酒井伯の園丁、秋元正四の著した『球根植物培養法』は、酒井忠興監修で、酒井の漢文の序文のほか、植物学者・松村任三《じんぞう》も序文を寄せ、園芸だけでなく植物学を意識した内容となっている。しかしながら、著者、秋元自身は凡例で次のとおり述べている。

本書は球根植物栽培法と名付けたれども、之れ植物学上の名称に従ひたるにあらず。園芸社会従来の慣習に従ひたるものにて、球根植物と同一の取扱を為すものも亦本書に載録せり。

書名に「球根」とつけているが、厳密には植物学上そうでないものにも言及していることを凡例の第一に掲げる。これは、一般向けを意識した酒井の思想の影響と思われる。

さらに、大正五年（一九一六）には、酒井忠興著『一坪でも出来る四季家庭園芸』が平和出版社より刊行された。大正・昭和を代表する風俗史家・藤澤衛彦《もりひこ》の編にかかり、序文は大隈重信が寄せている。ここに、

伯爵酒井忠興君は曩《さき》に斯道（園芸のこと）を学びて深く其素養を受け更に深く之を実施に研鑽《けんさん》して既に本邦に於ける園芸の泰斗たるは人の知るところなり。今其蘊蓄《うんちく》を披《ひら》きて園芸栽培の書を著さる。述べらるるところ其要綱を網羅し尽して、一般素人も亦之に就いて指針を得たるに近し。

と記されるとおり、同書の特徴は、素人向けに啓蒙的思想をもって執筆した点にある。編者の藤澤も緒言において、

一般素人の教本となるべき且つ趣味ある簡便なる書は絶無の状態であつた。此点に於て、酒井伯爵の研究になれる本書はけだし傑出したものであらう。

と褒め称える。たしかに栽培法は詳細を極め、かつ簡潔な文章でまとめられ、月毎の作業を記し、地方別に種蒔きに適した季節の表を載せ、各論はイロハ順に列挙し、巻末には栽培法の索引まである。総ページ数三百で一円という破格の安さであり、営利でなく、一般庶民への普及を第一の目標にし、素人でもわかりやすい体裁を心がけたのであろう。

98　金鶏園（酒井伯爵邸庭園）

この頃、明治四十年代から、家庭向けの簡単な園芸教則本がさかんに発行されるようになった。花卉はもちろん、蔬菜・果樹・盆栽・造園にまで幅広く言及する書物も見られるようになった。『実用園芸新書』（明治四十一年）、『実用園芸全書』（同四十四年）、『実用園芸宝典』（同年）など、書名に「実用」という語が含まれるものが多く、家庭でも栽培が可能であると強調し、読者に女性を想定していたことがうかがえる。この傾向は昭和になっても継承された。

明治三十四年（一九〇一）三月十日、日本園芸会特別会員、酒井伯の邸内で第三十六回小集会が開かれた。さらに大正元年（一九一二）にも酒井邸の庭園「金鶏園《きんけいえん》」で開かれた展覧会の模様が記される。

先月十三日小石川酒井伯邸の金鶏園展覧会へ招待された。斯道に熱心な同伯の事であるから万事に抜目がない。まず場内を一巡するに花卉、盆栽、果実、蔬菜、園芸用具等皆備はつて各々優物が集まつてをる。殊に人目を惹いたのは四百輪内外の花を持つた篠作りの中菊「勝《かち》鬨《どき》」、「代々之譽」、「白鷺城」等より「一文字作大菊」その他「嵯峨菊」「小菊」等数を尽した花壇と、真柏、五葉、ムベ等の盆栽類で、何れも黒人（玄人）の垂涎《すいぜん》置く能はざる所のものである。それから最も見事なのは新設の大温室で、其の中央の室は高温で覇王樹、芭蕉、其他数十の熱帯植物に水を配つてアフリカ地方の風景を偲ばしめ、東南方の棟は全部蘭科植物で、「デンドロビウム」、「リカスト」、「ヲンシデューム」、「ミルトニア」等に属する蘭類が所狭き迄に配列され、又前室には猩々木多く、後室には食虫植物や秋咲アマリリス其他の花物が充満しておる。此温室は伯爵が数年間の宿痾《しゅくあ》（持病）全治の祝に費用を惜しまず設けられたのだから結構壮美云ふ迄もなく、坪数百十有余総鉄骨の最新式で、高価な硝子類が惜気もなく用ひられておる、先づ本邦第一の温室であらう。尚今度の展覧会は、伯爵並に藤堂伯、伊集院子、其他二三同好華胄（華族）連によつて催されたもので、審査は委員長が古在博士、果樹類は恩田技師、花物は伯爵及其他の人々との事、誠に要領を得た有益な催であつた。

ここにあるように、高価な硝子類を惜しげもなく使えたのは、華族という身分ゆえであった。これより前に建築されていた大隈重信邸の温室は、輸入したチーク材と鉄の併用であったが、酒井邸では総鉄骨の最新式とわかる。園芸界を代表する「日本園芸会」の記者が、「本邦第一の温室」と誉めるのも無理からぬことであった。

大隈重信邸の温室

さて、時系列では前後してしまったが、酒井邸の温室は、大隈邸の温室を大いに意識し、参考にしたものであった。大隈邸の温室は、時期的に早く、明治三十一年（一八九八）の建設である。この詳しい様子は、明治三十六年の『風俗画報』第二七三号に、「大隈伯爵室内の温室」として紹介されている。かなりの長文であるが、構造やどのように使われたかを詳細に記してあるので、ほぼ全文を以下に引用する。

早稲田（豊多摩郡下戸塚村）大隈伯爵邸内にある植物温室の説明をなすに方《あた》りて、吾人は先づ話の順序、筋道として、欧米諸国に於ける所謂温室なるものが、如何なる性質を有し、如何なる必要に感じ、如何なる目的を以て設置せらるゝや、予め其根底より説き起さざる可からざる也。

冒頭で、欧米の温室の設置目的を述べる。

温室の性質　由来邦人が温室に対する観念や、植物学上研究の資料をなすに止まり、より以外に之を応用すべき途を講ぜず、たとへ之を講ずるあるも、個人的の娯楽にあらざれば営利的なり。春咲く花を冬咲かせ、熱帯の植物を寒温二帯に移し植えて能事了れりとするは極端なる狭量の見解にして、未だ温室の性質を充分に会得せざればなり。

日本ではこれまで温室は、個人の植物学研究や営利を目的に建てられた。しかし、これは温室の性質を本当に理解したことにならないと説く。

温室に三種あり　曰くウインターガーデン、曰くコンサバトリー、曰くホットハウス、是れなり。第一ウインターガーデンとは庭園を以て直ちに温室に宛てたるものにして、室内に仮山《つきやま》あり、泉水あり、飛矼《ひこう》を架し、噴水を設け、麀鹿濯々《ゆうろくたくたく》、白鳥翯々《はくちょうふくふく》、林泉の間、ま、逍遥するに足るべく、其面積の如きも極めて広大、冬期草木凋落《ちょうらく》するの時に方《あた》りて、鬱蒼《うっそう》なる暖国の春を思はしむるにあり。此種の温室は外国の宮殿或は公園に於て稀れに見る所、本邦未だ之れあるを聞かざる也。第二コンサバトリーは装飾温室と意訳す。食堂、寝室、応接室と共に貴族の邸宅には必ず附属すべき建築物の一にして餐後、客を招ぎて、紅茶を点じ、咖啡《カフエー》を啜《すす》り、閑話時を移すの室なり。深川の岩崎男爵邸を始め横浜在住外国紳士の宅に多く設けらる。伯の温室も亦之に属するものぞ。第三ホットハウス　これは普通の温室にして、帝国大学理科大学附属植物園、農科大学、華族女学校等にあるもの皆な之に属すべく、又植物栽培の嗜好に富める貴族紳士、将《は》た営業者流に至るまで、目下一般に此温室によれりとす。

伯の温室は前記コンサバトリーを中央として、南北にホットハウスを連結し、階を設け、廊を架し、以て母屋に通ず。そは構造の条に細説すべし。

その種類は、ウィンターガーデン、コンサーバトリー、ホットハウスに分類でき、ウィンターガーデン（winter garden. 冬季開花植物の温室）は本邦になく、コンサーバトリー（conservatory. 装飾温室）は、深川の岩崎男爵邸や横浜の外国人邸宅に多く、大隈邸もこれに属するとする。ホットハウス（hothouse）は、小石川植物園や農科大学や女学校などにあり、これらが一般的な温室だと述べる。大隈邸の温室は、コンサーバトリーが中央にあり、南北にホットハウスが連結しているタイプである。

設計　普通家屋の建築法とは大に趣きを異にするより漫《みだり》に造家学者に委ぬべからざるなり。伯の温室は少壮植物学者林修己《しゅうき》氏之が設計の任に当り、英人コツキング氏江の島別邸の温室に倣ひて、更に創意を加へたり。又建築専門的の工事は前大学嘱托講師コンドル氏門人田原某氏之を督せり。

温室は、素人が設計したならば必ず失敗する。これは、江戸時代でもしかり、明治初年の小石川植物園でもしかり、また後述する山本笑月《しょうげつ》の失敗談もある。そこで、植物学者に設計を依頼し、イギリス人、サムエル・コッキングの江ノ島の温室を参考にし、工事はコンドル門下生が監督したとあり、一流の学者に依頼し、ソフト面でも当時の最高のものを目指したとわかる。コッキングの温室は明治十八年（一八八六）に作られ、日本で作られたものとしては早期の温室にあたる。残念ながら、大正十二年（一九二三）の震災で上家は倒壊してしまったが、現在、江ノ島の頂上の植物園内に、その温室の遺構を見ることができる。蒸気を利用する煉瓦造の温室で、ボイラー室があり、洋蘭やサボテンを栽培していた。図99は、その温室とボイラー室をつなぐ通路の遺構で、明かり取りの窓があったと想像される。

さて、大隈伯邸に話を戻すと、完成年がここではじめてわかる。

落成　明治三十年六月二十六日起工式を挙げ、翌年十一月に及びて漸く落成せり。経費一万五千

99　江ノ島コッキング邸ボイラー室への通路

円。同三十四年三月邸内失火、建物多く焼失せるも、当時廊下を毀ちたるのみにて、温室は全く恙《つつが》なきを得たり。

行啓　明治三十一年十二月　皇太子殿下の行《ぎょう》啓《けい》あり。即ち落成の翌月にして、爾来《じらい》皇族方の御来遊を仰ぎたるや数《しばし》ばなり。

大隈邸の温室は、明治三十一年（一八九八）落成であり、それまでは、小石川植物園や新宿御苑などの公共施設の温室のほかコッキングや、明治十五年二月に横浜に設立されたポーマー商会などの外国人の温室、さらにポーマー商会より大温室を譲り受け、新宿御苑の蘭科植物の栽培を委託された横浜植木商会などの営利目的の温室しかなかった。こうしたなか、大隈邸の温室は、日本人が個人で作った、最大かつ最先端のものとして、歴史的にも重要な建造物であった。前にも述べたが、この頃の華族たちは、天皇に行幸してもらうために、洋館を競うように建築した。大隈邸も、落成してわずか一か月後に皇太子が行啓する誉れを得た。

構造　玻璃《がらす》にチーク及び鉄の金具《かなもの》を操りて大体の骨組とせり。材は重《おも》に英国に注文して直接に輸入したりと。

中央にあるコンサバトリーは八稜形を成し、面積二十六坪余、高さ一丈八尺、中央に柱を立てず、煉瓦と切石を腰となし、床にタイルを敷く。タイルは敷瓦の類、水を注がむか、立《たち》ろに吸収し去るの利あり。四方に扉《ドア》、八面に窓を設け、扉も窓も家根裏も皆な玻璃張にして、之を支ふるに練鉄のもちおくりを用ゐたり。其数十六条あり。之に二条のもやを横へ且もちおくりともちおくりの間には各五条の垂木《たるき》あり。この垂木はチークと称し、軍艦の甲板《デッキ》に使用する材なり。風雨に遭ふも容易に腐蝕せず、能く久しきに耐ふ。効用檜に優《ま》されりとす。玻璃は舶来の三番質にして英国専売特許の鉛葺なり。斯くの如く、総玻璃張の建築物とて、花やかに朝暾夕陽《ちょうどんせきよう》に映じ、八面玲瓏《れいろう》、宛《あだか》も水晶宮の観あり。

大隈邸温室の最大の特徴は、中央部のコンサーバトリーである。ここは、八弁の花の形をなして、柱がなく、床にタイルというモダン建築である。梁を支える持送りは鉄製、そこにチークの垂木をわたす。当時チーク材は非常に高価で、もちろん輸入材であった。ガラスもイギリスからの輸入物であり、総ガラス張りの室内はあたかも「水晶宮」のようだと述べる。「水晶宮（Crystal Palace. クリスタルパレス）」とは、一八五一年五月一日から十月十五日に、ロンドンで開催された第一回万国博覧会場に登場した、鉄骨ガラス張りの建物である。J・パクストンの設計で、広々として明るい室内が評判を呼び、近代建築史上画期的な構造物として著名である。

このコンサーバトリーの両側、南北に長方形のホットハウスが左右対称に作られ、外からの美観を構成していた。

温度　沍寒《ごかん》（極寒）の候と雖も、中央五十度、南室六十度、北室五十五度を降らしめざる也。南室の一隅に釜《ボイラ》を置き、各室にパイプを通じて暖を送る。パイプは英国最新式のメーンパイプ（伏《かくし》管《パイプ》）にして、口径四吋《インチ》あり。其配置方は、▲中央室　四条（バルブ四箇）▲南室　七条（バルブ三箇）▲北室　六条（バルブ三箇）所謂伏管《ふくわん》にして、四壁の腰或は床下に伏在すること、て、室内に入るもパイプは隻影《せきえい》だに認むる能《あた》はざるなり。

100　水晶宮《クリスタルパレス》（S. Bleekrode, De tentoonstelling der Nijverheid van alle volken te Lolken te Londen, 's-Gravenhage 1853, p. 92. 静岡県立中央図書館蔵）

温度は、ボイラーからパイプを通して送られる蒸気により調節する。伏管と呼ばれるパイプが温室内の壁の腰から下や床下に設置されたので、室内では目立たなかったという。こうした美観を重んじる構造は、客をもてなす社交目的には欠かせない心得の一つである。

暖を通ずるに二法あり。一は蒸気《スチーム》、一は温湯《ホットウオーター》なり。凡そ蒸気は大室に宜しく、温湯は小室に適せり。蒸気は送熱の力偉大なるも冷却し易く、温湯は微弱なりと雖も、よく長時間を保つことを得べし。故に伯の温室は専ら温湯を用ゐつゝあるなり。暖気を通ずるは毎年十月下旬より始まり翌年四月上旬を以て終る。其間昼夜釜《ボイラー》を暖むるにあらず。日中は太陽の光線、玻璃板を透《とう》して射れば、温度に於て不足を感ぜざるを常とす。されば火力を要するは夜間に限れり。但し昼間と雖、雪或は霙《みぞれ》等にて温度の著しく降るあれば、暖を通じて其足らざるを補ふ。

あたたかくするためには、スチーム（蒸気）と温湯の二種類があり、スチームは冷めやすく、温湯は高温にはならないが、持続性がある。大隈邸の温室は、温湯を用いていた。総ガラス張りなので、火力が必要なのは、雪や霙が降るようなときでなければ気温が低くなる夜間に限るとある。

空気抜き　四方八面玻璃張の窓にして、暑中或は温暖なる日には之を開放すると雖も、寒冷なる日は外気に触るゝを恐れ、之を密閉せり。是に於てか床に接したる煉瓦と切石の間に小さき孔《あな》を穿ち、金網を張りたるベンチレーシヨンを設く。中央室に四箇、南北両室各二個外に家根《やね》裏には大形のベンチレーシヨンあるを以て、空気の流通には決して不足なきなり。

ベンチレーションとは換気装置のことである。通風がよくないと蒸れてしまい、植物を腐らせる原因となる。

植物の種類　中央温室に収容栽培する植物は、重《おも》に蘭科植物にして、南洋諸島、中央亜米利加《あめりか》、メキシコ、マダガスカル、オースタラリア、サイアム、ビロマ、印度等の産、即ち熱帯植物中、四時葉色の美麗なるを撰ぶなり。花卉は別に園内の一隅に両棟の温室の設けありて、常に培養しつ《(ママ)》、花の開くを待ち、鉢ぐるみ持ち来りて、こゝに陳列するなり。花ものゝ類は大抵長きも一箇月を出でず、短かきは十日間位にて萎《しぼ》む。凋《しぼ》む時は復び以前の温室に養ひ、他に咲く花を求めて只管《ひたすら》中央の一室を装飾しつゝあるなり。

植物の種類は、主に洋蘭であり、アメリカ、メキシコ、オーストラリア、ビルマ、インドなど熱帯植物のなかでも、とくに葉色が綺麗なのを選んでいたとある。花ものは、別の温室で栽培し、このコンサーバトリーに持ち込むという。

挿画は即ち中央室のコンサバトリーにして、伯爵夫人が賓客を招ぎて、快楽《けらく》を偕《とも》にするなり。温情溢《あふ》るゝが如き家庭は、松谷子《しょうこくし》の彩筆を以て巧みに描き出されたり。画面、左に位する大なる植物は新嘉坡《シンガポール》の椰樹《ヤシ》、奥に進みて左の隅にあるは同じく椰樹にしてヒリッピンの産、右の隅にあるは八丈島のヘボ、其右虎の尾に似たる鉢植は台湾産のセヴラ（一名千載蘭又虎尾蘭）なり。伊万里焼の鉢に植ゑて、棚の上に装飾せられたる花卉は、ベゴニア、ブロキシニア、コリユース、サイクラメン（シクラメン）等にして又南洋産の美麗なる斑文ある蘭科植物を陳列せり。

挿絵を描いたのは山本松谷で、数々の花卉が伊万里焼の鉢に植えられ、大隈綾子夫人が客を案内する姿が描かれている。

園内を蘭科、花卉、盆栽、菊、果物、野菜、庭園の七部に分ち前記林修已《はやししゅうき》氏之が主任となり、

101　大隈家の温室（『風俗画報』法政大学蔵）

園丁二十五名を使役して、各分担を定め、之が培養を謀り、果実蔬菜の類は園裡に作りたる品を朝夕食膳に上すといふ。宣なるかな、理科大学附属植物園、宮内省植物御苑に次ぎて、植物標本を蒐集する完全なる庭園を有するは大隈伯爵にして、其右に出るものなし。されば農学校の卒業生にして実地研究の為め、伯の庭園に出入するもの多く、一年、半歳、園丁と共に起臥を同うじ（ママ）、練習の效《こう》を積まむとするあり。師範学校、農学校等の生徒は教員指揮の下に時々参観せり。早稲田大学中学に至りては、校内の標本室を閲覧するが如く、常に有益なる活学を履修せり。
（中略）乞ふ者あれば、快く之を諾すと雖も、其間一片の制裁なかるべからず。是に於てか日本園芸会員、或は知人の紹介或は相当の資格を有する紳士淑女たるべしと。

園内は蘭科以下七つの区画に分けられ、林修己《しゅうき》が主任となり、園丁は二十五人を数え、おのおの分担があり、果実や野菜は大隈家の食膳にのぼる。また、小石川植物園や新宿御苑に次いで、植物標本まで収集していたのは驚きである。農業学校の卒業生などが大隈邸庭園に出入りし、研修することも珍しくなかった。まさに実践的な教育が、ここ大隈邸で行われていたのである。最後に、大隈邸の温室を見たい人があれば快く承知すると結ぶ。このように、最新式の温室を一般に公開することは、酒井邸と同じく、庶民を啓蒙することになり、これからの日本は、文化的生活様式に改めるよう、人々を導かねばならぬと認識していた。これが華族たるべき者の負うべき役割だという強い意志、西欧でいう「ノーブレスオブリージュ」、つまり、身分の高い者にはそれに応じて果たさねばならぬ社会的責任と義務があるという思想が根底にあった。

啓蒙小説『食道楽』

こうした本格的な西洋温室を日本ではじめて披露した大隈伯爵家の温室は、ベストセラー小説、村井弦斎の『食道楽』(明治三十六〜七年刊)にも紹介された。『食道楽』は、当時流行しはじめた啓蒙小説としての役割を充分に果たし、一般庶民に食文化だけでなく園芸文化に対する関心をうながした。

『食道楽』春の巻の口絵「大隈伯爵家の台所」には、

中央の置棚に野菜類の堆《うずたか》く籠に盛られたるは同邸の一名物と称せらるる温室仕立の野菜なり。三月に瓜あり、四月に茄子あり、根葉果茎一として食卓の珍ならざるはなし。

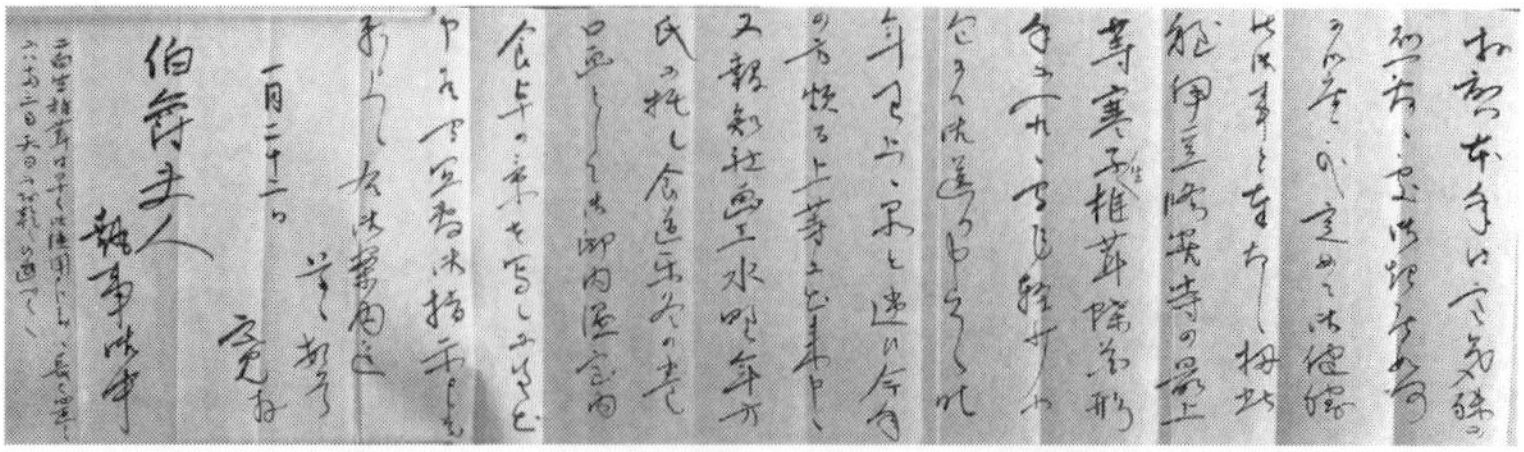

102　村井弦斎から大隈綾子宛書簡（早稲田大学史資料センター蔵）

とあり、たとえばアスパラガス、マスクメロンなどを食卓に呈し、登場人物に、

　花卉培養の温室は最早各所に出来ましたが、実用的なる果物専門の温室はまだ少いやうです、是れからは追々斯ういふ温室が沢山出来て世人が果物の嗜好を進歩させる様にならなければいけませんな。

と語らせているが、これは筆者・村井弦斎の意見とみてよい。弦斎自身は、平塚の自宅に果樹林や野菜園・花園を営み、大隈重信の従兄弟の娘と結婚した関係などから、大隈邸によく出入りしていた。明治三十七年一月二十二日付の村井弦斎より大隈伯爵夫人（綾子）宛書簡（図102）には、『食道楽』の挿絵について次のように触れられている。

　報知社画工水野年方氏に托し『食道楽冬の巻』口画として御邸内温室内食卓の景を写しにまいらせ申候間宜敷御指示申候処願上候右御案内迄。

当時、報知社に所属していた画家で、『食道楽』の挿絵を主に手がけた水野年方に託した、口絵用に温室の食事風景を描かせてほしいとの依頼状である。この図が口絵15である。中央の大テーブルには洋装の男女が着席し、今給仕が始まったばかりといった風情である。説明文には、

「我邦に来遊する外国の貴紳が日本一の御馳走と称し、帰国後第一の土産話となすは東京牛込早稲田なる大隈伯爵家温室内の食卓」であるとするが、本図の主題は、食事ではなく、そこに栽培された植物と、当時まだ珍しかった「温室」という施設である。

此粧飾的温室は所謂コンサーバトリーにして東西七間南北四間、東西は八角形をなし、シヤム産のチーク材を撰び、梁部は錬鉄製粧飾金具を用ゆ。中間支柱なく上部は一尺二寸間毎に椽《たるき》を置き一面に玻璃《はり》を以つて覆はれ、下部は粧飾用敷煉瓦を敷詰め、通気管は上部突出部及中間側窓と、下方腰煉瓦の場所に設けらる。棚下の発温鉄管は室内を匝環《そうかん》し、冬季と雖も昼間七十五度夜間五十五度内外の温度を保つ。周囲に置ける二層の花壇には、絶えず熱帯産の観賞植物を陳列し、クロートン（布哇《ハワイ》産大戟科植物譲葉《ゆずりは》の類）、ドラセナー（台湾及ヒリッピン産千年木《せんねんぼく》の類）、サンセビラ（台湾産虎尾蘭《とらのおらん》の類）、パンダヌス（小笠原島辺の章魚《たこ》の木）其他椰子類等はその主なるものにて、之れを点綴《てんてつ》せる各種の珍花名木は常に妍《けん》を競い美を闘はし、一度凋落すれば他花に換へ、四時の美観断ゆる事無し。

本図の右肩には、「大隈伯邸花壇室内食卓真景」というタイトルが付してあり、ここでは「花壇室」といっているが、「温室」という言葉はすでに見てきたように一般に用いられており、わざと珍しい名称を使って、この温室の独自性を際立たせたかったものと考えられる。口絵16は、大隈伯邸温室の内部写真である。人がいない分、口絵15と比較すると広く感じられるが、扉の形を見ると同じ場所であるとわかる。タイルが敷き詰められた、美しい空間である。

村井弦斎『食道楽』は、大ベストセラーとなり、明治三十六年（一九〇三）から『報知新聞』に続篇が連載された。この『食道楽続篇　春の巻／夏の巻』に登場する「促成箱」にも温室の説明がある。こちらは、フレーム温室で、開拓使が使用したものと同じ形式と考えられ、西洋風の温室が一般化したことがわかる。以下はその引用である。

玉江嬢「ハイ私の慰みに拵へてありますので、私自身が水をやつたり蓋《ふた》の世話をしたり致しますよ、箱の大きさは幅が四尺に長さが一間で御座います。箱はよく日光を受けるやうに前の方を低くしてありますが、板の高さは前が八寸に後が一尺六寸ありますのを、二寸程土の中へ埋め込んであります。四方から藁で包みとしたのは寒さを通さない為めで、日中に硝子の蓋を通して箱の中が何《ど》んなに暖くなりませう、あんまり暖過ぎて蓋の硝子へ水蒸汽（気）が溜まるやうな時には蓋の後方を少し揚げて、蓋の下へかひ物をして一寸ばかり隙《す》かして置きます」

お登和嬢「夜は何《ど》うなさいます」

玉江嬢「もう四時頃になりますと日が中《あた》りませんから、蓋をピツタリ締めて、上から酒薦《さかごも》を三枚程かけて置きます、曇つた日や雨の降る日は薦を被せたまゝ蓋を開けません、日の中《あた》る時だけ箱の中を温めるやうに致します」

小山の妻君頻《しきり》に箱の中を覗《のぞ》き、

「鉢植の苺が沢山入れてありますネ、斯《こ》うして置けば早く成りますか」

玉江嬢「是れでも畑にあるより一月位早く出来ます、今から箱をお拵らへになつて、畑の苺を鉢植にしてお入れになつて鉢と鉢の隙間へも藁を詰めてお置きになれば誰にでも出来ますから、早速お試しなすつて御覧遊ばせ」

小山の妻君　「今からでも出来ますか、宅でも一つ庭の隅へ拵へて見ませう、つまり寒さを通さない様に箱で囲つて日に中《あ》てるのですネ、鉢は今戸焼ですか、六七寸の大きさなら宜《よろし》う御座いますネ、水は毎日お遣《や》りですか」

玉江嬢　「三日に一度位で宜う御座います。朝と晩に薦を取つたり被せたり致しますが、自分で世話をしますと毎日大きくなるのが目立つやうで、何《ど》んなに楽みで御座いませう」

ここでは四時頃に酒薦を三枚かけると具体的に記述している。この促成箱は、苺を栽培するための装置なので、『西洋果樹栽培法』の記述と同じなのは当然であろう。西洋の最新式の開拓使の温室が、約三十年後に、華族のお嬢様の趣味として普及したのである。

第九章　文学に見る温室

観光地と温室

明治時代後半に華族によって世間に広められた温室は、大正時代になると次第に庶民のものとなっていった。愛知県蒲郡市にあった旅館「常磐館《ときわかん》」の温室もその一例である。常磐館は、作家・菊池寛の小説、大正十一年（一九二二）発表の「火華《ひばな》」（『菊池寛全集第四巻』所収）に登場する。

蒲郡の海！　それは、瀬戸内海のやうに静かだ。低い山脈に囲まれ、その一角が僅に断《た》れて、伊勢湾に続いて居る。風が立つても、白い波頭が騒ぐ丈で、岸を打つ怒濤は寄せては来ない。（中略）この海岸の風光を独占するやうに、旅館常磐館が建つてゐる。（中略）その丘陵には、梅林があり花園があり、小さいながら動物園がある。大弓あり楽焼の窯場がある。庭園には、姿の美しい小松が、生ひ茂り、青い芝生が生え続いて居り、海岸に近く放魚池さへ作られて居る。屋内に

103　『菊池寛全集』（文京ふるさと歴史館蔵）

は、玉突場があり、応接室にはピアノが備へられてゐる。海には、旅館専属の遊覧のランチが、紅白に塗られた船体を横へて居る。その上、旅客を送迎する自動車が備へられてゐる。

蒲郡の淋しい駅、あの駅を通り過ぎる旅客の誰が、この淋しい駅、淋しい町の海岸に、これほど壮麗な旅館のあることを思ひ浮べるだらう。それは、名古屋の某富豪が、蒲郡の風光を愛するために、道楽半分に建て、道楽半分に経営してゐる旅館である。夏は、海水浴のために、旅客が群集するけれども、秋から春の終《をはり》にかけては、十人二十人の滞在客しかない事が多い。

作品の冒頭から、蒲郡に実際にあった旅館、常磐館の紹介が始まる。ここは、明治四十五年（一九一二）に名古屋の滝信四郎が開業した料理旅館である。滝は、大正四年（一九一五）に、三河湾に浮かぶ竹島に鳥居を奉納し、このころからここを一大リゾート地にしようと発起し、観光地として耐え得るべく、施設とその周囲の環境を整備する。もともとは夏の海水浴時しか栄えていない地に、魅力ある施設を設けることで、東京や関西からの客の誘致を図ったのである。噂を聞きつけてやってきた菊池寛もその一人で、作品「火華」の発表により、全国的に有名になった。

「火華」は、当時社会問題となっていた労働争議がメインの小説であり、物語の舞台は東京である。しかし、主役の二人、川村鉄造と南條美津子がはじめて出会ったのが、ここ常磐館なのである。

大正八年の春の初、旅館の背後の丘陵にある遊園地の梅が、ほころび初め、蒲郡名物の風が、漸く暖気を帯び始めた頃である。ある日、東京から旅館宛の電報が来、三人の客が来ることを知らせた。旅館から、自動車を差し向けて待つと、特別急行を豊橋で見捨て、普通列車に乗り換へ、蒲郡駅で降りた電報の主と云ふのは、三人とも女であつた。

その中の一人は十八九、大実業家の令嬢らしく、他の二人は二十を越してゐる、令嬢の召使だつた。

（中略）主従は、再び海の姿を賞め合つた後、梅林から直ぐ、それに続く花園の方へ行つた。花園の中央には、白亜の建物に硝子を張り詰めた温室が、立つてゐ、温室の中には、春浅い二月を、真赤な桜草やカーネーシヨンが咲いてゐる。花園の下には、小さい動物園があり、大きい金網の小屋の中に幾十疋となく猿が飼はれてゐた。生れて間もない小猿が、幾疋となく薄日の射す小屋の一角へ集まつてゐた。

東京の令嬢・南條美津子が蒲郡常磐館を訪れ、旅館の周囲をめぐって、常磐館の付属施設である温

104 「東海名勝蒲郡常磐館風景丘陵温室附近ヨリノ竹島

室や動物園の紹介を兼ねる叙述である。

常磐館の風景は、数枚セットの絵葉書として印刷、販売された。旅館内の施設や周辺の風景が紹介されているが、そのなかでも、温室は、二枚の絵葉書に登場し、看板施設であったことがうかがわれる。一枚は、扉図（一七一頁）で、フランス風庭園に堂々たる温室が写っている。もう一枚は、図104で、温室の屋根の一部と遠景に竹島が見える風景である。絵葉書の印刷年は不明だが、竹島にまだ橋が架かっておらず鳥居があるので、鳥居が建立された大正四年（一九一五）以降、橋が架けられる昭和七年（一九三二）以前の制作とわかる。

「火華」に戻ると、令嬢たちは、常磐館の使用人、川村鉄造とすれ違い、たまたま令嬢がハンカチを落とし、男が拾って声をかける。令嬢は身なりから判断して差別的な言葉を言い捨てる。男は、これに憤りを感じて室料の五円札を投げ返した結果、解雇されてしまう。こうした最悪の出会いをした男女が、足かけ三年後に東京で、片や工場の事故で腕を失った職工、片や社長令嬢として再び出会う。

鉄造の顔を、ぢつと見詰めた令嬢の眼は、忽ち火華が散るかとばかり、らんらんと輝き始めた。らんらんと輝く令嬢の眸《ひとみ》には、ゆるすまじき敵意が、ほのめいてゐた。

このときはじめて作品名「火華」が登場することからわかるように、二人の男女の戦い、互いに相手を屈服させようと火花を散らす戦いが作品の主題である。

主人公たちがはじめて出会った場所、蒲郡常磐館とはどういうところなのか、読者は想像力をかきたてられて舞台を訪ねるようになり、結果的に絶大な宣伝効果を上げたのである。

「火華」発表から二年後の大正十三年（一九二四）、今度は、当時人気の風景画家・吉田初三郎により、蒲郡常磐館が描かれる。「東海唯一の清遊地　蒲郡常磐館御案内」（口絵17）と題された風景画で、初三郎の得意とした俯瞰《ふかん》図法により、蒲郡一帯が常磐館の施設で占められている。とりわけ常磐館の温室が雄大にそびえていて印象的である。このとき初三郎は、「絵に添へて一筆」として、この常磐館のパノラマ図制作にまつわるエピソードを披露する。

恩師、鹿子木《かのこぎ》孟郎先生の指導を拝し、予が日本全国名所図絵完成に志を立ててより春秋、既に十有三年、常に各地に旅行して、名所と交通の関係を踏査しつゝ、時には政府の命を受け鉄道旅行案内執筆のため全国に写生旅行等、各方面の一流旅館に接触の機会がかなり多かった。（中略）予の孫弟子となりて画筆に親しみ今や素人として其道に上達の傑人あり、其名を油屋熊八と呼ぶ。

> （中略）面白いのは油屋熊八氏より予に宛てたる最近の消息中、「蒲郡の常盤館こそは、真に日本一の旅館にて候、云々」とある事で、旅館経営の同業者に対し常に親善なる友誼的苦言を吝《お》しまざる同氏の口から斯の如き激賞はそもそも何を物語るにや。（中略）近時文化の進展に伴ひ交通機関の発展目醒しきものあり。世界的に健全なる旅行趣味の育成、旅行方法の研究、旅行上に関する案内、注意等、公私協力して益々訓練せられつゝあるの折柄、自然をはなれて生活の出来ない人生に必要欠く可からざる機関として旅館はいよいよ重視せられて来てゐるのだ。

と、全国の旅館経営者と知り合う機会が多かった初三郎が、名古屋の一流旅館の経営者・油屋熊八から聞いたとして「常磐館こそ日本一の旅館だ」という同業者への激賞を紹介する。昨今は交通の発達にともなって、多くの人々が旅行へ出かけるようになった。この旅行趣味を充実させるためには、日夜たゆまぬ営業努力をし、田舎の自然を景色に取り込むことができる旅館がいまや最も重要視されているのだという、初三郎自身の見解を述べる。

初三郎の描いた風景画も、当然宣伝効果があった。また、おそらく本図の制作は、常磐館の依頼によるものと考えられる。

そして、翌大正十四年（一九二五）、今度は菊池寛の弟子、川端康成が「驢馬《ろば》に乗る妻」という作品で、また常磐館を紹介する。以下は、「『驢馬に乗る妻』手記」の一節である。

> 私は風景から短編のヒントを得る場合が多い。気に入った風景は私に創作の刺激を与える。気持ちを新鮮にするからだ。例えば三河の蒲郡の常磐館、あの明るい海と美しい丘、それに温室、

牡丹園、梅林などの驚くばかり設備のいい旅館、（中略）そして丘の上の馬場には驢馬がいる。その驢馬にかわいい女を乗せて見たくなる。そして以前から持っていた主題のうち、その女に当てはまりそうなものはないかと捜し、事件をこしらえる。こうしてできたのが『驢馬に乗る妻』。

とあり、まず舞台としての常磐館があって、作品はその後に生み出されたのだとわかる。

常磐館は、この後、昭和九年（一九三四）に、観光ホテル「蒲郡ホテル」をも併設するが、昭和五十五年（一九八〇）に惜しまれつつも常磐館は廃業する。しかしながら、昭和六十二年（一九八七）には蒲郡プリンスホテルが誕生し、地方とは思えないほどの豪華な設備をもって客をもてなしてくれる。その輝かしい前史として、常磐館があってこそであろう。

文学作品に見る温室

明治時代になって、温室は博覧会会場にお目見えし、学術機関である小石川植物園の大温室も名所として紹介され、観光地の旅館にも登場した。こうして温室は庶民の憧れの対象から、身近な施設へ次第に変わっていった。近代の文学者たちは、このような新しい文化に敏感で、実に効果的に作品に生かしている。蒲郡常磐館の温室を紹介した菊池寛や川端康成もこれに含まれる。以下では、こうした文学作品を数例紹介する。

ジャーナリスト・山本笑月《しょうげつ》の随筆、『明治世相百話』には、明治初期の民間の温室の様子が描写されている。「初めての洋風温室」と題して、入谷の植木屋の温室を訪れた当時を回想する。

朝顔や秋草に交って西洋草花がぽつぽつ売りだされたのは明治二十年頃、それから四、五年の後までは、温室など、小石川の植物園にあったほか、民間には入谷の花戸《かこ》・入十《いりじゅう》だけで、これは本式に汽缶を据え付けて各種の洋花を仕立てた。主人みずから温室内に寝泊りして温度の調節を計るなど、最初の試みだけに大骨折り。細い幹で五間ぐらいの長さある電信木や、額になった大コウモリ蘭などを始め、ベコ（ゴ）ニヤ、シネラリヤ、ホクシヤの如き今日平凡の洋花、当時は色とりどりの美しさに驚異の目を見張って大いに珍しがったものだ。

時は、明治二十年代後半である。作品は昭和十年（一九三五）に発表されたものだが、明治前半の温室の史料は少ないので、貴重な証言である。この頃は、文中にある小石川植物園などの官営のものか、明治二十三年（一八九〇）設立の横浜植木商会などの商業用の温室しか目にすることができなかった。作品の中でも民間で温室を構えていたのは、「花戸」（植木屋）の「入十《いりじゅう》」ぐらいしかあるまいと述べているとおり、業務用のものである。入谷（現、台東区入谷）は、幕末から植木屋が集住する地域で、変化朝顔や菊を江戸・東京の市民に提供していた花の名所である（平野恵『十九世紀日本の園芸文化』）。右に掲げた文章によると、朝顔だけでなく、外国産植物も栽培、販売していたこともわかる。こうした色とりどりの花々を見て魅了された山本笑月は、素人ながら温室を作ろうとして奮闘する。

そこで私も感歎のあまり小さい温室を設ける気になって、約十坪の地を三尺掘り下げ、石造にして、硝子張りの屋根等お約束通りに出来、一隅に小型の汽缶を据え付け、鉄管を通じてまずよ

し と安心。然るに試験して見ると、汽缶は十二分に沸き立ちながら、鉄管へは熱湯少しも通ぜず、夜通し焚いても依然温度上らず、こんな筈ではなかったがと、汽缶職工を責めて幾度改良しても、最初の設計を誤ったため結局大失敗、そのうち春も三月となってもう温室も間に合わず、それでも牡丹、藤、海棠など収容し、炭団《たどん》の火で温度を保ち、四月はじめにぽつぽつ咲いたのがせめてもの腹癒《い》せ。

と、温室は庶民には高嶺の花であり、きちんとした設計技術を身につけていないため、素人が見よう見真似で作っても失敗するだけという結果になってしまった。せっかく蒸気管を鉄で作っても温度が上がらず、結局有効だったのは、江戸時代後期にも使用されていた炭団の火であった。

作者の山本笑月は、浅草花やしきの社主・山本金蔵の長男でジャーナリスト。浅草から入谷へは目と鼻の先なので、頻繁に植木屋に入り浸っていたのであろう。

こうした試行錯誤の時期を経て明治後期になると、庶民の家にはまだ無理だが、公共施設たる学校に温室が付設されるようになった。劇作家・木下杢太郎《もくたろう》の『温室』（一幕一場）はこの頃の作品である。時は明治末期、場所は学校の薬草園温室前の広場である。温室の中で台詞は交わされないが、温室は舞台装置として重要な役割を果たしている。冒頭のト書きには、

五月の入日頃《ひりひごろ》、斜日《ゆふひ》に輝きたる温室の玻璃《はり》の壁を透きて紅紫、色さまざまの花仄《ほの》かに見ゆ。温室、上手の側に入口あり。扉少しく明いてゐる。温室の前なる広場には幾何学的にしつらはれたる花圃ありて、真赤なる虞美人草、だありあ、こすもす、おしろひ花、その他いろいろの花咲き乱る。

舞台なか程に小さき円形池。そが中に青銅の噴水盤。吹き上り、滾《たぎ》り落つる水沫《すいまつ》に落日の影きらめく。

温室の中から玻璃の壁、つまりガラス製の壁越しに紅や紫やさまざまな花が見え、温室前の広場には、虞美人草《ぐびじんそう》・ダリヤ・コスモス・おしろい花などで幾何学文様を形作った花壇がある。池には噴水があり、水沫が夕陽を受けてきらめいている。このような夕暮れの風景から戯曲は始まり、中盤になって訳ありげな男女二人――薄面紗をかぶった女性と背広を着た男性――が温室の前で問答し、クライマックスに向かう。

面紗の女　つい先《せん》の日曜、二人ではいつて見ませうと云つた時、貴方（温室へ）入《はい》れなかつたぢやありませんか。

若き男　だつてあの時には、中にお前の学校の生徒が沢山ゐたぢやないか、二人で一緒に入りでもして御覧、お前は学校に居られなくならうぢやないか。

面紗の女　私、あの時なら学校なんか廃《よ》されても構はなかつたわ。

自由奔放な女性と、学者になるか芸術家になるか逡巡《しゅんじゅん》している若者の問答によって、周囲に秘めた仲であるとわかる。男性は、女性の悪い噂を友人から聞いて交際を躊躇《ちゅうちょ》しているらしく、それを察した女性が、白黒つけようとする。

面紗の女（温室の内を覗き乍ら）もうあの中のやうな花やかな生活は捨てるんですね。貴方はよくあの温室の中で私に云つたことを覚えてゐますか。――

若き男　何を？――

面紗の女　日本の生活はつまらないつて、もつと花やかな、花やかな生活がしたいつて――温室の
いりうじよんのやうな。――

女性の台詞、「よくあの温室の中で私に云つたこと」により、二人は温室内でたびたび逢瀬を重ねていたとわかる。その夢のような空間で、温室の「いりうじよん」（イリュージョン。幻想）のようだと、めくるめく花々の色彩を表現する。秘めた恋愛の場に、温室を選んだのは、現実的でない華やかさが、この温室という空間に存在するからであろう。

面紗の女　（戯るるが如く、またまじめなるが如く）ぢやあ貴方は私とあの温室の中にはいれて？

若き男　あの蛇のゐる所へ？

面紗の女　（譏誚《きしょう》的に）貴方は芸術家ね。何でも熟《よ》く知つてるのね。蛇のゐない温室にも恋があつて？　（髪より向《さ》きの薔薇花を抜き取りて）貴方はこの薔薇から花弁《はなびら》だけ取らうつて云ふんですの？――私から手紙ばつかり取つとくやうに。――

ここがいわば物語のクライマックスである。女の過去の恋愛沙汰が露見し、女は、別離か否かを迫る。「譏誚」とは、責め咎めることである。そして決断の手段として、温室へ入るか入らないかの二者択一の行動を選ばせるのである。実は、この温室は、毒蛇が逃げ込んだ場所で、華やかではあるが、また毒もあるのだということを、観客も登場人物も承知の上で選ぶかどうかで、緊張感が次第に高められていく。二人の将来を、温室と毒蛇に喩え、愛が強いのなら選べるはずだと迫るのである。結局、

男は温室へ向かうことになるが、毒蛇に噛まれて死んでしまうという哀れな結末を迎えることになる。

この「温室」という作品は、明治四十二年（一九〇九）九月上旬に成稿し、同年十月一日発行の雑誌『屋上庭園』第一号に掲載された。すでに学校の校庭にしつらえられ、教育目的の施設が、教育的でない男女の恋愛のもつれの場面に使われている。

余談であるが、温室や植物園は、小説、戯曲、絵画、映画、マンガなどあらゆるメディアにおいて、恋愛をからめた場面に登場することが多いようである。前に紹介した菊池寛の「火華」もそうした一つであろう。印象派絵画にも温室前にたたずむ女性といったモチーフが多く、そこに退廃的なエロスが感じられるものも多い。七十年代に一世を風靡した少年の同性愛を主題にした少女漫画でも、主人公が温室内で性的暴行を受ける場面があったと記憶している。今、これらの実例を網羅する力は私にはないが、人がめったに行かない場所であるからなのか、本作品のいうように幻想的な場所であるからなのか、起源は西洋に求められそうであるが、今後解明していきたい課題の一つである。

さて次に紹介するのは、大正の世に、働く女性たちにインタビューした『今の女』という作品（大正二＝一九一三年発行）である。さまざまな職業婦人が登場するが、このなかに「温室の人」として女流園芸家・関川さだ子の談話が紹介される。はじめに、取材の場の説明がある。

道灌山の緑深い木立を向に眺めた神木信次氏邸に、温室係関川さだ子さんを訪ねると、さだ子さんはキリ、とした、飾気の無い束髪に、濃い小豆色毛繻子の筒袖コートを着た、二十二三の小柄な婦人で、快く温室の扉を開いて記者を迎へ、

「私は別に園芸の修業を致したのでもございませんが、主人が此上も無く園芸がお好きで外国から直接に種々な珍草名花をお取寄せになるのを、私が只お側に居てお手伝をいたすだけなのでございます。」

六十度の温気に、蒸される様な、硝子張りの室を進みながら、説明をする。

道灌山の神木信次氏とは、五十嵐栄吉編『大正人名辞典』に、東京本郷の動坂三四八番地在住とある神木合資会社社員・神木信次郎のことであろう。銀行員が道灌山に住まい、趣味の園芸というよりは、わざわざ園芸家を雇っていることから、実業家としてのステイタスで温室を所有していたのではないかと想像できる。

「之が何《ど》れも蘭の種類でございます。先日までテントロビームが花盛りで、綺麗でございましたが、皆切て終《しま》ひまして、一しきりお淋しくなりました。温度はこの室が一番低く其上は六十五度に七十度まで三通りに分けて、ソレ〴〵に植物を置きますが、この温度のとり加減が、なか〳〵難かしいので、石炭焚きまで全く私の手一つで致して居りますから、夜分も十時迄はこゝに火の番を致して居ります。」

熱帯の香を嗅ぐ様な、濃緑の棚の上に、咲き残つたソフロニーの蝶の様な真紅の花が只一つ咲誇つて居る。

と、温室内で栽培する植物は、当時実業家や華族の間で爆発的に流行した、デンドロビュームやソフロニー（ソフロニティス。ブラジル原産の蘭）などの洋蘭であったことがわかる。

さだ子さんは、第二室に導いて小鉢に植ゑたアンスリーム（サトイモ科の属名）の些細《ささやか》な若芽を示しつゝ、

「手のかゝりまするは移植の時で、球根で来ますのも、又こちらで播種して育てるのもございます。こうして段々に移植しまして、これが六尺にも余る迄、毎日どんな花が咲くか、と気をもみ乍らも待つて暮すのが、何とも云はれぬ楽しみで、丁度自分の子供を養育するのもこんなものだらうかと思はれます。」

その加熱の仕組みは、次のとおり、スチーム管を廻した最新式で、燃料はコークスである。

「室《むろ》は温度に依つてスチームを二本三本と通して置きます。又棚の植物に、蒸気の温気が直接に当るのを嫌ひますから、御覧の通り、これで温度を緩和させます。」

と、いひつゝ、棚の下に一様に並んだ、浅い箱を引出した。

小豆大に揃つたコークスが、清らかに洗はれてある。

取材記者は、室内を文学的に次のように表現する。

室内は、埃一つ留《とど》めぬ、清々《すがすが》しさ。夕暮の太陽は、硝子を透して、隈なく温かき光線《ひかり》を送り、

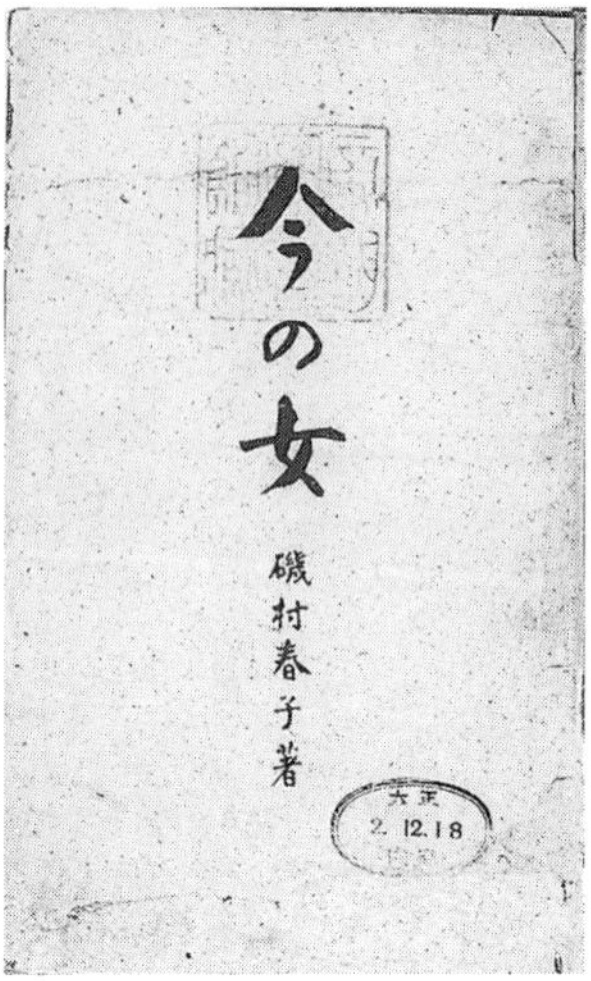

105 『今の女』表紙（国立国会図書館蔵）

さだ子さんの、編上げの靴音計りが、包まれた様な、静寂《しづけさ》を破つて、甃《いしだたみ》の上に高く響く。

温室内を清潔に保つことは栽培の上でも重要なことであるが、記者は、視覚的に清らかな温室を語り、聴覚的には、静かな空間に靴音が石畳の上で鳴り響くと記すことで、容易に温室のイメージを結びやすくしている。最後に、仕事への意欲を語る。


「私はモー七年計りこの植木を相手に暮して居りますが、マー女の仕事の一としては楽しみな適当な職業だらうと思はれます。い、え未だ経験が十分足りませんので、失敗計りいたして居ります。」


謙遜に答へて、しとやかに首垂《うなだ》れた。

後には剪《はさみ》の音冴えて聞えた。


働く女性からにじみ出るオーラのようなものを記者は感じたのであろう、静寂な温室内でハサミの音だけが聞こえるという結び方が印象的である。

『今の女』は、大正二年発行で、著者自身も働く女性でジャーナリストの磯村春子（一八七七〜一九一八）である。江戸・明治までは、植木屋はすべて男性であった。それが、洋蘭が流行したおかげで、女性でも運搬や植替えができ、洋蘭の栽培の歴史が浅いことから、女性の進出が可能で、女流園芸家という専門職が成り立ったのであろう。

『今の女』のはしがきには、

女には、男と違つた、然かも男よりも超達した特性がある。（中略）この美しい特性を保持せんが爲めには、今の女の立場として、今日の社会に順応する様努むると同時に、従来の型にのみ因《とら》はれず、益々実力を養ふべき方面に思想をむけて行かなければならぬ。

今日迄、当然女の仕事であり乍ら、猶且つ、男の手を離れる事の出来なかつた様な者でも、自ら進んで之を試みるといふ勇気を充実して貰いたい。

とあり、男性のものだと思われていた職業にもチャレンジしてほしいと女性にエールを送っている。大正デモクラシー盛んなりし時代らしい文章である。

『食道楽』にもいえることであるが、大正期の啓蒙書には、文化的生活の有意義さを登場人物たちに代言させて高らかに主唱する作品が多い。温室は、文化的な施設の象徴となり、同時代の文学作品に登場するようになった。振り返ってみると、江戸時代後期の『南総里見八犬伝』に和風温室の岡むろが登場したのも、まさしく大正期と同じく、新しいものに触れないではいられない作家の衝動によるものと考えられる。

第十章　より身近な温室へ

関東大震災後の復興

大正十二年（一九二三）九月一日に起きた関東大震災は、身近な生活様式に大きな影響を与えた。震災復興の過程で生活様式は西欧風へ移行し、次世代の子供たちにも西洋の文化を受け入れさせる風潮に拍車がかかった。それは、具体的には、地震によって瓦解した明治以来の木造校舎を建て直した震災復興小学校の建築様式に顕著に見られた。一般家庭にさきがけてまず学校の施設が変わっていったのである。堅固な鉄筋コンクリート造の校舎に避難場所として小公園を併置するという大きな造作はもちろんのこと、これまで欠落していた課目を学ぶための理科教室や音楽教室や家庭科室など特別教室を必ず配置するようになった。温室の建設は、こうした動きと密接に関連する。

昭和七年（一九三二）、東京市役所より発行された『東京市教育施設復興図集』をみると、温室があ

106　第一東京市立高等女学校校庭

107　博物教室内部

108　学校配置図（部分）
（いずれも『東京市教育施設復興図集』台東区立中央図書館蔵）

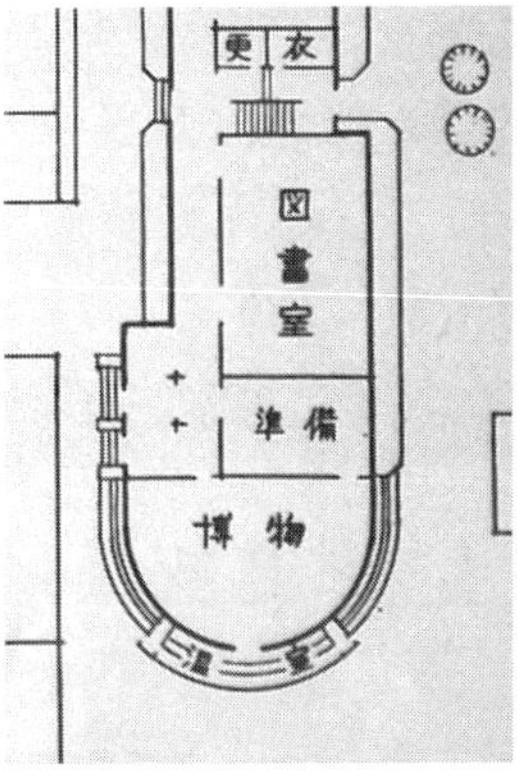

109　黒門小学校屋上教材園（『東京市教育施設復興図集』台東区立中央図書館蔵）

る学校は、上六・麹町・金華・番町・鉄砲洲・明石・赤羽・笄・氷川・早稲田・鶴巻・牛込・窪町・練屏・入谷・西町・山伏町の十七校を数え、屋上や校庭、校舎の脇など、場所や規模はさまざまであった。校舎概要には載っていないが、外観写真や配置図に温室が認められた場合もあり、敷地の規模により温室の大小があるため、実際には十七校以上の学校に設置されていたと思われる。

また、第一東京市立中学（現、都立九段高校）と第二東京市立中学（現、都立上野高校）など中学校（現在の高等学校）には、小学校に比べて面積を大幅に増やした温室を備えるようになった。図106〜108に掲げた第一東京市立高等女学校（現、都立深川高等学校）は、震災翌年の大正十

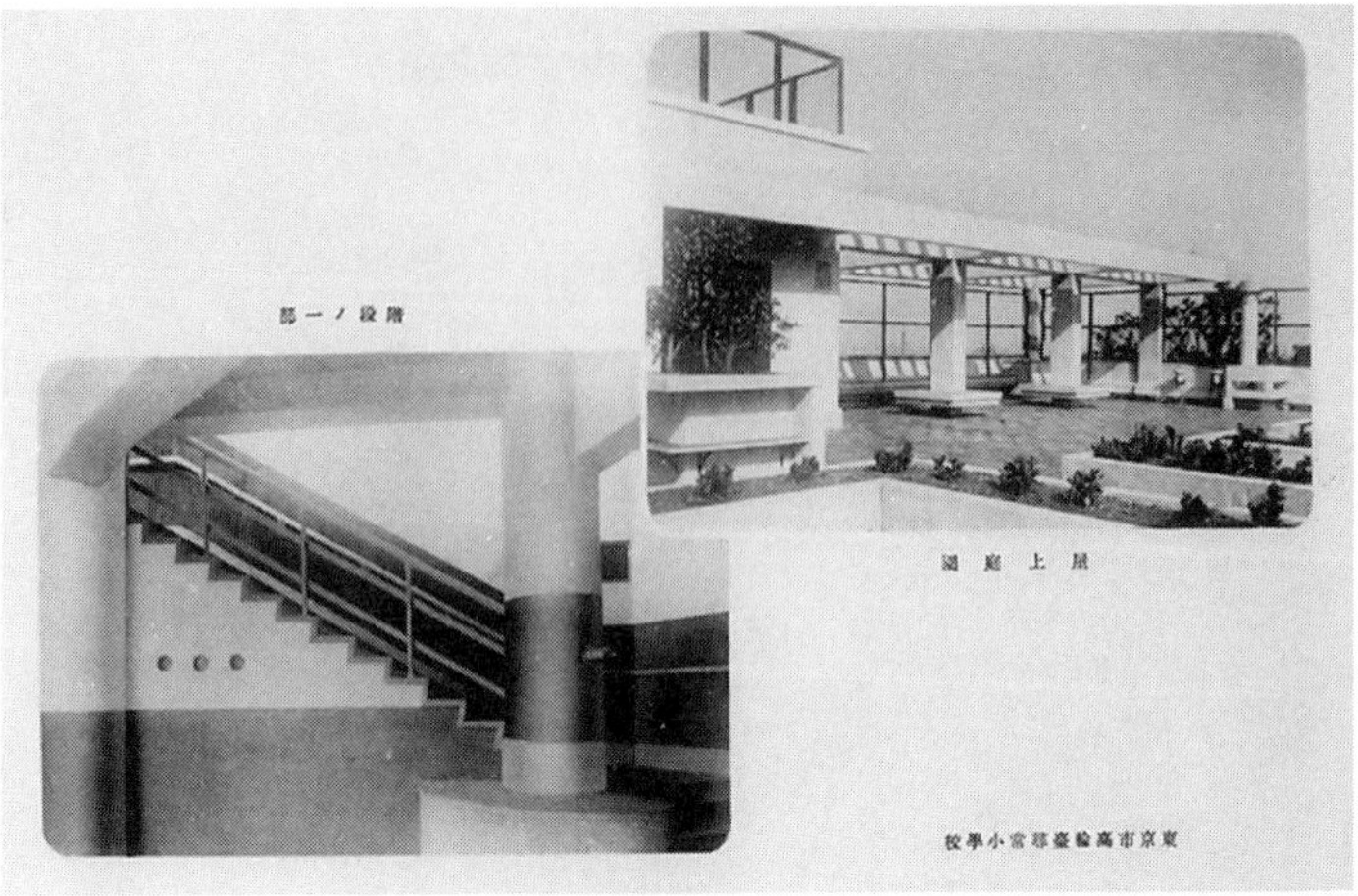

110　絵葉書．東京市高輪台尋常小学校屋上庭園

三年（一九二四）五月創立の新しい学校であるが、特別教室である博物教室の外周に沿ってガラス張りの温室がめぐらされるという、デザイン性と機能性を兼ねたつくりになっている。

震災後の復興期は、新しい様式の建築ラッシュとなる。新様式のいわばモデルケースともなったのが、学校であった。緑豊かな復興小公園を隣接させ、校舎の屋上や校庭に花壇・温室を設けて、教育の現場に園芸の要素を強くとり入れた都市デザインが一世を風靡した。

近年、屋上緑化運動が盛んであるが、当時も屋上に緑化地帯を設けるのが流行した。図109は、昭和八年（一九三三）当時の黒門小学校（現、台東区立黒門小学校）の屋上庭園である。中央にはコンクリート製の花壇に植物が植えられ、右端にはフレーム型温室が見える。説明には「黒門小学校屋上教材園」とある。

図110は、高輪台小学校（現、港区立高輪台小学校）の屋上庭園である。黒門小学校と同じく花壇が整然と並ぶ。黒門小学校は教材園であったが、こちらは見晴しのよい位置に、パーゴラが据えてあるなど娯楽性も兼ね備えてある。

昭和三年発行の『園芸と小家畜　小学生全集第六十六巻』には、次のとおり、学校園の設置を勧める文章が載っている。

学校園とは、農村の小学校であれば、高等科の農業科実習地までも当然入れてよいのでありますが、普通には学校園及び実習地といひ、学校園は農業科以外の教科書にある植物及び作物を集

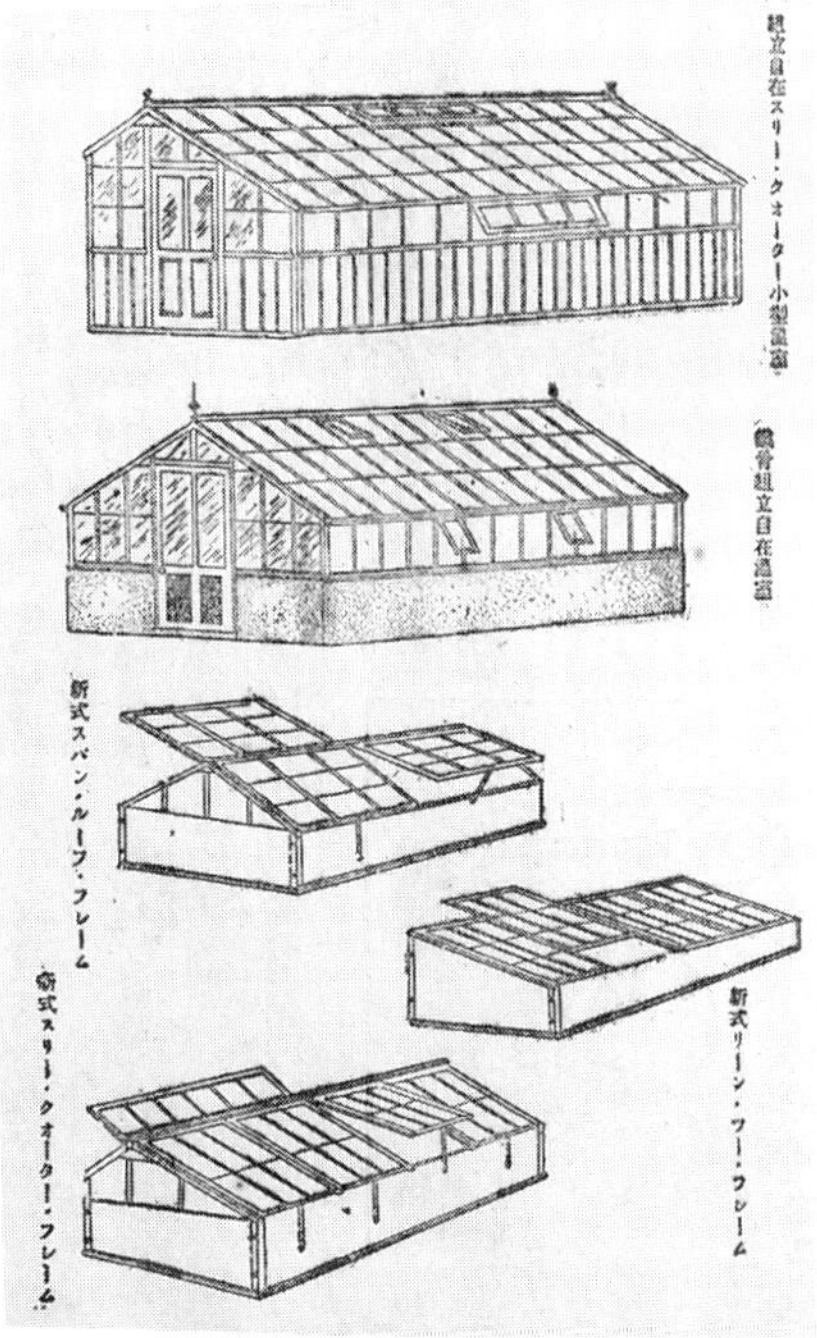

111　温室の図（『園芸と小家畜　小学生全集第66巻』）

め、校地を利用してこれを植付けた所のみを称してゐますが、本書ではこの実習地までも学校園の中に入れることにしておきます。

このように、学校では教育という明確な目標を掲げた新しい空間、「学校園」が登場した。同書には、参考までにと断っているが、新式の温室の図が掲載されている。「組立自在スリー・クォーター小型温室」「鉄骨組立自在温室」「新式スパン・ルーフ・フレーム」「新式リーン・ツー・フレーム」「新式スリー・クォーター・フレーム」の五点である。スライド式のガラスの開閉方法や形・大きさなどの組み合わせを変え、バリエーションが豊富になったとわかる。学校向けと明記されていないが、将来を見込んで掲載したにちがいない。学校園ができることによって、その付随施設として温室が必須となっていったのである。

昭和四年（一九二九）に新築された上野松坂屋にも、温室が登場した。昭和十年（一九三五）刊の『松坂屋三百年史』には、次のとおり屋上遊園の様子が記される。

屋上を松坂遊園と総称し霊験顕《あらた》かなる鶴護稲荷神社を安置し奉り、花見茶屋は程近き上野不忍の勝を瞰下する事が出来る。此処を児童のため開放して、各種の運動機具を始め動物舎、水禽舎、展望台、花壇、サンルームを設けてあるが、その展望の壮快なるは云ふを俟たない。

「松坂遊園」として稲荷を勧請し、花見茶屋の営業を始めた。ここまでは江戸時代にもある娯楽施設だが、児童のための運動機具、動物や水鳥の小屋、展望台、花壇、サンルームの各設備は、復興小学校と同じで、近代娯楽の代表的なものである。今でもデパートの屋上に花屋が多いのは、この頃の

112　「上野松坂屋の屋上展望台より」
（『松坂屋三百年史』台東区立中央図書館蔵）

名残りである。図112をみると、話題の屋上遊園に多くの人々が訪れてごった返している様がよくわかる。手前に白いサンルームがあり、その右手の黒い部分が花壇である。

『松坂屋三百年史』には、「上野松坂屋の屋上展望台より――げに妙《たえ》なる眺めかな」と題した一文がある。難解な語もあるが、文章全体が七五調の名調子なので、まず原文を味わってもらいたい。

芳野から松見に来ませ江戸の春、と季鳴が吟をかりがねの、残して帰る東台の花の、雲を反つて脚下に観る、こゝ海抜二百尺、松見に来ませ松坂屋の、活けるパノラマの展望台！江都の春秋かけまくも畏き千代田の皇室のあたり常盤堅盤《ときわかきわ》に色かへぬお濠の松の、緑も深き九重の、天は仰ぐも恐れと晴《ひとみ》を転せば、そこに千古《せんこ》白雪をいただく、我が日の本の金看《かん》牌《ばん》、万国不二の霊峰は、木花開耶姫《このはなさくやひめ》神の、御もすそ長う霞と曳いて、従容《しょうよう》として立つところ、恰も其裳を捧持る歟《か》に慎ましく起つ駿河台。曾《か》つて治安鼓吹《こすい》の余韻長くひびきわたりし、所謂「莞爾来《ニコライ》の鐘」こそ聞えぬ、近く旧地に再築されて、文字通りの復活聖堂！　異国情調と江戸情調の弓手馬手《ゆんでめて》、ふりさけ看《み》ればこれはまた、そのかみ江戸の総鎮守、おらがお江戸の神田ッ児が、崇《あが》めをろがむ神田の社、明神さまの大銀杏の、過ぎし関東震災に焼け木杭《ぼっくい》のうら淋しく、こゝに哀れをとどめしが、珍らしや再び春に藍色の空も貫く勢ひを見せて、寿芽出度く末広がりの嫩葉《わか》を著《つ》け、纔《わず》かに屋上の盆栽に大自然縮図と親しむ都会に在てはかの百明が、初午や江戸は一と木も森の数、の句意さへそゞろに忍ばれて、亦珍とするに堪へたる風情、さながらに是れ南画の趣。

全文ではないが、冒頭の一節を掲げた。現代語に訳すと以下のとおりである。

「吉野から松見に来てください江戸の春」と季鳴が詠んだ雁の群れが残していった東叡山の桜が雲のようにたなびいている。こうした空を見上げる反り返った姿勢を直して足元を見ると、ここは海抜六〇〇メートルの高さにある。松を見に来てください松坂屋の、臨場感あるパノラマの展望台である！　江戸の春秋、かけまくもかしこき千代田の皇室のあたりは永久不変に色が変わらない御堀の松も、緑が深いこの地は上から見るのも恐れ多しと、視線を転じると、古くから白雪をいただく、日本の金看板、万国不二の霊峰は、木花開耶姫神《このはなさくやひめ》の着物の裾のように長く霞んで、ゆったりとして立つ姿のようである。この裾を捧げ持つかのように慎ましく立つのは駿河台である。かつて（湯島聖堂で学者たちが）論を張っていたときの余韻が長く響きわたって、いわゆる

「ニコライの鐘」も聞える。最近旧地に再建されて、文字通り「復活聖堂！」である（湯島聖堂とニコライ聖堂をかけている）。異国情調（情緒）と江戸情調の左も右も、遠くながめれば、これはまた、その先に江戸の総鎮守、おらがお江戸の神田ッ子が、あがめて拝む神田神社。明神様の大銀杏は、先年の関東大震災に焼けて木杭のようになってうら淋しく、ここに哀れをとどめる。しかし、珍しいことに、再び春になって藍色の空を貫く勢いを見せ、めでたく末広がりの若葉をつけた。わずかに屋上に並べた盆栽に、大自然の縮図を見て親しむ都会においては、かの百明が、「初午や江戸では名のある一本の木が森の数ほどある」と詠んだ句の意味も漫然と思い出し、また珍しいとするに値する風情は、さながらに南画の趣にも似ている。

のっけから老舗デパート「松坂屋」の松とひっかけるなど、ダジャレじみた言葉遊びや見立て（富士の裾野と神様の着物の裾）がそこかしこにある、江戸趣味あふれる文章である。要は、新築なった松坂屋の屋上から眺めたパノラマを、リズミカルに並べている。皇居、神田明神など江戸・東京の従来の名所に加えて、震災復興の象徴である二つの聖堂、湯島聖堂とニコライ聖堂を紹介する。また、震災で焼けた神田明神のイチョウから新しく芽が出たことから、東京は、建物だけでなく緑が非常に多い点も褒め称える。屋上に盆栽を並べて楽しむとあり、当時盆栽が流行していた様子も物語る。

この後も、上野公園の桜や不忍弁財天、東京帝国大学、湯島天神、上野広小路、上野駅、根岸の里、三ノ輪、吉原、浅草観音に触れ、凌雲閣（浅草十二階）は震災で倒壊したけれども、五重塔が芝（増上寺）、上野（東照宮）、天王寺（谷中）にあり、これらすべてが、日本の建築の精鋭だと声高らかに褒め

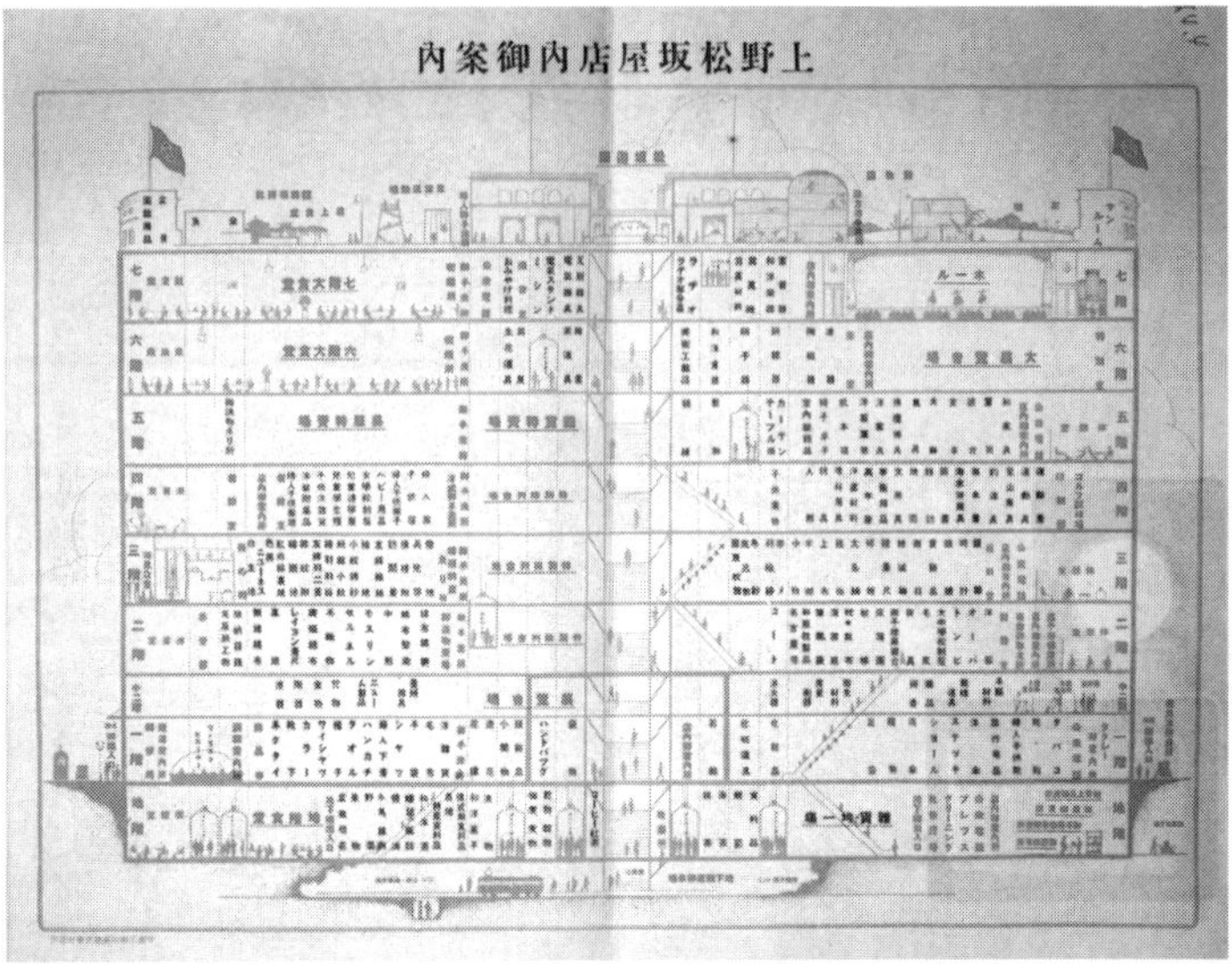

113　上野松坂屋店内御案内

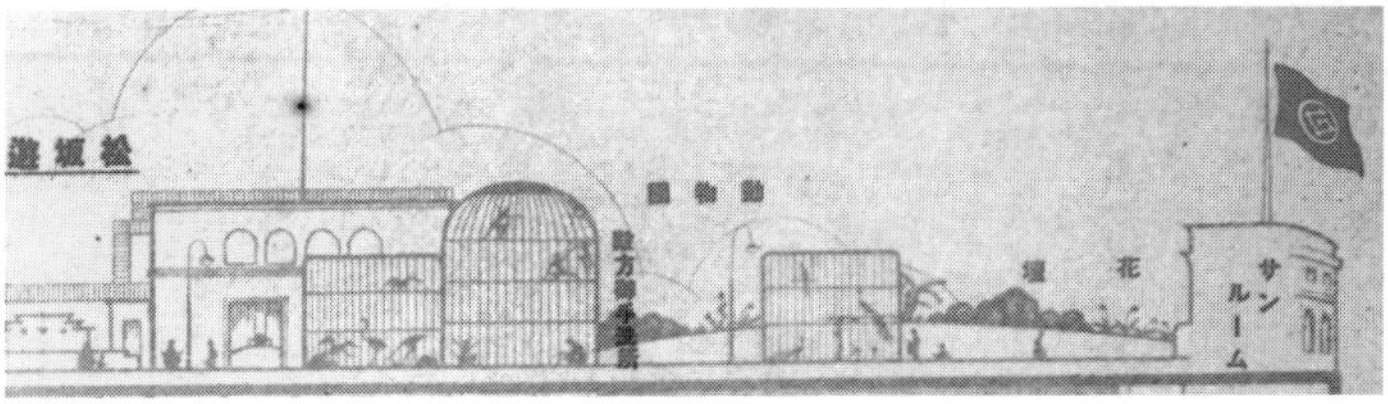

114　図113の部分（台東区立中央図書館蔵）

上げている。

昭和四年（一九二九）頃に印刷された一枚刷り「上野松坂屋店内御案内」（図113・114）も興味深い。地下一階から七階、さらに屋上までの売場案内図である。「松坂遊園」と名付けられた屋上に注目すると、北側から園芸用品、盆景、金魚、鶴護稲荷社、屋上食堂、児童運動場、婦人御手洗所、殿方御手洗所、動物園、花壇と記され、南側の端はサンルームになっている。

関東大震災後の東京は、ここに紹介したように新しい建築物がいくつも完成し、「東京」から「大東京」になったという自負心にあふれた印刷物が多数発行された。ただし、右に掲げた松坂屋の宣伝文では緑が多いと述べてはいるが、松坂屋周辺であれば下谷・浅草などの江戸からつづく寺院の多くが罹災し、東京郊外に移転してしまうなどして、実際には緑地面積はかなり減少していた。これを懸念した東京人たちによって、屋上に庭園を設け、あるいは保護すべき天然記念物の調査に乗り出すなど、政府の方針として緑化を視野に入れた都市を整備する動きが現れた。民間ではあるが多くの人が訪れる百貨店の屋上にも動物園と植物園が設けられ、公立小学校と同じ教育目的をもつ新しい施設となったのである。

誰にでもできる温室

これまで、公共建築における温室の普及を見てきたが、関東大震災後の暮らしは、個人レベルでも

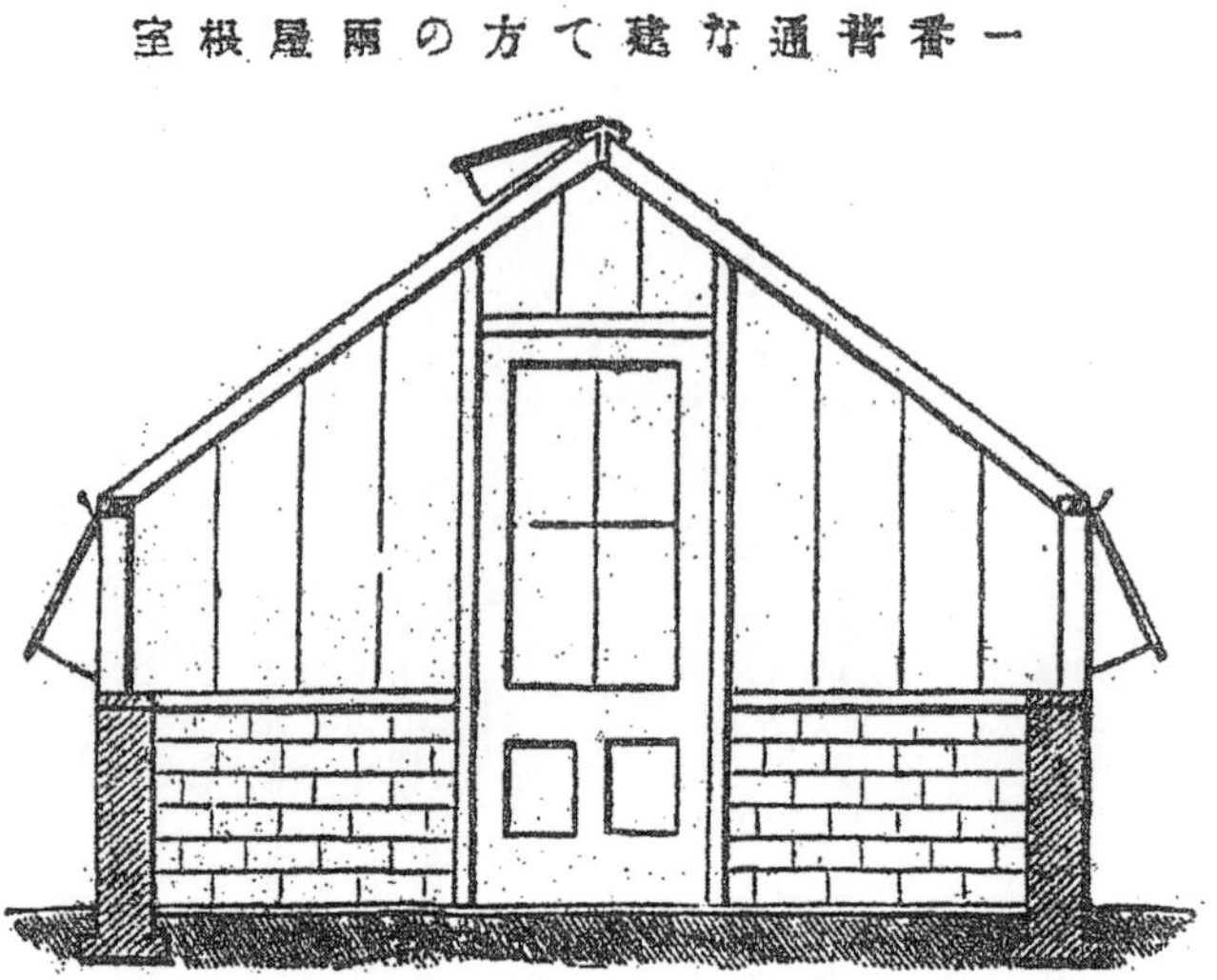

115 『実用娯楽温室園芸の知識』（国立国会図書館蔵）

激変した。以下では、その例を見ていく。

大正十四年（一九二五）刊、石井勇義著『実用娯楽温室園芸の知識』には、当時の園芸に対する考え方が変わってきたことがうかがえる記述がある。

> 温室で花をつくることは、もと特殊な階級の娯楽に限られて居りましたが、只今では一般に普及して参りました。冬の園芸も、小さな温室さへあれば、格別むづかしい事をせずに、素人の方でも、お花を咲かせることが出来るのであります。本書は、専ら簡易な設備で、沢山の費用をかけずに、一般の方が楽しめる様にといふことを主眼にしたのであります。
>
> 最初に温室の建て方を実際的に述べ、栽培の項ではありふれた代表的なものについて詳しく説明し、他の類似の草花は、いづ

れかを応用して出来る様にしました。何百といふ温室植物について、一々異なったつくり方を述べることは、初心の方に対して、徒らに栽培方法を面倒なものにする丈《だ》けだと思ったからであります。

と、初心者用の温室ガイドブックである点を強調している。特殊な階級というのは、明治三十年代の華族を指す。しかし華族ほど豪華ではないが、図115を見ると、この本が勧める温室もかなり本格的である。ガラスや鉄などの材料が、この頃には入手しやすくなって価格が低下し、個人でも温室がつくれるようになったことがこのことよりわかる。著者の石井勇義は、雑誌『実際園芸』の主幹を務め、近代における園芸の趣味普及に大いに貢献した人物である。

昭和六年（一九三一）刊『主婦之友』の附録「家庭園芸草花と野菜の作り方」には、「家庭の慰安は園芸から！」という宣伝文句が躍り、横浜植木株式会社の創立四十周年記念売出しの広告が載る。折帖仕立てになっており、片面には野菜の、もう片方の面には花卉の栽培方法がそれぞれ印刷されている。「火華」で主人公が常磐館で見たカーネーションなどは、次のように説明されている（口絵18）。

殆ど一年中、花屋のウィンドウを飾つてをりますが、温室栽培だと何時《いつ》でも花を咲かせます。普通は、六七月頃でなければ咲きません。石竹類の一種で、よい匂があるので、愛玩されます。種類のよい物は切花でもなか〳〵高価です。

このように、温室のおかげで一年中花が楽しめる、と利点を「ですます」調で平易に述べる。図はすべてカラー印刷で、絵・編集ともに当時最も植物画に優れていた村越三千男が担当した、華やかな

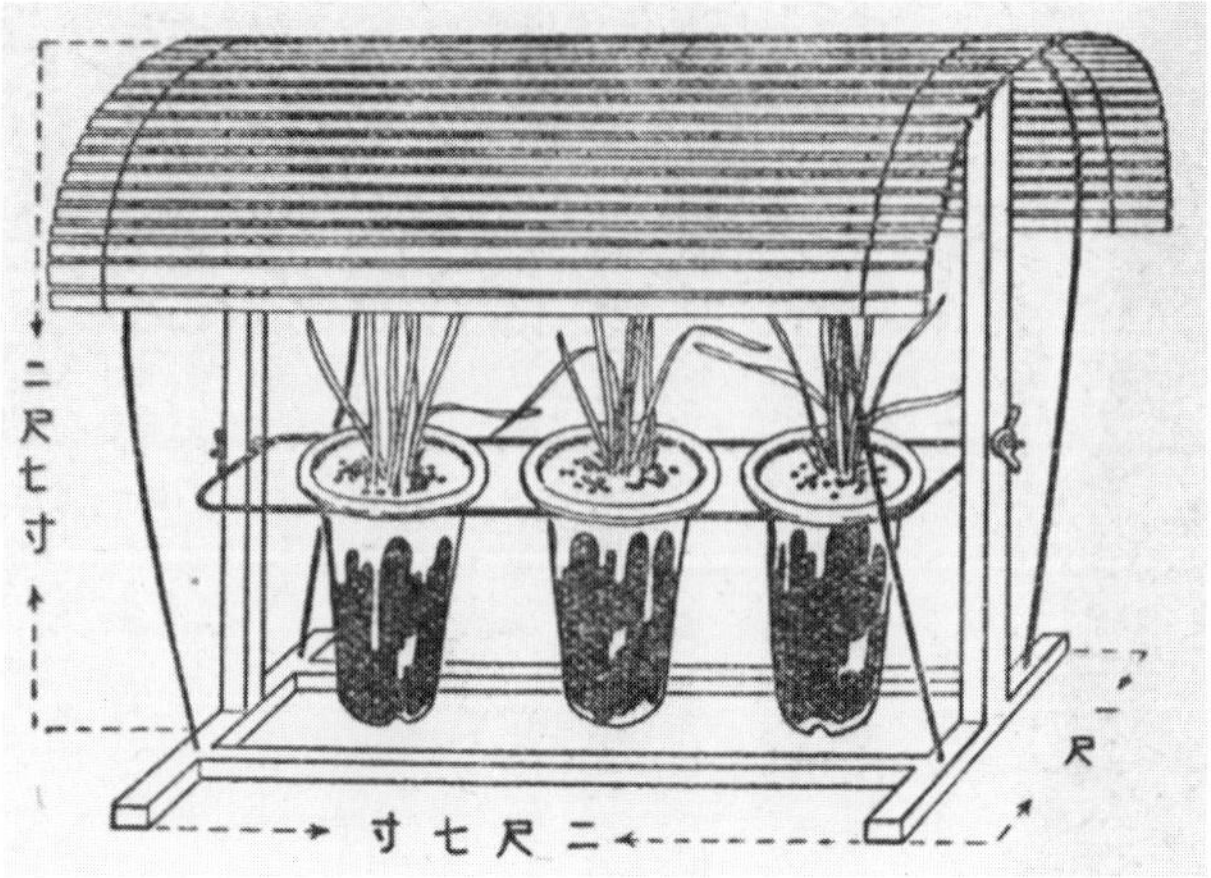

116　栽培台

冊子である。こうした体裁は、読者が女性だということを意識したものであろう。

全七十二種類の花の説明文のうち温室に触れているのは、スイートピー、ベゴニア、ヘリオトロープ、クリナム（和名はまおもと）、クライヴィヤ（和名くんしらん）、マーガレット、アントリュームであった。もちろん、菊や朝顔など従来ある花も紹介されているが、花卉栽培が女性の趣味になり、温室を用いる本格的な植物も徐々に浸透していたことがわかる。

次に、個人の温室栽培の例として、昭和の彫塑家・朝倉文夫を採り上げる。朝倉は、東洋蘭の作り手としては名人といわれたほどの腕前で、昭和十二年（一九三七）に刊行され、当時の蘭の優品を集めた大型豪華本『蘭華譜』には、朝倉愛蔵の東洋蘭が写真入りで掲載されている。また、その著作、昭和十五年（一九四〇）刊行『東洋蘭の作り方』の「蕙蘭の作り方」の項に、簡易温室ともいうべき二つの事例が載っている。

場所は他の蘭と同様の場所でよいが、取扱ひは多少異つてゐる。棚の上に置かないで、地面に砂を敷き、その上に栽培台か栽培箱を置く人もある。これは地温を利用して、作（栽培）を促進するためである。

棚は地上三尺か二尺五寸位の適当の高さに作り、その上に並べて管理の都合のよいやうに作つて置くのが便利である。さうしてこの棚の上に丁度四阿《あずまや》のやうに四本の柱を立てその上に簀《す》を張る用意をするのである。この簀の面積は、この棚が日光から保護出来るやうな広さになつてゐなくてはいけない。さうしてこの高さは棚より二三尺高くして、自分の頭のつかへない程度にし又蘭とも適度な距離をつくつてやるのがよい。

栽培台と云ふのは、鉢を支へる丸い輪が一列に並んでゐる台で、其の上に楕円形に竹か針金で簀受けを作り、鉢を支への丸い輪の中に入れて鉢の縁で止め、日光が葉に直射しないやうに簀で覆ひ、鉢のみに直射するやうにしたもので鉢が日光に直角になるやうに、それを動かす事も出来又鉢は輪の中で廻すことも出来る。

ここまでが、栽培台の説明である。図も併用し、作り方はもちろん、なぜこのような作りなのか理由まで説明しているところが、江戸時代の栽培書より親切である。

栽培箱と云ふのは、市内に売つてゐる簡単な下駄箱のやうな形のもので、中は三鉢位は入る大きさで、高さ二尺位、幅二尺に奥行一尺位のものである。前面に紙障子二枚あり、下のが三寸位、上のが一尺七寸位になつて居り、両側に箱の手掛けのやうな形に一寸に三寸位の窓を開き、これ

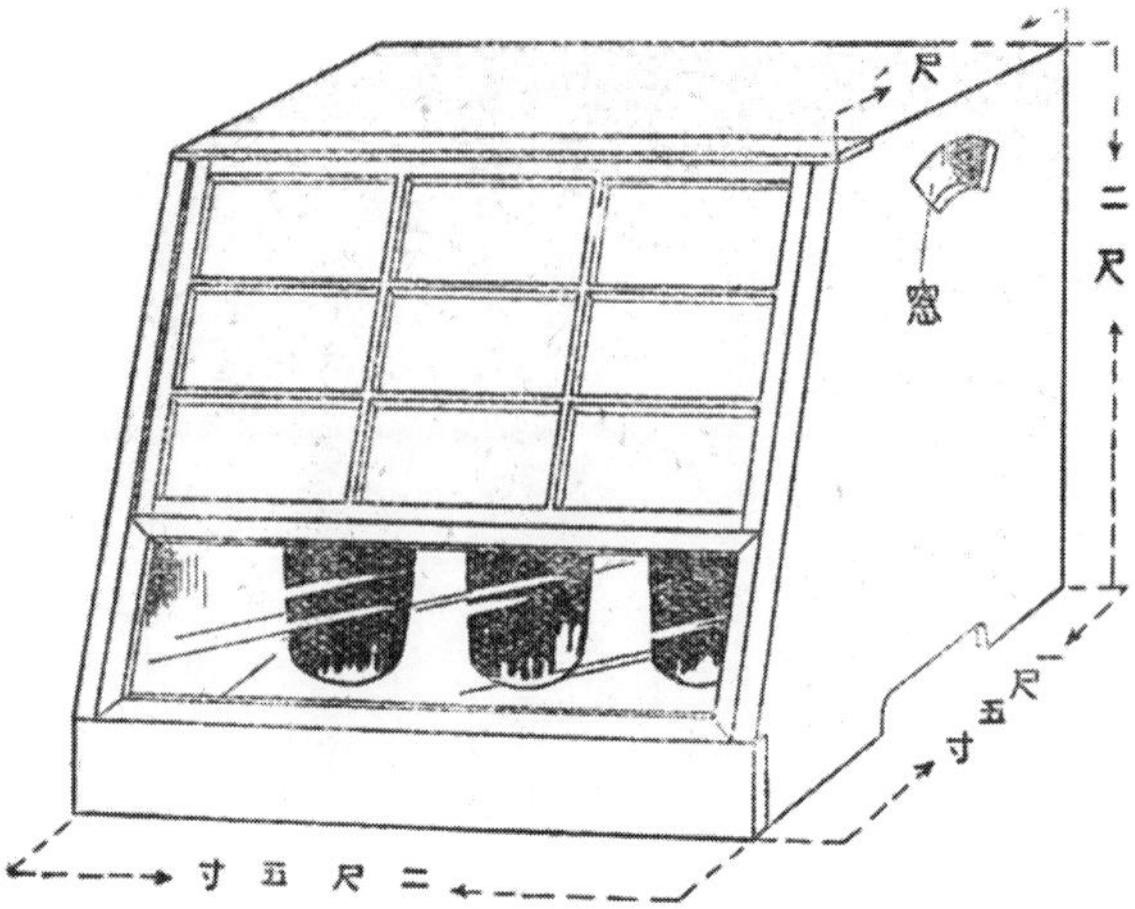

117　栽培箱

に開閉出来るやうな戸を作り、前の障子の下を少し開けて、そこから空気を入れ、横の小窓の戸を開けば空気の対流が行はれて、温度の調節も出来るのである。

上の障子を上に引きぬけるやうになつてゐるので、下の障子をぬき取り上の障子を上に引き上げて鉢に日光を当てるやうにも出来る。

さうして箱の中に、二本の棒が渡してあり、その中に鉢を入れて、鉢の縁で支へることが出来るやうにしてあるから、少し横にしても、箱の中で倒れるやうな事はない。私はこの箱を利用してゐた。

併しかうした手数を要する方法は、専門の培養者か、暇の多分にある人でなくては出来にくい事であるが、これをやればよい事は確かである。

ここまでが、もうひとつの簡易温室「栽培箱」の

118　蘭室

説明である。窓の開閉によって空気の対流がなされるなど、合理性かつ汎用性に優れたものとわかる。彫塑家という別の専門家としての顔を持ち、余暇に蘭を栽培した人物らしく、自己の経験をもとに、温室の製作方法ではなく、使用法を中心に語っているのが特徴である。

図118は、『東洋蘭の作り方』口絵の蘭室である。「蘭室」とは蘭専用の温室のことで、前掲『蘭華譜』によると、大正時代から全国各地で作られるようになった。朝倉は、ここに「蘭四時香」という扁額を掲げ、豊かな蘭の香を楽しんだという。朝倉文夫のアトリエが美術館として開館して以降は、猫の彫塑の展示室として用いられていた（口絵20）。窓が多く、明るい自然光のもとで美術品を鑑賞できる珍しい展示室であった。

また、朝倉文夫は、屋上にオリーブなどを植え、菜園を作った。関東大震災からまもないころは緑の少ない都会ならではの人と植物との関わりをよく物語るものとして、もっと数多くの屋上庭園が見られたはずである。しかし、今は学校でも見かけることはなくなってしまった。個人宅ならなおさら維持されにくいが、朝倉のアトリエが美術館として公開されたため、当初の姿そのままではなくても、来館者の心をなごませてくれる空間として残った（口絵21）。この「台東区立朝倉彫塑館」は、二〇〇一年に重要文化財に指定され、二〇〇九年からは耐震および保存修復工事のため閉鎖している。開館は、二〇一三年三月の予定とのことである。

以上のように、学校や個人宅で普及した草花栽培にともなう園芸ブームは、娯楽性の高い公共の植物園の設立をうながした。大正十三年（一九二四）開園の大典記念京都植物園（現在の京都府立植物園）をはじめ、昭和二年（一九二七）の「東洋一大温室」といわれた宝塚植物園の温室が有名であった。そして昭和十二年（一九三七）、わが国の公立植物園では現存する最古の温室、名古屋市東山植物園の温室が登場した。口絵22は、おそらく開園直後に刷られた絵葉書と思われ、「科学の粋を集めて百花繚乱の常春の園」といううたい文句が目をひく。手前の建物は切符売り場であろうか、温室との対比が時代を感じさせて面白い。口絵23は、現在の写真で、外観は変わらない。本温室は、二〇〇六年に国重要文化財に指定された。もちろん、温室が指定された初めての例である。

現代の温室の復元

二十世紀前半に華々しく登場した近代の温室は、博覧会と密接に関わっていた。園芸を中心とする産業振興に温室は欠かせないものであったからである。では、二十一世紀の現代において、温室はどのような場面に姿を現すのであろうか。それは、博覧会と同じ起源をもつ博物館や植物園の展示室である場合が多い。私は、二〇〇二年から東京本郷にある文京ふるさと歴史館に勤め、七年間博物館展示活動に従事した。図119は、二〇〇四年二月から三月まで同館で開催された「本草から植物学へ——岩崎灌園から牧野富太郎まで」展において、博物館入口に復元した唐むろである。展示は、私が担当したのだが、和本・錦絵・洋冊本など、いわゆる「紙モノ」といわれる展示品ばかりであったので、造作物をと考えて制作した。私が温室に関心を抱くようになったのは、実はこの復元がきっかけである。見本としたのは岩崎灌園の『草木育種』の唐むろであるが、それらしく見せるために、日本おもと協会の協力を得て、実物の万年青を並べた。細かいことをいえば、障子の枠の桟を手前側にしているが、より太陽光を受けるためには、桟のほうを裏返しにするか裏側にも障子を張らなければならない。また、ただ障子を張るのではなく、透明度を高めるために障子に荏胡麻《えごま》油等を塗らなければダメと、実際に使用した経験がある方からご指摘を受けた。

口絵24は、二〇〇七年二月、新潟県立植物園の「古典園芸植物展」に際して復元されたものである。文京ふるさと歴史館のものとほぼ同じ形なのは、新潟県立植物園から問い合わせを受けて、協力したからである。

展示では、別に「提藍《ていらん》」という、昭和十二年（一九三七）の園芸雑誌『実際園芸』をもとに復元した持ち運びできるむろも展示された（口絵25）。

119　復元した唐むろ（文京ふるさと歴史館）

こうしたフレーム型温室や簡易温室は小型であるため、比較的復元しやすいが、大がかりな岡むろを復元した方もいる。伊勢市おかげ横丁にある「伊勢路栽苑」という花屋さんである。ここは、『金生樹譜別録』を参考に、岡むろを二棟建設し、一棟では植物を陳列し、ガラス越しに外からも内部が見られるようにしていた（口絵26・27）。しかし、もう一棟では、第五章で合理的でないとした二階部分の外に棚を設ける形式を復元してあり、外側の棚に水やりをするためにわざわざ階段を作ってはみたが、現在では、外へ鉢を置くことはしないそうである。

第五章で、江戸の北郊、足立区や葛飾区で花卉栽培が盛んであるとしたが、足立区立郷土博物館では、二〇〇九年の展示室リニューアルに際し、チューリップ専用の温室「チューリップ・フレーム」を復元した（口絵28）。以前はガラス製だったが、戦後はビニールが普及してこれを用いているそうである。傾斜した木製のフレーム型の温室で、チューリップという植物の性質上、やや高めに作ってある。東京二十三区でこうした温室が見られたことも驚きであるが、博物館という公共の場で復元してくれなければ、この存在自体知らないままであった。

二〇〇八年二月、兵庫県立淡路夢舞台温室「奇跡の星の植物館」をはじめて訪れ、辻本智子氏と出会い、温室の素晴らしさについて、話をする機会を得た。彼女は温室内でオペラや劇の公演を企画するなど、大隈伯爵邸で社交空間として利用されていた温室、コンサーバトリーを現代に甦らせる仕事を熱心に行っている。

同年の秋、連絡が入り、ディナーショーを行うという相談を受け、楽しみながら協力した。本番は二〇〇九年二月に行われ、隣接するホテル、ウィストンホテルの料理を味わい、日下部祐子さんのオペラに耳を傾け、食事の後に、温室について私から簡単な話をさせていただいた。ホテル等が会場であるならば、パソコンで映像をお見せつつ、解説できたのであるが、いかんせん温室内のため、スクリーンを持ち込めず、やむをえず印刷物を列席者にお渡しするという方法をとった。しかしただの印刷物ではつ

120　復元した岡むろの階上へのはしご

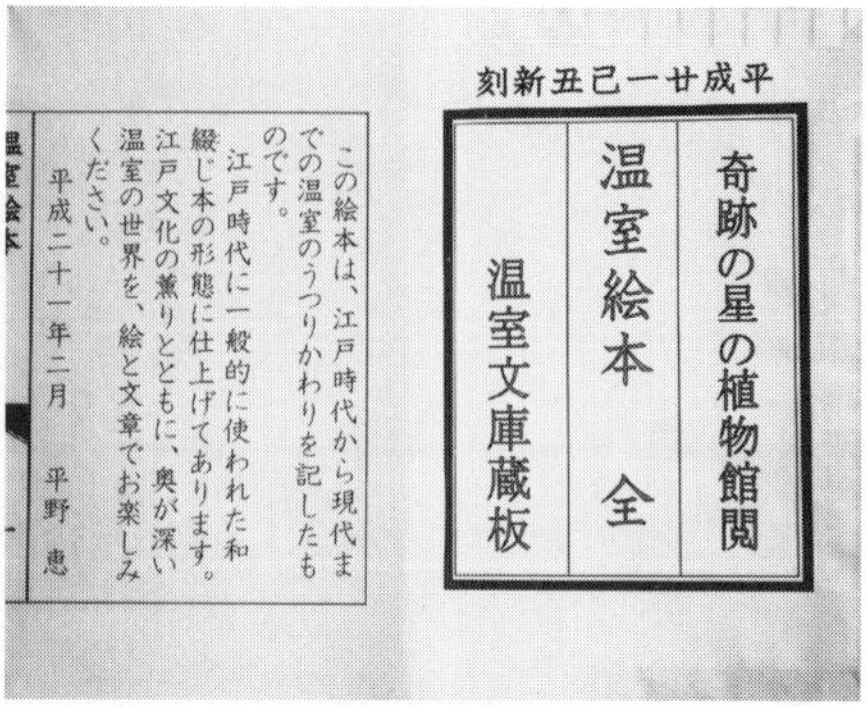

121　温室絵本

まらないからといって制作したのが、「温室絵本」（図121）である。和綴じ本十三丁（現在の二十六頁分に相当）で、機械漉きの和紙に、パソコンプリンターで印刷し、それを手で綴じたものである。

口絵29は、当日の昼間の写真。緑あふれる明るい健康的な空間が、夜になると一転、照明とキャンドルの光に洋蘭が浮かびあがり、ピンクや黄色の幻想的な空間に様変わりした（口絵30）。また、植物園展示室の手前にコーナーを設け、ディナーショーのイメージである『食道楽』挿絵のパネルや、『珍花図譜』（複写物）を展示し、明治末期の華族の温室について紹介した。

二〇〇四年に浜松市浜名湖で開かれた花博の「園芸文化館」でも、江戸時代の趣をのこしつつ、現代の鑑賞に耐える作りになっていて、好感が持てた。ここではウォードの箱（ウォーディアンケース）が復元されていた。ウォードの箱とは、十九世紀、ヨーロッパのプラントハンターたちが、アジアから本国へ船で持ち帰る際、枯れることのないよう養生した、簡易的な持ち運びできる温室である。口絵31が浜名湖花博で撮影したものである。これを見ると、唐むろに非常によく似ていることがわかる。洋の東西を問わず、植物養生のために、こうした形が選ばれたことは興味深い。

122　辻本智子氏（左）と筆者

温室は、建造物としては耐久性が長くない。このため、以上述べてきたさまざまな温室をめぐる事象は、現代では忘れ去られようとしている。しかしながら、かつての温室文化と、現代の文化とは無縁ではない。たとえば近年地球温暖化で注目を集めている屋上緑化運動は、震災復興期に起原が求められるが、当時は緑化運動の一手段として学校や公園や百貨店に温室が存在していた。また、現在では観光面が優先されがちであるが、学校園の教育目的と、百貨店屋上の娯楽目的の双方を満たすために公立の植物園が登場した。そして今私たちが、旬の時季にこだわることなく口にできる野菜・果物は、西洋の文化をいち早くとり入れた華族の温室から始まったのである。このように温室は園芸だけでなく、都市文化史、食文化史など多岐にわたる分野にかかわる重要な要素である。現代では温室をインターネットで検索すると、温室効果ガスばかりヒットしてしまうが、今まで述べてきたポジティブな面にも目を向けてほしいと願うばかりである。

参考文献

全体に関わるもの
磯野直秀『日本博物誌年表』平凡社、二〇〇二年
平野恵『十九世紀日本の園芸文化——江戸と東京、植木屋の周辺』思文閣出版、二〇〇六年

第一章
貝原益軒『花譜・菜譜　生活の古典双書七』八坂書房、一九七三年
『花壇地錦抄』農村漁村文化協会、一九九五年
『司馬江漢全集』第一巻、八坂書房、一九九二年
『人倫訓蒙図彙』（東洋文庫519）平凡社、一九九〇年

第二章
遠藤正治「蘭方の薬用植物と本草」『杏雨』第八号、二〇〇五年
『菊人形今昔』文京ふるさと歴史館、二〇〇二年

第三章

『大田南畝全集』第十二巻、岩波書店、一九八六年
北村四郎ほか『本草図譜総合解説』一〜四、同朋舎出版、一九八六〜九一年
『近世植物・動物・鉱物図譜集成』第七巻〜第八巻（「草木図説」稿本・草部）、科学書院、二〇〇六年
『定信と庭園――南湖と大名庭園　南湖公園開園記念特別企画展』白河市史民俗資料館、二〇〇一年
『草木図説　木部』上・下、保育社、一九七七年
『増訂草木図説　草部』Ⅰ〜Ⅳ、国書刊行会、一九八八年
田村剛『後楽園史』刀江書院、一九二九年
平野満「『芝陽漫録』とその著者松平芝陽」『図書の譜――明治大学図書館紀要』第二号、一九九八年
文京ふるさと歴史館『徳川御三家江戸屋敷発掘物語　水戸黄門邸を探る』二〇〇六年
『重訂本草綱目啓蒙』一〜四（日本古典全集刊行会による昭和三、四年刊の複製）現代思潮社、一九七八年
牧野伸顕序『島津斉彬言行録』岩波書店、一九四四年
『水戸市史中巻2』一九六九年
『水戸藩史料別記』吉川弘文館、一九一五年

第四章

『浅草寺日記』第十六巻、第十八巻、第二十五巻、浅草寺、一九九三年、一九九八年、二〇〇五年
『藤岡屋日記』第二巻、第七巻、三一書房、一九八八年、一九九〇年
『新編武蔵国風土記稿』第一巻、雄山閣出版、一九九六年

『遊歴雑記初編1』（東洋文庫499）平凡社、一九八九年

第五章

高田衛『八犬伝の世界』中央公論社、一九八〇年
『南総里見八犬伝』全十巻、岩波書店、一九九〇年
『馬琴日記』第一巻、中央公論社、一九七三年
「八犬伝九輯下帙中　篠斎評下」『早稲田大学蔵資料影印叢書　国書篇　第二十八巻　馬琴評答集（二）』早稲田大学出版部、一九八九年
服部仁「馬琴における読本の口画・挿画の位相」『読本研究』第三輯上套、一九八九年
飛田範夫『日本庭園の植栽史』京都大学学術出版会、二〇〇二年
平野恵「小石川植物園旧蔵『梅花図譜』について」『園芸文化』第十一号、二〇〇九年
丸山宏「滝沢馬琴の庭造りと家相」『ランドスケープ研究』第六十巻第五号、一九九七年
『早稲田大学蔵資料影印叢書　国書篇　第三十巻　馬琴評答集（四）』早稲田大学出版部、一九九〇年

第六章

P・F・シーボルト著、斎藤信訳『江戸参府紀行』（東洋文庫87）平凡社、一九六七年
日本松葉蘭連合会編『松葉蘭銘鑑』一九九三年
沼津市教育委員会『沼津市史叢書五　原宿植松家　日記・見聞雑記』一九九五年

第七章
石井研堂『明治事物起原』春陽堂、一九四四年
膝舘寿巳恵「国立国会図書館所蔵『公私雑記』――小野職愨による博覧会事務局・内務省博物館の記録」名古屋市東山植物園『伊藤圭介日記』第十二集、二〇〇六年
圭介文書研究会編『伊藤圭介日記』第一集～第十五集、名古屋市東山植物園、二〇〇六年～〇九年
椎名仙卓『日本博物館成立史』雄山閣、二〇〇五年
椎名仙卓『明治博物館事始め』思文閣出版、一九八九年
平野恵「十九世紀江戸・東京における採薬対象地域の研究」『杏雨』第十一号、二〇〇八年
邑田裕子・坂﨑信之・桜田通雄・〆野勝教・邑田仁「賀来飛霞と小石川植物園――『明治十二年二月植物園暖室植物目録稿』を巡って」『伊藤圭介日記』第十四集、二〇〇八年

第八章
『園芸の友』第三年七号、日本園芸研究会発行、一九〇七年
木下直之「前田侯爵家の西洋館――天皇を迎える邸」西秋良宏編『加賀殿再訪　東京大学本郷キャンパスの遺跡』東京大学総合研究博物館、二〇〇〇年
黒岩比左子『「食道楽」の人村井弦斎』岩波書店、二〇〇四年
『第五回博覧会紀念写真帖』三和印刷発行、一九〇三年
平野恵「浅井家蔵書から見た明治年間における東京団子坂の植木屋の特色」『文京ふるさと歴史館年報』第九号、二〇〇七年

村井弦斎『食道楽』上・下、岩波書店、二〇〇五年
村井弦斎『食道楽続篇　春の巻／夏の巻』玉井清文堂、昭和三年（一九二八年）

第九章

磯村春子著、矢島敏郎編輯『今の女』文明堂、一九一三年
『木下杢太郎全集』第三巻、岩波書店、一九八一年
砂本文彦『近代日本の国際リゾート』青弓社、二〇〇八年
『吉田初三郎のパノラマ地図——大正・昭和の鳥瞰図絵師』（別冊太陽）平凡社、二〇〇二年

第十章

朝倉文夫著『東洋蘭の作り方』三省堂、一九四〇年
小原榮次郎編『蘭華譜』上・中・下巻、小原京華堂、一九三七〜三八年
小松徹三『松坂屋三百年史』百貨店商報社、一九三五年
辻本智子『奇跡の星の植物館からのメッセージ』グリーン情報、二〇〇七年

なお、本書は、書き下ろしもかなりのウェイトを占めるが、母体となった著者報文に次のものがある。あわせて参照していただければ幸いである。

「近世後期における植木窖（むろ）利用の諸相」『生活文化史』第四十九号、二〇〇六年
「帯笑園」『沼津市史　通史篇』沼津市史編さん室編・沼津市教育委員会、二〇〇六年

「文献資料に見る団子坂植木屋・森田六三郎の庭」『千駄木一丁目南遺跡第2地点』共和開発・東京大学、二〇〇七年
「本草学者による和風温室『窖』の記録」『洋学』第十六号、二〇〇七年
「『吾妻日記』翻刻と解説（1）」『伊藤圭介日記』第十五集、名古屋市東山植物園、二〇〇九年
「小野蘭山が園芸文化に果たした役割——植物図譜を中心として」『小野蘭山』小野蘭山没後二百年記念誌編集委員会編、八坂書房、二〇一〇年
「明治・大正期」日本花普及センター『日本花き園芸産業史・20世紀』所収、二〇一〇年刊行予定

おわりに

私が十代から二十代にデートした場所といえば、上野公園、六義園、向島百花園、夢の島熱帯植物園であり、どこも甘酸っぱい思い出に満ちている。植物が豊かな場所、すなわち愛を語る場というイメージが、私のなかには根強くある。数年前、仕事で小石川植物園に同僚（異性）と何度か通ったときは、「何で職場の人間と植物園に行かなければならないのか」と、密かに理不尽な不満と違和感を抱いていた。しかし、一九九九年からは国立歴史民俗博物館くらしの植物苑で「伝統の朝顔」展にかかわるようになり、長く通っているうちに、植物園をもっと大きな視点からとらえる必要があると考え方が変化してきた。

近年園芸文化を展示するイベントは増加している。国立歴史民俗博物館くらしの植物苑も、年四回、春はサクラソウ、夏は朝顔、秋は菊、冬はサザンカの四つにテーマをしぼって、企画展を行っている。私は、ここの展示に協力して、はや十二年になってしまった。毎年よくあきることなく展示できると、他人事のように思えるときもあるが、おそらく熱心な来苑者の生の声を聞き、そうした方からまた情報をいただき、新しい企画につなげていける場として、博物館や植物園が最もふさわしいからであろう。

園芸に対する見方が変わったきっかけは、二〇〇〇年に名古屋園芸の小笠原亮氏（今は小笠原左衛門尉亮軒氏）と出会ったことであろう。小笠原氏の長年の実務経験と豊富な園芸資料を目の当たりにし、雑談を重ねるうちに、「園芸文化」という専門があってもよいと考えるようになった。二〇〇二年には、文京ふるさと歴史館において「菊人形今昔」展、二〇〇四年には「本草から植物学へ」展を手掛けた。「本草から植物学へ」展で、和風温室「唐むろ」を復元したのが、温室とのつきあいの始まりである。二〇〇六年には、はじめての単著『十九世紀日本の園芸文化』の出版を果たしたが、温室に関しては唐むろの紹介にとどまっていたので、いずれ温室がテーマの本を書きたいと考えていた。

その後、新しい植物園に行くたびに、温室に機能美を認め、また歴史の重さを感じ、さまざまな方面から温室の歴史を語りたくなったのである。ただし私は植物が専門ではなく、まったくの文系で、図書館で必死に古典籍を写しているインドアなタイプである。自分の企画ではない考古学や近代建築の展覧会でも、なぜかほとんどの場合、和本や洋冊子などの書籍ばかり手がけてきた。

二〇〇六年の文京ふるさと歴史館における「八犬伝で発見！」展（口絵32）も、和本を展示したいという欲求を満たすためと、少し園芸から距離を置くつもりで企画した。しかし、ここで八犬士が閉じ込められる温室のシーンを発見してしまった。作者・馬琴の遊び心に触れ、少なからず興奮した。そして、ほかの文学作品でもこうした園芸文化が見つけられるのではないか、園芸文化自体がマイナーな研究分野なので、誰も気にも留めていないのではないかと予測できた。この面白さに目覚めてしまい、二〇〇九年には、七年間勤めた文京ふるさと歴史館を後にし、台東区立中央図書館という新しい職場で、文学作品から園芸を探ろうという意欲に燃えていた。しかしながら、ここはわずか五か月で辞めざるを得ず、現在の職場、さいたま市大宮盆栽美術館の開館準備に携わることになってしまった。

本書の後半部分は、「文学作品から園芸文化を紹介したい」という願いをある程度実現した二〇〇九年の展示「台東の園芸文化二〇〇〇年」（口絵33）の産物も多い。わずかの期間であったが、文芸作品と園芸を結びつけられた運命に感謝したい。文芸作品を捜索した結果、私が抱いていた植物園のロマンティックなイメージは、あながち的外れではなかったことを発見できたのは望外の喜びである。詳しくは第九章、木下杢太郎の「温室」という作品の紹介で述べているので本文を参照されたいが、温室＝あいびきの場というのは、まさしく植物園をデートの場所と考えていた自分のイメージに合致する。些細なことであるが、近代に作り上げられたイメージが、現代の自分の中にあるという事実自体が、ものと人間の文化史をまさに具現しているではないか。こう考えると嬉しくてしようがない。

日々新しいことに目が向いてしまい、一貫性が失われた記述も多く、折角調べた史料を使えず、最も残念なのは埋蔵文化財の調査成果を充分に生かし切れなかった点である。しかし、園芸文化の追究は、私の研究テーマでもあり、今では仕事の重要な一部である。今後は、さいたま市大宮盆栽美術館において、盆栽だけでなく盆栽を中心とした園芸文化を逐次紹介するつもりである。ぜひ、本書を手にされた方は、大宮盆栽美術館を訪ねていただきたいと願うばかりである。

本書を執筆するにあたっては、国立歴史民俗博物館名誉教授の高橋敏氏、兵庫県立淡路夢舞台温室「奇跡の星の植物館」の辻本智子氏、田中芳男ご子孫の田中義信氏、慶應義塾大学名誉教授の磯野直秀氏、東京大学埋蔵文化財研究室の原祐一氏、小石川植物園園長の邑田仁氏、文京区教育委員会文化財係の町田聡氏、足立区立郷土博物館の荻原ちとせ氏、新宿御苑の本荘暁子氏、千葉県立中央博物館の御巫由紀氏、愛知大学講師の遠藤正治氏をはじめとする圭介文書研究会のみなさん、明治大学後輩の齊藤智美氏や加藤芳典氏など、さまざまな方のご助言、ご協力、叱咤激励を賜った。文京ふるさと歴史館時代は、同僚であった加藤元信氏、川口明代氏、東條幸太郎氏と一緒に仕事を進めたことで、それぞれの専門分野との接点が見いだされ、博物館という職場において自分でも知らないうちに視野を広める得がたい経験をしたと今になって感じている。また、とくにお世話になった方に、名古屋園芸の小笠原左衛門尉亮軒氏と、文京ふるさと歴史館の元同僚で、現在は東洋大学井上円了記念博物館の北田建二氏がいる。小笠原氏は、前述のとおり、お話をうかがうだけで、数々の恩恵を受けてきた。北田氏には、展示を介して、温室への興味を徐々に抱かせてくれたことに深く感謝している。北田氏が主担当された二〇〇三年の「移りゆくまちの風景——関東大震災後の文京」展（口絵34）では、私が副担当を務めこのときに学校温室が多いことに気がついた。また翌年は、私が主担当の「本草から植物学へ」展（口絵35）の副担当に北田氏がなり、私の汚いスケッチを元に唐むろの図面を作っていただいたことなどが記憶にのこる。この二つの展示がなければ、本書の執筆はなかっただろう。

最後に、私に「園芸文化」を忘れさせてくれなかった面々に、国立歴史民俗博物館くらしの植物苑における「伝統の朝顔」展や「季節の伝統植物」展のプロジェクト委員がいる。元恵泉女学園大学の箱田直紀氏、東京大学の辻誠一郎氏、九州大学の仁田坂英二氏、長年同館で栽培に従事された辻圭子氏、そして、国立歴史民俗博物館の久留島浩氏、岩淵令治氏、青木隆浩氏、城田義友氏、山村聡氏。この方たちによって、植物園の展示という場を与えられ、ともに考えて企画し作り上げていくことで、大変刺激的で有意義な時間を過ごせた。まさか十年以上続くとは思ってもみなかったが、下手な知り合いよりも長い時間をともにした同志ともいうべき存在で、ここで改めて御礼申し上げる次第である。

※なお、本書は、平成十九年度科学研究費補助金（奨励研究　課題番号19904015。研究課題名「近世から近代における温室の利用の変遷——窖（むろ）から西洋ガラス温室まで」）による助成を得た研究成果の一部である。

二〇一〇年十月

平野　恵

著者略歴

平野 恵（ひらの　けい）

1965年大阪府生まれ．明治大学大学院文学研究科史学専攻博士前期課程修了．総合研究大学院大学文化科学研究科日本歴史研究専攻博士後期課程単位修得満期退学．博士（文学）．台東区文化財保護調査員，文京ふるさと歴史館専門員，明治大学兼任講師，台東区立中央図書館郷土資料室専門員を経て，現在，さいたま市大宮盆栽美術館主任学芸員．国立歴史民俗博物館くらしの植物苑展示プロジェクト委員．
主要著書：『十九世紀日本の園芸文化　江戸と東京，植木屋の周辺』（思文閣出版，単著），『小野蘭山』（八坂書房），『江戸の花屋敷　百花園学入門』（向島百花園サービスセンター），『沼津市史通史編　近世』（沼津市），『台東区史　通史編Ⅱ』（台東区）（以上，共著）．

ものと人間の文化史　152・温室

2010年11月１日　　初版第１刷発行

発行所　財団法人 法政大学出版局
〒102-0073 東京都千代田区九段北3-2-7
電話03（5214）5540／振替00160-6-95814
印刷・三和印刷／製本・誠製本

Printed in Japan

ISBN 978-4-588-21521-6

ものと人間の文化史

★第9回梓会出版文化賞受賞

人間が〈もの〉とのかかわりを通じて営々と築いてきた暮らしの足跡を具体的に辿りつつ文化・文明の基礎を問いなおす。手づくりの〈もの〉の記憶が失われ、〈もの〉離れが進行する危機の時代におくる豊穣な百科叢書。

1 船　須藤利一編

海国日本では古来、漁業・水運・交易はもとより、大陸文化も船によって運ばれた。本書は造船技術、航海の模様の推移を中心に、漂流、船霊信仰、伝説の数々を語る。　四六判３６８頁　'68

2 狩猟　直良信夫

人類の歴史は狩猟から始まった。本書は、わが国の遺跡に出土する獣骨、猟具の実証的考察をおこないながら、狩猟をつうじて発展した人間の知恵と生活の軌跡を辿る。　四六判２７２頁　'68

3 からくり　立川昭二

〈からくり〉は自動機械であり、驚嘆すべき庶民の技術的創意がこめられている。本書は、日本と西洋のからくりを発掘・復元・遍歴し、埋もれた技術の水脈をさぐる。　四六判４１０頁　'69

4 化粧　久下司

美を求める人間の心が生みだした化粧—その手法と道具に語らせた人間の欲望と本性、そして社会関係。歴史を遡り、全国を踏査して書かれた比類ない美と醜の文化史。　四六判３６８頁　'70

5 番匠　大河直躬

番匠はわが国中世の建築工匠。地方・在地を舞台に開花した彼らの造型・装飾・工法等の諸技術、さらに信仰と生活等、職人以前の独自で多彩な工匠的世界を描き出す。　四六判２８８頁　'71

6 結び　額田巌

〈結び〉の発達は人間の叡知の結晶である。本書はその諸形態および技法を作業・装飾・象徴の三つの系譜に辿り、〈結び〉のすべてを民俗学的・人類学的に考察する。　四六判２６４頁　'72

7 塩　平島裕正

人類史に貴重な役割を果たしてきた塩をめぐって、発見から伝承・製造技術の発展過程にいたる総体を歴史的に描き出すとともに、その多彩な効用と味覚の秘密を解く。　四六判２７２頁　'73

8 はきもの　潮田鉄雄

田下駄・かんじき・わらじなど、日本人の生活の礎となってきた伝統的はきものの成り立ちと変遷を、二〇年余の実地調査と細密な観察・描写によって辿る庶民生活史　四六判２８０頁　'73

9 城　井上宗和

古代城塞・城柵から近世代名の居城として集大成されるまでの日本の城の変遷を辿り、文化の各領野で果たしてきたその役割を再検討。あわせて世界城郭史に位置づける。　四六判３１０頁　'73

10 竹　室井綽

食生活、建築、民芸、造園、信仰等々にわたって、竹と人間との交流史は驚くほど深く永い。その多岐にわたる発展の過程を個々に辿り、竹の特異な性格を浮彫にする。　四六判３２４頁　'73

11 海藻　宮下章

古来日本人にとって生活必需品とされてきた海藻をめぐって、その採取・加工法の変遷、商品としての流通史および神事・祭事での役割に至るまでを歴史的に考証する。　四六判３３０頁　'74

12 絵馬 岩井宏實

古くは祭礼における神への献馬にはじまり、民間信仰と絵画のみごとな結晶として民衆の手で描かれ祀り伝えられてきた各地の絵馬を豊富な写真と史料によってたどる。四六判３０２頁 '74

13 機械 吉田光邦

畜力・水力・風力などの自然のエネルギーを利用し、幾多の改良を経て形成された初期の機械の歩みを検証し、日本文化の形成における科学・技術の役割を再検討する。四六判２４２頁 '74

14 狩猟伝承 千葉徳爾

狩猟には古来、感謝と慰霊の祭祀がともない、人獣交渉の豊かで意味深い歴史があった。狩猟用具、巻物、儀式具、またけものたちの生態を通して語る狩猟文化の世界。四六判３４６頁 '75

15 石垣 田淵実夫

採石から運搬、加工、石積みに至るまで、石垣の造成をめぐって積み重ねられてきた石工たちの苦闘の足跡を掘り起こし、その独自な技術の形成過程と伝承を集成する。四六判２２４頁 '75

16 松 高嶋雄三郎

日本人の精神史に深く根をおろした松の伝承に光を当て、食用、薬用等の実用の松、祭祀・観賞用の松、さらに文学・芸能・美術に表現された松のシンボリズムを説く。四六判３４２頁 '75

17 釣針 直良信夫

人と魚との出会いから現在に至るまで、釣針がたどった一万有余年の変遷を、世界各地の遺跡出土物を通して実証しつつ、漁撈によって生きた人々の生活と文化を探る。四六判２７８頁 '76

18 鋸 吉川金次

鋸鍛冶の家に生まれ、鋸の研究を生涯の課題とする著者が、出土遺品や文献・絵画により各時代の鋸を復元・実験し、庶民の手仕事にみられる驚くべき合理性を実証する。四六判３６０頁 '76

19 農具 飯沼二郎／堀尾尚志

鍬と犂の交代・進化の歩みとして発達したわが国農耕文化の発展経過を世界史的視野において再検討しつつ、無名の農民たちによる驚くべき創意のかずかずを記録する。四六判２２０頁 '76

20 包み 額田巖

結びとともに文化の起源にかかわる〈包み〉の系譜を人類史的視野において捉え、衣・食・住をはじめ社会・経済史、信仰、祭事などにおけるその実際と役割とを描く。四六判３５４頁 '77

21 蓮 阪本祐二

仏教における蓮の象徴的位置の成立と深化、美術・文芸等に見る人間とのかかわりを歴史的に考察。また大賀蓮はじめ多様な品種とその来歴を紹介しつつその美を語る。四六判３０６頁 '77

22 ものさし 小泉袈裟勝

ものをつくる人間にとって最も基本的な道具であり、数千年にわたって社会生活を律してきたその変遷を実証的に追求し、歴史の中で果たしてきた役割を浮彫りにする。四六判３１４頁 '77

23-Ⅰ 将棋Ⅰ 増川宏一

その起源を古代インドに、我国への伝播の道すじを海のシルクロードに探り、また伝来後一千年におよぶ日本将棋の変化と発展を盤、駒、ルール等にわたって跡づける。四六判２８０頁 '77

23-Ⅱ 将棋Ⅱ 増川宏一

わが国伝来後の普及と変遷を貴族や武家・豪商の日記等に博捜し、遊戯者の歴史をあとづけると共に、中国伝来説の誤りを正し、将棋宗家の位置と役割を明らかにする。 四六判346頁 '85

24 湿原祭祀 第2版 金井典美

古代日本の自然環境に着目し、各地の湿原聖地を稲作社会との関連において捉え直して古代国家成立の背景を浮彫にしつつ、水と植物にまつわる日本人の宇宙観を探る。 四六判410頁 '77

25 臼 三輪茂雄

臼が人類の生活文化の中で果たしてきた役割を、各地に遺る貴重な民俗資料・伝承と実地調査にもとづいて解明。失われゆく道具のなかに、未来の生活文化の姿を探る。 四六判412頁 '78

26 河原巻物 盛田嘉徳

中世末期以来の被差別部落民が生きる権利を守るために偽作し護り伝えてきた河原巻物を全国にわたって踏査し、そこに秘められた最底辺の人びとの叫びに耳を傾ける。 四六判226頁 '78

27 香料 日本のにおい 山田憲太郎

焼香供養の香から趣味としての薫物へ、さらに沈香木を焚く香道へと変遷した日本の「匂い」の歴史を豊富な史料に基づいて辿り、我国風俗史の知られざる側面を描く。 四六判370頁 '78

28 神像 神々の心と形 景山春樹

神仏習合によって変貌しつつも、常にその原型＝自然を保持してきた日本の神々の造型を図像学的方法によって捉え直し、その多彩な形象に日本人の精神構造をさぐる。 四六判342頁 '78

29 盤上遊戯 増川宏一

祭具・占具としての発生を『死者の書』をはじめとする古代の文献にさぐり、形状・遊戯法を分類しつつその〈進化〉の過程を考察。〈遊戯者たちの歴史〉をも跡づける。 四六判326頁 '78

30 筆 田淵実夫

筆の里・熊野に筆づくりの現場を訪ねて、筆匠たちの境涯と製筆の由来を克明に記録しつつ、筆の発生と変遷、種類、製筆法、さらには筆塚、筆供養にまで説きおよぶ。 四六判204頁 '78

31 ろくろ 橋本鉄男

日本の山野を漂移しつづけ、高度の技術文化と幾多の伝説とをもたらした特異な旅職集団＝木地屋の生態を、その呼称、地名、伝承、文書等をもとに生き生きと描く。 四六判460頁 '79

32 蛇 吉野裕子

日本古代信仰の根幹をなす蛇巫をめぐって、祭事におけるさまざまな蛇の「もどき」や各種の蛇の造型・伝承に鋭い考証を加え、忘れられたその呪性を大胆に暴き出す。 四六判250頁 '79

33 鋏（はさみ） 岡本誠之

梃子の原理の発見から鋏の誕生に至る過程を推理し、日本鋏の特異な歴史的位置を明らかにするとともに、刀鍛冶等から転進した鋏職人たちの創意と苦闘の跡をたどる。 四六判396頁 '79

34 猿 廣瀬鎮

嫌悪と愛玩、軽蔑と畏敬の交錯する日本人とサルとの関わりあいの歴史を、狩猟伝承や祭祀・風習、美術・工芸や芸能のなかに探り、日本人の動物観を浮彫りにする。 四六判292頁 '79

35 **鮫** 矢野憲一

神話の時代から今日まで、津々浦々につたわるサメの伝承とサメをめぐる海の民俗を集成し、神饌、食用、薬用等に活用されてきたサメと人間のかかわりの変遷を描く。四六判292頁 '79

36 **枡** 小泉袈裟勝

米の経済の枢要をなす器として千年余にわたり日本人の生活の中に生きてきた枡の変遷をたどり、記録・伝承をもとにこの独特な計量器が果たした役割を再検討する。四六判322頁 '80

37 **経木** 田中信清

食品の包装材料として近年まで身近に存在した経木の起源を、こけら経や塔婆、木簡、屋根板等に遡って明らかにし、その製造・流通に携った人々の労苦の足跡を辿る。四六判288頁 '80

38 **色** 染と色彩 前田雨城

わが国古代の染色技術の復元と文献解読をもとに日本色彩史を体系づけ、赤・白・青・黒等におけるわが国独自の色彩感覚を探りつつ日本文化における色の構造を解明。四六判320頁 '80

39 **狐** 陰陽五行と稲荷信仰 吉野裕子

その伝承と文献を渉猟しつつ、中国古代哲学＝陰陽五行の原理の応用という独自の視点から、謎とされてきた稲荷信仰と狐との密接な結びつきを明快に解き明かす。四六判232頁 '80

40-I **賭博I** 増川宏一

時代、地域、階層を超えて連綿と行なわれてきた賭博。——その起源を古代の神判、スポーツ、遊戯等の中に探り、抑圧と許容の歴史を物語る。全III分冊の〈総説篇〉。四六判298頁 '80

40-II **賭博II** 増川宏一

古代インド文学の世界からラスベガスまで、賭博の形態・用具・方法の時代的特質を明らかにし、夥しい禁令に賭博の不滅のエネルギーを見る。全III分冊の〈外国篇〉。四六判456頁 '82

40-III **賭博III** 増川宏一

聞香、闘茶、笠附等、わが国独特の賭博を中心にその具体例を網羅し、方法の変遷に賭博の時代性を探りつつ禁令の改廃に時代の賭博観を追う。全III分冊の〈日本篇〉。四六判388頁 '83

41-I **地方仏I** むしゃこうじ・みのる

古代から中世にかけて全国各地で作られた無銘の仏像を訪ね、素朴で多様なノミの跡に民衆の祈りと地域の願望を探る。宗教の伝播、文化の創造を考える異色の紀行。四六判256頁 '80

41-II **地方仏II** むしゃこうじ・みのる

紀州や飛騨を中心に草の根の仏たちを訪ねて、その相好と像容の魅力を探り、技法を比較考証して仏像彫刻史に位置づけつつ、中世地域社会の形成と信仰の実態に迫る。四六判260頁 '97

42 **南部絵暦** 岡田芳朗

田山・盛岡地方で「盲暦」として古くから親しまれてきた独得の絵解き暦を詳しく紹介しつつその全体像を復元する。その無類の生活暦は、南部農民の哀歓をつたえる。四六判288頁 '80

43 **野菜** 在来品種の系譜 青葉高

蕪、大根、茄子等の日本在来野菜をめぐって、その渡来・伝播経路、品種分布と栽培のいきさつを各地の伝承や古記録をもとに辿り、畑作文化の源流とその風土を描く。四六判368頁 '81

44 つぶて　中沢厚

弥生投弾、古代・中世の石戦と印地の様相、投石具の発達を展望しつつ、願かけの小石、正月つぶて、石こづみ等の習俗を辿り、石塊に託した民衆の願いや怒りを探る。　四六判３３８頁　'81

45 壁　山田幸一

弥生時代から明治期に至るわが国の壁の変遷を壁塗＝左官工事の側面から辿り直し、その技術的復元・考証を通じて建築史・文化史における壁の役割を浮き彫りにする。　四六判２９６頁　'81

46 箪笥（たんす）　小泉和子

近世における箪笥の出現＝箱から抽斗への転換に着目し、以降近現代に至るその変遷を社会・経済・技術の側面からあとづける。著者自身による箪笥製作の記録を付す。　四六判３７８頁　'82

47 木の実　松山利夫

山村の重要な食糧資源であった木の実をめぐる各地の記録・伝承を集成し、その採集・加工における幾多の試みを実地に検証しつつ、稲作農耕以前の食生活文化を復元。　四六判３８４頁　'82

48 秤（はかり）　小泉袈裟勝

秤の起源を東西に探るとともに、わが国律令制下における中国制度の導入、近世商品経済の発展に伴う秤座の出現、明治期近代化政策による洋式秤受容等の経緯を描く。　四六判３２６頁　'82

49 鶏（にわとり）　山口健児

神話・伝説をはじめ遠い歴史の中の鶏を古今東西の伝承・文献に探り、特に我国の信仰・絵画・文学等に遺された鶏の足跡を追って、鶏をめぐる民俗の記憶を蘇らせる。　四六判３４６頁　'83

50 燈用植物　深津正

人類が燈火を得るために用いてきた多種多様な植物との出会いと個々の植物の来歴、特性及びはたらきを詳しく検証しつつ「あかり」の原点を問いなおす異色の植物誌。　四六判４４２頁　'83

51 斧・鑿・鉋（おの・のみ・かんな）　吉川金次

古墳出土品や文献・絵画をもとに、古代から現代までの斧・鑿・鉋を復元・実験し、労働体験によって生まれた民衆の知恵と道具の変遷を蘇らせる異色の日本木工具史。　四六判３０４頁　'84

52 垣根　額田巌

大和・山辺の道に神々と垣との関わりを探り、各地に垣の伝承を訪ねて、寺院の垣、民家の垣、露地の垣など、風土と生活に培われた生垣の独特のはたらきと美を描く。　四六判２３４頁　'84

53-Ⅰ 森林Ⅰ　四手井綱英

森林生態学の立場から、森林のなりたちとその生活史を辿りつつ、産業の発展と消費社会の拡大により刻々と変貌する森林の現状を語り、未来への再生のみちをさぐる。　四六判３０６頁　'85

53-Ⅱ 森林Ⅱ　四手井綱英

森林と人間との多様なかかわりを包括的に語り、人と自然が共生するための森や里山をいかにして創出するか、森林再生への具体的な方策を提示する21世紀への提言。　四六判３０８頁　'98

53-Ⅲ 森林Ⅲ　四手井綱英

地球規模で進行しつつある森林破壊の現状を実地に踏査し、森と人が共存する日本人の伝統的自然観を未来へ伝えるために、いま何が必要なのかを具体的に提言する。　四六判３０４頁　'00

54 **海老**（えび）　酒向昇

人類との出会いからエビの科学、漁法、さらには調理法を語り、めでたい姿態と色彩にまつわる多彩なエビの民俗を、地名や人名、詩歌・文学、絵画や芸能の中に探る。　四六判４２８頁 '85

55-Ⅰ **藁**（わら）Ⅰ　宮崎清

稲作農耕とともに二千年余の歴史をもち、日本人の全生活領域に生きてきた藁の文化を日本文化の原型として捉え、風土に根ざしたそのゆたかな遺産を詳細に検討する。　四六判４００頁 '85

55-Ⅱ **藁**（わら）Ⅱ　宮崎清

床・畳から壁・屋根にいたる住居における藁の製作・使用のメカニズムを明らかにし、日本人の生活空間における藁の役割を見なおすとともに、藁の文化の復権を説く。　四六判４００頁 '85

56 **鮎**　松井魁

清楚な姿態と独特な味覚によって、日本人の目と舌を魅了しつづけてきたアユ——その形態と分布、生態、漁法等を詳述し、古今のアユ料理や文芸にみるアユにおよぶ。　四六判２９６頁 '86

57 **ひも**　額田巌

物と物、人と物とを結びつける不思議な力を秘めた「ひも」の謎を追って、民俗学的視点から多角的なアプローチを試みる。『結び』、『包み』につづく三部作の完結篇。　四六判２５０頁 '86

58 **石垣普請**　北垣聰一郎

近世石垣の技術者集団「穴太」の足跡を辿り、各地城郭の石垣遺構の実地調査と資料・文献をもとに石垣普請の歴史的系譜を復元しつつ石工たちの技術伝承を集成する。　四六判４３８頁 '87

59 **碁**　増川宏一

その起源を古代の盤上遊戯に探ると共に、定着以来二千年の歴史を時代の状況や遊び手の社会環境との関わりにおいて跡づける。逸話や伝説を排して綴る初の囲碁全史。　四六判３６６頁 '87

60 **日和山**（ひよりやま）　南波松太郎

千石船の時代、航海の安全のために観天望気した日和山——多くは忘れられ、あるいは失われた船舶・航海史の貴重な遺跡を追って、全国津々浦々におよんだ調査紀行。　四六判３８２頁 '88

61 **篩**（ふるい）　三輪茂雄

臼とともに人類の生産活動に不可欠な道具であった篩、箕(み)、笊(ざる)の多彩な変遷を豊富な図解入りでたどり、現代技術の先端に再生するまでの歩みをえがく。　四六判３３４頁 '89

62 **鮑**（あわび）　矢野憲一

縄文時代以来、貝肉の美味と貝殻の美しさによって日本人を魅了し続けてきたアワビ——その生態と養殖、神饌としての歴史、漁法、螺鈿の技法からアワビ料理に及ぶ。　四六判３４４頁 '89

63 **絵師**　むしゃこうじ・みのる

日本古代の渡来画工から江戸前期の菱川師宣まで、時代の代表的絵師の列伝で辿る絵画制作の文化史。前近代社会における絵画の意味や芸術創造の社会的条件を考える。　四六判２３０頁 '90

64 **蛙**（かえる）　碓井益雄

動物学の立場からその特異な生態を描き出すとともに、和漢洋の文献資料を駆使して故事・習俗・神事・民話・文芸・美術工芸にわたる蛙の多彩な活躍ぶりを活写する。　四六判３８２頁 '89

65-Ⅰ 藍（あい）**Ⅰ**　風土が生んだ色　竹内淳子
全国各地の〈藍の里〉を訪ねて、藍栽培から染色・加工のすべてにわたり、藍とともに生きた人々の伝承を克明に描き、風土と人間が生んだ〈日本の色〉の秘密を探る。四六判４１６頁 '91

65-Ⅱ 藍（あい）**Ⅱ**　暮らしが育てた色　竹内淳子
日本の風土に生まれ、伝統に育てられた藍が、今なお暮らしの中で生き生きと活躍しているさまを、手わざに生きる人々との出会いを通じて描く。藍の里紀行の続篇。四六判４０６頁 '99

66 橋　小山田了三
丸木橋・舟橋・吊橋から板橋・アーチ型石橋まで、人々に親しまれてきた各地の橋を訪ねて、その来歴と築橋の技術伝承を辿り、土木文化の伝播・交流の足跡をえがく。四六判３１２頁 '91

67 箱　宮内悊
日本の伝統的な箱（櫃）と西欧のチェストを比較文化史の視点から考察し、居住・収納・運搬・装飾の各分野における箱の重要な役割とその多彩な文化を浮彫りにする。四六判３９０頁 '91

68-Ⅰ 絹Ⅰ　伊藤智夫
養蚕の起源を神話や説話に探り、伝来の時期とルートを跡づけ、記紀・万葉の時代から近世に至るまで、それぞれの時代・社会・階層が生み出した絹の文化を描き出す。四六判３０４頁 '92

68-Ⅱ 絹Ⅱ　伊藤智夫
生糸と絹織物の生産と輸出が、わが国の近代化にはたした役割を描くと共に、養蚕の道具、信仰や庶民生活にわたる養蚕と絹の民俗、さらには蚕の種類と生態におよぶ。四六判２９４頁 '92

69 鯛（たい）　鈴木克美
古来「魚の王」とされてきた鯛をめぐって、その生態・味覚から漁法、祭り、工芸、文芸にわたる多彩な伝承文化を語りつつ、鯛と日本人とのかかわりの原点をさぐる。四六判４１８頁 '92

70 さいころ　増川宏一
古代神話の世界から近現代の博徒の動向まで、さいころの役割を各時代・社会に位置づけ、木の実や貝殻のさいころから投げ棒型や立方体のさいころへの変遷をたどる。四六判３７４頁 '92

71 木炭　樋口清之
炭の起源から炭焼、流通、経済、文化にわたる木炭の歩みを歴史・考古・民俗の知見を総合して描き出し、独自で多彩な文化を育んできた木炭の尽きせぬ魅力を語る。四六判２９６頁 '93

72 鍋・釜（なべ・かま）　朝岡康二
日本をはじめ韓国、中国、インドネシアなど東アジアの各地を歩きながら鍋・釜の製作と使用の現場に立ち会い、調理をめぐる庶民生活の変遷とその交流の足跡を探る。四六判３２６頁 '93

73 海女（あま）　田辺悟
その漁の実際と社会組織、風習、信仰、民具などを克明に描くとともに海女の起源・分布・交流を探り、わが国漁撈文化の古層としての海女の生活と文化をあとづける。四六判２９４頁 '93

74 蛸（たこ）　刀禰勇太郎
蛸をめぐる信仰や多彩な民間伝承を紹介するとともに、その生態・分布・捕獲法・繁殖と保護・調理法などを集成し、日本人と蛸との知られざるかかわりの歴史を探る。四六判３７０頁 '94

75 **曲物**（まげもの）　岩井宏實

桶・樽出現以前から伝承され、古来最も簡便・重宝な木製容器として愛用された曲物の加工技術と機能・利用形態の変遷をさぐり、手づくりの「木の文化」を見なおす。四六判３１８頁　'94

76-Ⅰ **和船Ⅰ**　石井謙治

江戸時代の海運を担った千石船（弁才船）について、その構造と技術、帆走性能を綿密に調査し、通説の誤りを正すとともに、海難と信仰、船絵馬等の考察にもおよぶ。四六判４３６頁　'95

76-Ⅱ **和船Ⅱ**　石井謙治

造船史から見た著名な船を紹介し、遣唐使船や遣欧使節船、幕末の洋式船における外国技術の導入について論じつつ、船の名称と船型を海船・川船にわたって解説する。四六判３１６頁　'95

77-Ⅰ **反射炉Ⅰ**　金子功

日本初の佐賀鍋島藩の反射炉と精錬方＝理化学研究所、島津藩の反射炉と集成館＝近代工場群を軸に、日本の産業革命の時代における人と技術を現地に訪ねて発掘する。四六判２４４頁　'95

77-Ⅱ **反射炉Ⅱ**　金子功

伊豆韮山の反射炉をはじめ、全国各地の反射炉建設にかかわった有名無名の人々の足跡をたどり、開国か攘夷かに揺れる幕末の政治と社会の悲喜劇をも生き生きと描く。四六判２２６頁　'95

78-Ⅰ **草木布**（そうもくふ）**Ⅰ**　竹内淳子

風土に育まれた布を求めて全国各地を歩き、木綿普及以前に山野の草木を利用して豊かな衣生活文化を築き上げてきた庶民の知られざる知恵のかずかずを実地にさぐる。四六判２８２頁　'95

78-Ⅱ **草木布**（そうもくふ）**Ⅱ**　竹内淳子

アサ、クズ、シナ、コウゾ、カラムシ、フジなどの草木の繊維から、どのようにして糸を採り、布を織っていたのか——聞書きをもとに忘れられた技術と文化を発掘する。四六判２８２頁　'95

79-Ⅰ **すごろくⅠ**　増川宏一

古代エジプトのセネト、ヨーロッパのバクギャモン、中近東のナルド、中国の双陸などの系譜に日本の盤雙六を位置づけ、遊戯・賭博としてのその数奇なる運命を辿る。四六判３１２頁　'95

79-Ⅱ **すごろくⅡ**　増川宏一

ヨーロッパの鵞鳥のゲームから日本中世の浄土双六、近世の華麗な絵双六、さらには近現代の少年誌の附録まで、絵双六の変遷を追って時代の社会・文化を読みとる。四六判３９０頁　'95

80 **パン**　安達巖

古代オリエントに起ったパン食文化が中国・朝鮮を経て弥生時代の日本に伝えられたことを史料と伝承をもとに解明し、わが国パン食文化二〇〇〇年の足跡を描き出す。四六判２６０頁　'96

81 **枕**（まくら）　矢野憲一

神さまの枕・大嘗祭の枕から枕絵の世界まで、人生の三分の一を共に過す枕をめぐって、その材質の変遷を辿り、伝説と怪談、俗信と民俗、エピソードを興味深く語る。四六判２５２頁　'96

82-Ⅰ **桶・樽**（おけ・たる）**Ⅰ**　石村真一

日本、中国、朝鮮、ヨーロッパにわたる厖大な資料を集成してその豊かな文化の系譜を探り、東西の木工技術史を比較しつつ世界史的視野から桶・樽の文化を描き出す。四六判３８８頁　'97

82―Ⅱ **桶・樽**（おけ・たる）**Ⅱ**　石村真一

多数の調査資料と絵画・民俗資料をもとにその製作技術を復元し、東西の木工技術を比較考証しつつ、技術文化史の視点から桶・樽製作の実態とその変遷を跡づける。　四六判３７２頁 '97

82―Ⅲ **桶・樽**（おけ・たる）**Ⅲ**　石村真一

樹木と人間とのかかわり、製作者と消費者とのかかわりを通じて桶樽と生活文化の変遷を考察し、木材資源の有効利用という視点から桶樽の文化史的役割を浮彫にする。　四六判３５２頁 '97

83―Ⅰ **貝Ⅰ**　白井祥平

世界各地の現地調査と文献資料を駆使して、古来至高の財宝とされてきた宝貝のルーツとその変遷を探り、貝と人間とのかかわりの歴史を「貝貨」の文化史として描く。　四六判３８６頁 '97

83―Ⅱ **貝Ⅱ**　白井祥平

サザエ、アワビ、イモガイなど古来人類とかかわりの深い貝をめぐって、その生態・分布・地方名、装身具や貝貨としての利用法などを豊富なエピソードを交えて語る。　四六判３２８頁 '97

83―Ⅲ **貝Ⅲ**　白井祥平

シンジュガイ、ハマグリ、アカガイ、シャコガイなどをめぐって世界各地の民族誌を渉猟し、それらが人類文化に残した足跡を辿る。参考文献一覧／総索引を付す。　四六判３９２頁 '97

84 **松茸**（まつたけ）　有岡利幸

秋の味覚として古来珍重されてきた松茸の由来を求めて、稲作文化と里山（松林）の生態系から説きおこし、日本人の伝統的生活文化の中に松茸流行の秘密をさぐる。　四六判２９６頁 '97

85 **野鍛冶**（のかじ）　朝岡康二

鉄製農具の製作・修理・再生を担ってきた農鍛冶の歴史的役割を探り、近代化の大波の中で変貌する職人技術の実態をアジア各地のフィールドワークを通して描き出す。　四六判２８０頁 '98

86 **稲**　品種改良の系譜　菅　洋

作物としての稲の誕生、稲の渡来と伝播の経緯から説きおこし、明治以降主として庄内地方の民間育種家の手によって飛躍的発展をとげたわが国品種改良の歩みを描く。　四六判３３２頁 '98

87 **橘**（たちばな）　吉武利文

永遠のかぐわしい果実として日本の神話・伝説に特別の位置を占めて語り継がれてきた橘をめぐって、その育まれた風土とかずかずの伝承の中に日本文化の特質を探る。　四六判２８６頁 '98

88 **杖**（つえ）　矢野憲一

神の依代としての杖や仏教の錫杖に杖と信仰とのかかわりを探り、人類が突きつつ歩んだその歴史と民俗を興味ぶかく語る。多彩な材質と用途を網羅した杖の博物誌。　四六判３１４頁 '98

89 **もち**（糯・餅）　渡部忠世／深澤小百合

モチイネの栽培・育種から食品加工、民俗、儀礼にわたってそのルーツと伝承の足跡をたどり、アジア稲作文化という広範な視野からこの特異な食文化の謎を解明する。　四六判３３０頁 '98

90 **さつまいも**　坂井健吉

その栽培の起源と伝播経路を跡づけるとともに、わが国伝来後四百年の経緯を詳細にたどり、世界に冠たる育種と栽培・利用法を築いた人々の知られざる足跡をえがく。　四六判３２８頁 '99

91 珊瑚（さんご） 鈴木克美
海岸の自然保護に重要な役割を果たす岩石サンゴから宝飾品として知られる宝石サンゴまで、人間生活と深くかかわってきたサンゴの多彩な姿を人類文化史として描く。 四六判３７０頁 '99

92-Ⅰ 梅Ⅰ 有岡利幸
万葉集、源氏物語、五山文学などの古典や天神信仰に表れた梅の足跡を克明に辿りつつ日本人の精神史に刻印された梅を浮彫にし、梅と日本人の二〇〇〇年史を描く。 四六判２７４頁 '99

92-Ⅱ 梅Ⅱ 有岡利幸
その植生と栽培、伝承、梅の名所や鑑賞法の変遷から戦前の国定教科書に表れた梅まで、梅と日本人との多彩なかかわりを探り、桜との対比において梅の文化史を描く。 四六判３３８頁 '99

93 木綿口伝（もめんくでん） 第2版 福井貞子
老女たちからの聞書を経糸とし、厖大な遺品・資料を緯糸として、母から娘へと幾代にも伝えられた手づくりの木綿文化を掘り起し、近代の木綿の盛衰を描く。増補版 四六判３３６頁 '00

94 合せもの 増川宏一
「合せる」には古来、一致させるの他に、競う、闘う、比べる等の意味があった。貝合せや絵合せ等の遊戯・賭博を中心に、広範な人間の営みを「合せる」行為に辿る。 四六判３００頁 '00

95 野良着（のらぎ） 福井貞子
明治初期から昭和四〇年までの野良着を収集・分類・整理し、それらの用途と年代、形態、材質、重量、呼称などを精査して、働く庶民の創意にみちた生活史を描く。 四六判２９２頁 '00

96 食具（しょくぐ） 山内昶
東西の食文化に関する資料を渉猟し、食法の違いを人間の自然に対するかかわり方の違いとして捉えつつ、食具を人間と自然をつなぐ基本的な媒介物として位置づける。 四六判２９２頁 '00

97 鰹節（かつおぶし） 宮下章
黒潮からの贈り物・カツオの漁法から鰹節の製法や食法、商品としての流通までを歴史的に展望するとともに、沖縄やモルジブ諸島の調査をもとにそのルーツを探る。 四六判３８２頁 '00

98 丸木舟（まるきぶね） 出口晶子
先史時代から現代の高度文明社会まで、もっとも長期にわたり使われてきた刳り舟に焦点を当て、その技術伝承を辿りつつ、森や水辺の文化の広がりと動態をえがく。 四六判３２４頁 '01

99 梅干（うめぼし） 有岡利幸
日本人の食生活に不可欠の自然食品・梅干をつくりだした先人たちの知恵に学ぶとともに、健康増進に驚くべき薬効を発揮する、その知られざるパワーの秘密を探る。 四六判３００頁 '01

100 瓦（かわら） 森郁夫
仏教文化と共に中国・朝鮮から伝来し、一四〇〇年にわたり日本の建築を飾ってきた瓦をめぐって、発掘資料をもとにその製造技術、形態、文様などの変遷をたどる。 四六判３２０頁 '01

101 植物民俗 長澤武
衣食住から子供の遊びまで、幾世代にも伝承された植物をめぐる暮らしの知恵を克明に記録し、高度経済成長期以前の農山村の豊かな生活文化を愛惜をこめて描き出す。 四六判３４８頁 '01

102 **箸**（はし） 向井由紀子／橋本慶子

そのルーツを中国、朝鮮半島に探るとともに、日本人の食生活に不可欠の食具となり、日本文化のシンボルとされるまでに洗練された箸の文化の変遷を総合的に描く。 四六判３３４頁 '01

103 **採集** ブナ林の恵み 赤羽正春

縄文時代から今日に至る採集・狩猟民の暮らしを復元し、動物の生態系と採集生活の関連を明らかにしつつ、民俗学と考古学の両面から山に生かされた人々の姿を描く。 四六判２９８頁 '01

104 **下駄** 神のはきもの 秋田裕毅

古墳や井戸等から出土する下駄に着目し、下駄が地上と地下の他界を結ぶ聖なるはきものであったという大胆な仮説を提出、日本の神々の忘れられた側面を浮彫にする。 四六判３０４頁 '02

105 **絣**（かすり） 福井貞子

膨大な絣遺品を収集・分類し、絣産地を実地に調査して絣の技法と文様の変遷を地域別・時代別に跡づけ、明治・大正・昭和の手づくりの染織文化の盛衰を描き出す。 四六判３１０頁 '02

106 **網**（あみ） 田辺悟

漁網を中心に、網に関する基本資料を網羅して網の変遷と網をめぐる民俗を体系的に描き出し、網の文化を集成する。「網に関する小事典」「網のある博物館」を付す。 四六判３１６頁 '02

107 **蜘蛛**（くも） 斎藤慎一郎

「土蜘蛛」の呼称で畏怖される一方「クモ合戦」など子供の遊びとしても親しまれてきたクモと人間との長い交渉の歴史をその深層に遡って追究した異色のクモ文化論。 四六判３２０頁 '02

108 **襖**（ふすま） むしゃこうじ・みのる

襖の起源と変遷を建築史・絵画史の中に探りつつその用と美を浮彫にし、衝立・障子・屏風等と共に日本建築の空間構成に不可欠の建具となるまでの経緯を描き出す。 四六判２７０頁 '02

109 **漁撈伝承**（ぎょろうでんしょう） 川島秀一

漁師たちからの聞き書きをもとに、寄り物、船霊、大漁旗など、漁撈にまつわる〈もの〉の伝承を集成し、海の道によって運ばれた習俗や信仰の民俗地図を描き出す。 四六判３３４頁 '03

110 **チェス** 増川宏一

世界中に数億人の愛好者を持つチェスの起源と文化を、欧米における膨大な研究の蓄積を渉猟しつつ探り、日本への伝来の経緯から美術工芸品としてのチェスにおよぶ。 四六判２９８頁 '03

111 **海苔**（のり） 宮下章

海苔の歴史は厳しい自然とのたたかいの歴史だった――採取から養殖、加工、流通、消費に至る先人たちの苦難の歩みを史料と実地調査によって浮彫にする食物文化史。 四六判１７２頁 '03

112 **屋根** 檜皮葺と杮葺 原田多加司

屋根葺師一〇代の著者が、自らの体験と職人の本懐を語り、連綿として受け継がれてきた伝統の手わざを体系的にたどりつつ伝統技術の保存と継承の必要性を訴える。 四六判３４０頁 '03

113 **水族館** 鈴木克美

初期水族館の歩みを創始者たちの足跡を通して辿りなおし、水族館をめぐる社会の発展と風俗の変遷を描き出すとともにその未来像をさぐる初の〈日本水族館史〉の試み。 四六判２９０頁 '03

114 古着（ふるぎ） 朝岡康二

仕立てと着方、管理と保存、再生と再利用等にわたり衣生活の変容を近代の日常生活の変化として捉え直し、衣服をめぐるリサイクル文化が形成される経緯を描き出す。四六判２９２頁 '03

115 柿渋（かきしぶ） 今井敬潤

染料・塗料をはじめ生活百般の必需品であった柿渋の伝承を記録し、文献資料をもとにその製造技術と利用の実態を明らかにして、忘れられた豊かな生活技術を見直す。四六判２９４頁 '03

116-Ⅰ 道Ⅰ 武部健一

道の歴史を先史時代から説き起こし、古代律令制国家の要請によって駅路が設けられ、しだいに幹線道路として整えられてゆく経緯を技術史・社会史の両面からえがく。四六判２４８頁 '03

116-Ⅱ 道Ⅱ 武部健一

中世の鎌倉街道、近世の五街道、近代の開拓道路から現代の高速道路網までを通観し、道路を拓いた人々の手によって今日の交通ネットワークが形成された歴史を語る。四六判２８０頁 '03

117 かまど 狩野敏次

日常の煮炊きの道具であるとともに祭りと信仰に重要な位置を占めてきたカマドをめぐる忘れられた伝承を掘り起こし、民俗空間の壮大なコスモロジーを浮彫りにする。四六判２９２頁 '04

118-Ⅰ 里山Ⅰ 有岡利幸

縄文時代から近世までの里山の変遷を人々の暮らしと植生の変化の両面から跡づけ、その源流を記紀万葉に描かれた里山の景観や大和・三輪山の古記録・伝承等に探る。四六判２７６頁 '04

118-Ⅱ 里山Ⅱ 有岡利幸

明治の地租改正による山林の混乱、相次ぐ戦争による山野の荒廃、エネルギー革命、高度成長による大規模開発など、近代化の荒波に翻弄される里山の見直しを説く。四六判２７４頁 '04

119 有用植物 菅 洋

人間生活に不可欠のものとして利用されてきた身近な植物たちの来歴と栽培・育種・品種改良・伝播の経緯を平易に語り、植物と共に歩んだ文明の足跡を浮彫にする。四六判３２４頁 '04

120-Ⅰ 捕鯨Ⅰ 山下渉登

世界の海で展開された鯨と人間との格闘の歴史を振り返り、「大航海時代」の副産物として開始された捕鯨業の誕生以来四〇〇年にわたる盛衰の社会的背景をさぐる。四六判３１４頁 '04

120-Ⅱ 捕鯨Ⅱ 山下渉登

近代捕鯨の登場により鯨資源の激減を招き、捕鯨の規制・管理のための国際条約締結に至る経緯をたどり、グローバルな課題としての自然環境問題を浮き彫りにする。四六判３１２頁 '04

121 紅花（べにばな） 竹内淳子

栽培、加工、流通、利用の実際を現地に探訪して紅花とかかわってきた人々からの聞き書きを集成し、忘れられた〈紅花文化〉を復元しつつその豊かな味わいを見直す。四六判３４６頁 '04

122-Ⅰ もののけⅠ 山内昶

日本の妖怪変化、未開社会の〈マナ〉、西欧の悪魔やデーモンを比較考察し、名づけ得ぬ未知の対象を指す万能のゼロ記号〈もの〉をめぐる人類文化史を跡づける博物誌。四六判３２０頁 '04

122-II ものの けII 山内昶

日本の鬼、古代ギリシアのダイモン、中世の異端狩り・魔女狩り等々をめぐり、自然＝カオスと文化＝コスモスの対立の中で〈野生の思考〉が果たしてきた役割をさぐる。　四六判２８０頁　'04

123 染織（そめおり）　福井貞子

自らの体験と厖大な残存資料をもとに、糸づくりから織り、染めにわたる手づくりの豊かな生活文化を見直す。創意にみちた手わざのかずかずを復元する庶民生活誌。　四六判２９４頁　'05

124-I 動物民俗I　長澤武

神として崇められたクマやシカをはじめ、人間にとって不可欠の鳥獣や魚、さらには人間を脅かす動物など、多種多様な動物たちと交流してきた人々の暮らしの民俗誌。　四六判２６４頁　'05

124-II 動物民俗II　長澤武

動物の捕獲法をめぐる各地の伝承を紹介するとともに、全国で語り継がれてきた多彩な動物民話・昔話を渉猟し、暮らしの中で培われた動物フォークロアの世界を描く。　四六判２６６頁　'05

125 粉（こな）　三輪茂雄

粉体の研究をライフワークとする著者が、粉食の発見からナノテクノロジーまで、人類文明の歩みを〈粉〉の視点から捉え直した壮大なスケールの〈文明の粉体史観〉　四六判３０２頁　'05

126 亀（かめ）　矢野憲一

浦島伝説や「兎と亀」の昔話によって親しまれてきた亀のイメージの起源を探り、古代の亀卜の方法から、亀にまつわる信仰と迷信、鼈甲細工やスッポン料理におよぶ。　四六判３３０頁　'05

127 カツオ漁　川島秀一

一本釣り、カツオ漁場、船上の生活、船霊信仰、祭りと禁忌など、カツオ漁にまつわる漁師たちの伝承を集成し、黒潮に沿って伝えられた漁民たちの文化を掘り起こす。　四六判３７０頁　'05

128 裂織（さきおり）　佐藤利夫

木綿の風合いと強靭さを生かした裂織の技と美をすぐれたリサイクル文化として見なおす。東西文化の中継地・佐渡の古老たちからの聞書をもとに歴史と民俗をえがく。　四六判３０８頁　'05

129 イチョウ　今野敏雄

「生きた化石」として珍重されてきたイチョウの生い立ちと人々の生活文化とのかかわりの歴史をたどり、この最古の樹木に秘められたパワーを最新の中国文献にさぐる。　四六判３１２頁〔品切〕　'05

130 広告　八巻俊雄

のれん、看板、引札からインターネット広告までを通観し、いつの時代にも広告が人々の暮らしと密接にかかわって独自の文化を形成してきた経緯を描く広告の文化史。　四六判２７６頁　'06

131-I 漆（うるし）**I**　四柳嘉章

全国各地で発掘された考古資料を対象に科学的解析を行ない、縄文時代から現代に至る漆の技術と文化を跡づける試み。漆が日本人の生活と精神に与えた影響を探る。　四六判２７４頁　'06

131-II 漆（うるし）**II**　四柳嘉章

遺跡や寺院等に遺る漆器を分析し体系づけるとともに、絵巻物や文学作品の考証を通じて、職人や産地の形成、漆工芸の地場産業としての発展の経緯などを考察する。　四六判２１６頁　'06

132 まな板 石村眞一
日本、アジア、ヨーロッパ各地のフィールド調査と考古・文献・絵画・写真資料をもとにまな板の素材・構造・使用法を分類し、多様な食文化とのかかわりをさぐる。 四六判372頁 '06

133-I 鮭・鱒（さけ・ます）I 赤羽正春
鮭・鱒をめぐる民俗研究の前史から現在までを概観するとともに、原初的な漁法から商業的漁法にわたる多彩な漁法と用具、漁場と社会組織の関係などを明らかにする。 四六判292頁 '06

133-II 鮭・鱒（さけ・ます）II 赤羽正春
鮭漁をめぐる行事、鮭捕り衆の生活等を聞き取りによって再現し、人工孵化事業の発展とそれを担った先人たちの業績を明らかにするとともに、鮭・鱒の料理におよぶ。 四六判352頁 '06

134 遊戯 その歴史と研究の歩み 増川宏一
古代から現代まで、日本と世界の遊戯の歴史を概説し、内外の研究者との交流の中で得られた最新の知見をもとに、研究の出発点と目的を論じ、現状と未来を展望する。 四六判296頁 '06

135 石干見（いしひみ） 田和正孝編
沿岸部に石垣を築き、潮汐作用を利用して漁獲する原初的漁法を日・韓・台に残る遺構と伝承の調査・分析をもとに復元し、東アジアの伝統的漁撈文化を浮彫りにする。 四六判332頁 '07

136 看板 岩井宏實
江戸時代から明治・大正・昭和初期までの看板の歴史を生活文化史の視点から考察し、多種多様な生業の起源と変遷を多数の図版をもとに紹介する〈図説商売往来〉。 四六判266頁 '07

137-I 桜I 有岡利幸
そのルーツと生態から説きおこし、和歌や物語に描かれた古代社会の桜観から「花は桜木、人は武士」の江戸の花見の流行まで、日本人と桜のかかわりの歴史をさぐる。 四六判382頁 '07

137-II 桜II 有岡利幸
明治以後、軍国主義と愛国心のシンボルとして政治的に利用されてきた桜の近代史を辿るとともに、日本人の生活と共に歩んだ「咲く花、散る花」の栄枯盛衰を描く。 四六判400頁 '07

138 麴（こうじ） 一島英治
日本の気候風土の中で稲作と共に育まれた麴菌のすぐれたはたらきの秘密を探り、醸造化学に携わった人々の足跡をたどりつつ醱酵食品と日本人の食生活文化を考える。 四六判244頁 '07

139 河岸（かし） 川名登
近世初頭、河川水運の隆盛と共に物流のターミナルとして賑わい、船旅や遊廓などをもたらした河岸（川の港）の盛衰を河岸に生きる人々の暮らしの変遷としてえがく。 四六判300頁 '07

140 神饌（しんせん） 岩井宏實／日和祐樹
土地に古くから伝わる食物を神に捧げる神饌儀礼に祭りの本義を探り、近畿地方主要神社の伝統的儀礼をつぶさに調査して、豊富な写真と共にその実際を明らかにする。 四六判374頁 '07

141 駕籠（かご） 櫻井芳昭
その様式、利用の実態、地域ごとの特色、車の利用を抑制する交通政策との関連から駕籠かきたちの風俗までを明らかにし、日本交通史の知られざる側面に光を当てる。 四六判294頁 '07

142 **追込漁**（おいこみりょう）　川島秀一

沖縄の島々をはじめ、日本各地で今なお行なわれている沿岸漁撈を実地に精査し、魚の生態と自然条件を知り尽した漁師たちの知恵と技を見直しつつ漁業の原点を探る。　四六判３６８頁　'08

143 **人魚**（にんぎょ）　田辺悟

ロマンとファンタジーに彩られて世界各地に伝承される人魚の実像をもとめて東西の人魚誌を渉猟し、フィールド調査と膨大な資料をもとに集成したマーメイド百科。　四六判３５２頁　'08

144 **熊**（くま）　赤羽正春

狩人たちからの聞き書きをもとに、かつては神として崇められた熊と人間との精神史的な関係をさぐり、熊を通して人間の生存可能性にもおよぶユニークな動物文化史。　四六判３８４頁　'08

145 **秋の七草**　有岡利幸

『万葉集』で山上憶良がうたいあげて以来、千数百年にわたり秋を代表する植物として日本人にめでられてきた七種の草花の知られざる伝承を掘り起こす植物文化誌。　四六判３０６頁　'08

146 **春の七草**　有岡利幸

厳しい冬の季節に芽吹く若菜に大地の生命力を感じ、春の到来を祝い新年の息災を願う「七草粥」などとして食生活の中に巧みに取り入れてきた古人たちの知恵を探る。　四六判２７２頁　'08

147 **木綿再生**　福井貞子

自らの人生遍歴と木綿を愛する人々との出会いを織り重ねて綴り、優れた文化遺産としての木綿衣料を紹介しつつ、リサイクル文化としての木綿再生のみちを模索する。　四六判２６６頁　'09

148 **紫**（むらさき）　竹内淳子

今や絶滅危惧種となった紫草（ムラサキ）を育てる人びと、伝統の紫根染を今に伝える人びとを全国にたずね、貝紫染の始原を求めて吉野ヶ里におよぶ「むらさき紀行」。　四六判３２４頁　'09

149-I **杉I**　有岡利幸

その生態、天然分布の状況から各地における栽培・育種、利用にいたる歩みを弥生時代から今日までの人間の営みの中で捉えなおし、わが国林業史を展望しつつ描き出す。　四六判２８２頁　'10

149-II **杉II**　有岡利幸

古来神の降臨する木として崇められるとともに生活のさまざまな場面で活用され、絵画や詩歌に描かれてきた杉の文化をたどり、さらに「スギ花粉症」の原因を追究する。　四六判２７８頁　'10

150 **井戸**　秋田裕毅（大橋信弥編）

弥生中期になぜ井戸は突然出現するのか。飲料水など生活用水ではなく、祭祀用の聖なる水を得るためだったのではないか。目的や構造の変遷、宗教との関わりをたどる。　四六判２６０頁　'10

151 **楠**（くすのき）　矢野憲一／矢野高陽

語源と字源、分布と繁殖、文学や美術における楠から医薬品としての利用、キューピー人形や樟脳の船まで、楠と人間の関わりの歴史を辿りつつ自然保護の問題に及ぶ。　四六判３３４頁　'10

152 **温室**　平野恵

温室は明治時代に欧米から輸入された印象があるが、じつは江戸時代半ばから「むろ」という名の保温設備があった。絵巻や小説、遺跡などより浮かび上がる歴史。　四六判３１０頁　'10